JN057073

政官財に挑んだ農協界のドン

宮脇朝男の生きざま

農政ジャーナリスト
須田勇治

目次

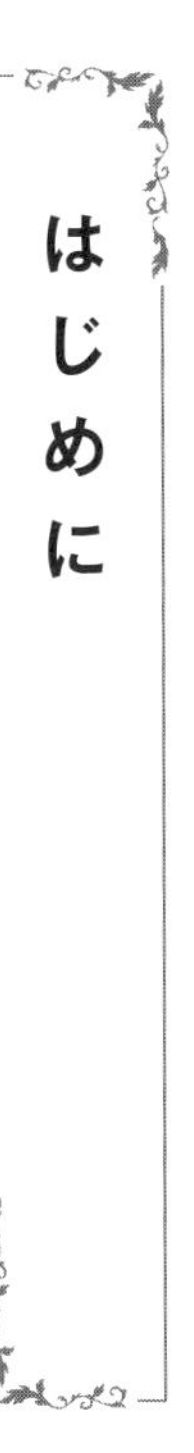

はじめに

宮脇朝男が亡くなって二〇二〇年で四二年になり、生誕一〇八年を迎えた。全中会長は、一九六七年一二月二三日に就任して七五年五月二一日に退任の七年半に過ぎないが、農協界の「中興の祖」ともいわれ、大きな功績と強い印象を残した。怪偉の風貌ながら、情勢判断の的確さ、洞察力とそのスケールの大きい行動力、人脈の広さ、多くの業績、人間味あふれた、傑出した不世出のリーダーであった。

当時、農協界で宮脇の薫陶を受けた人々、親しかった人たちも、現役を退き、亡くなっていく人は多い。宮脇朝男の名前すら知らない世代も多くなっている。私は日本農業新聞の記者として全中会長就任から退任まで、また、その後、亡くなるまで、身近にお付き合いをさせていただいた。宮脇の色紙「還原点」(原点に帰れ)の額が私の部屋に飾ってあるが、今でもときどき「今の農業・農協界はどうか?」と度の強い眼鏡越しに笑顔で話しかけてくるような錯覚にとらわれることがある。

宮脇について、いろいろの見方がある。同じ香川県出身の元農林中央金庫専務の田尾正は的確な論評をしている。

「宮脇さんは大きい体に人なつこい顔を乗せて、どこにでも出かけて行き、誰とでも大きな声で話しをした。どこで勉強したのか、百般の豊富な知識を持ち、硬軟自在の話術で人を魅了した。人間としての面白さはまた無類だろう。農業団体というところは、むっつりと自分の殻にこもって、外から叩けば、ますます殻に閉じて人を容れないようなところがある。よその人にはかなり扱いにくい団体だと思う。しかし、宮脇さんは自分から出かけて交流を求めた。政治家も役人も財界人もマスコミも、初めて農業団体の中に友人を見つけたように、宮脇さんの周辺に人が集まった。農業団体が世間の前に扉を開いて明るくなった」（『讃岐公論』）としているが、その通りであろう。農業・農協を批判をする人たちの中に飛び込み、敵を味方にしてしまう、人徳があった。宮脇の全中会長時代は、東京・大手町の農協ビルに与野党国会議員、官僚、評論家、学者、マスコミをはじめ多くの人たちが彼を訪ねている。その中には政財界の第一人者であった経団連の土光敏夫会長、田中角栄首相の姿もあった。田尾が指摘しているように「世間の前に扉を開いている」組織に努めていたのである。

東大教授だった東畑精一も「氏の農業観は従来のような孤立閉鎖的な観方から開放され、常にその広い地盤、深い背景のうえに立てられていた。気どらず、ばか遠慮をせず、全く率直に、すべてをぶちまくような正直な態度で活発に議論された。それが他人に反感を催すことがなかった」と語っていた。

農協食管、一県一農協など将来を見定めた構想を提案する一方、農政運動では闘争の終着点を冷静に見極め、緻密な判断と深い洞察力を持った現実主義の指導者でもあった。

農業・農協を取り巻く厳しい環境の中で、宮脇なら、どう判断し、行動したろうか、ときどき、思い出すのは私一人だけではなかろう。

私が身近に見てきた全中会長時代から亡くなるまでの宮脇を取り上げ、彼の果たした業績を検証し、現在でも農協運動として学ぶべきものを追求してみた。

著　者

第Ⅰ章
五〇代の若さで全中会長就任

1 組織の声は天の声

宮脇は五六歳の若さで全中会長に就任した。昭和四〇年代とはいえ、五〇歳代の農協中央機関の会長は異例のことだった。当時、ほとんどの県中央会会長は明治生まれであり、大正生まれは宮脇だけだった。「宮脇さんは若すぎて、全国をまとめていくのにムリではないか」と会長候補になった時も他県の中央会長から否定的な意見もあったほどである。

また、農民運動の出身者であり、日本農民組合や社会党に所属していたことなどから、保守色の強い農協界では難色を示す勢力があった。さらに、全中理事、副会長になってからも、地元香川県の共通会長ということもあって中央の会合に顔を見せるのが少なかったうえ、米価運動に消極的で食管の間接統制論者との噂も流れ、東日本の米どころでは警戒心が強かった。

それにもかかわらず宮脇が全中会長に選出された背景は、農協改革の推進者としての期待があった。

❖農民運動の闘士から農協に参画

宮脇が農民運動活動から農協界に足を踏み入れたのは、農協が発足する一九四八年であった。当時、日本農民組合は民主的農協の設立をめざし、農協運動に関与する方針を決め、各県の農民運動の闘志が同じように農協界に参加していった。しかし、その後、多くの同志が農協界から去っていった。その原因について宮脇は「なじみのない金を扱うようになって、いろいろ問題をおこした。それに管理能力がなかった」と語っている。しかし、宮脇は若い頃、親族が経営する山篠鉄工という鉄鋼会社の運営を任され、経営者としての経験があった。それが農協界に入ってから、大きく役立った。

宮脇が、農協運動の手ほどきを受けたのは、当時、協同組合の理論家として知られていた農林中央金庫高松支所長の一楽照雄だった。一楽に「生産、販売のないところに農協運動は存立しない」「自主と互助精神」ということを骨の髄までたたき込まれた。「信用、購買など分断された事業連の中でも、販売事業が重要で、それが農協運動の総路線のヘッドにならなければならん。そういう一つの自負みたいのものを持って」、香川県販売農協連の会長になった。地元の会長を兼務しながら、三八歳の若さで戦後スタートしたばかりの全国販売農協連合会（全販連）の初代専務理事に選出された。

当時の全販連参事が、のちに全中会長となる森八三一であった。戦後の混迷期で、経営再建に心血を注いだが、三年で辞め、地元に帰った。多くの県経済連が経営悪化で再促法（農林漁業組合連合会整備促進法）の適用を受けたが、香川県経済連は適用を受けずに自力再建する一方、組織整備や各種の事業改革に取り組み、高い実績をあげている人物として知られていた。

森八三一は全中会長を兼務しながら参議院議員になっていたが、六八年夏の参議院議員の改選を控え、「全中会長を辞めて議員活動に専念」することになった。

そのとき、宮脇は六七年三月に全中副会長になっていたから、次期会長候補の最有力者であった。副会長選出について、本人は『宮脇朝男　思想・人生・運動』で次のように語っている。

全中副会長の候補になった時に宮脇は辞退したが、田中茂穂（全国信連協会会長）が「かつての部下（森八三一）のもとに今度は自分が副会長として仕えるのは潔としないのか」と聞いてきたので、「それはとんでもないことを言ってくれるな。かつての家来であった秀吉に仕えた蜂須賀公の古事もある。組織の命令なら、そういうことにこだわるほど狭量ではない」と答えたら、田中茂穂が「宮脇君がＯＫした」と言ってしまった。

六七年一一月二三日の全中理事会で森会長の辞表受理、宮脇副会長の会長職務代行を承認、続いて一二月八日の役員推薦委員会で後任会長に全員一致で推薦、一二月二三日の臨時総会で正式に選任された。

※豪放磊落の一方で、用心深さも

私は日本農業新聞の東北支局勤務を終え、六七年九月に東京勤務になり、報道記者として農協部門を担当していた。宮脇の人物紹介を書くため、臨時総会の二日前の夕方、大手町の農協ビルの農林中央金庫役員室で初めて会った。事前に宮脇について香川県農協中央会から「人見知りはせず、親しみやすく、話題が豊富のうえ、座談が巧みでテレビ録画ではリハーサルをしたことが一度もない」と聞いていた。

しかし、会ってみると宮脇は「県連の共通会長や各種の役員をやっているので、全中会長は適任ではないと思っていたが、組織が決定したことなので、これに服さなければならない。組織人として組織の声は天の声だ。選ばれた以上は全力を挙げたい」と語ったが、農政に関する質問になると「疲れた」と言ってなかなか要領を得ない。農政の知識がないのではないかと疑うほどだった。事前に聞いていた人物像とあまりにもかけ離れているので、全中会長として大丈夫なのかと思うほど印象が悪かった。結局、私は宮脇の人物紹介記事を諦めて「すべり出した宮脇体制」という、全中の今後の課題を中心に絞った記事に切り換えた。

しかし、会長になってからの宮脇は、最初の会見のようなことはなく、別人のようにどんな質問にも丁寧に応答し、人なつこく、話題が豊富で、思いやりのある態度であった。就任早々行われた全国農協青年部大会では記者席にいた私を見て、壇上から「オー」と手をあげるなど開放的で、親しみを感じさせるほどだった。

なぜ、あの時、あのような態度をとったのか、理解できないでいたが、最も身近で宮脇を見てきた尾池源次郎の『虹と泥濘』を読んで理解できた。同書で宮脇の若い頃、「闊達な反面、意外に用心深い面を持っていた」として次のような事例を挙げている。宮脇が日本農民組合の幹部の頃、青年有志との勉強会に講師として招いたが、会議終了後、宮脇は「夜道が物騒なので、家まで送ってもらいたい」と言ってきた。「敗戦後の混乱した世相とはいえ、この地方が格別治安が悪いということはない。彼の立場は左翼と言っても常に合法左翼の枠内にいて、他から狙われてるということも考えられない。このため臆病だと思った」。しかし、その後、彼の生活に触れて「周囲や対人関係などに対して実に注意深い。これは臆病でなく、用心深さであることがわかった」としている。「この用心深さゆえに、彼はあの波瀾の多い左翼運動の間も、一度も官憲の拘束も受けたことがないし、長い農協生活の間も、一度も個人的な躓きも経験したことがなかった」としている。

最初の私のインタビューに対して警戒していたのである。まだ、会長に正式になっていないのに、素性もわからない記者に話をして、誤った記事を書かれてはと、思っていたのに違いない。

宮脇は一二月二三日の臨時総会で全中会長に選任された後の記者会見で、「全中会長になった宮脇です」と二度頭を下げてから「組織の声は天の声である。組織が要請するなら引き受けざるを得ない。今まで副会長として森会長のもとでやってきたので、とりたてて抱負はないが、組織が決定したことを地道にやっていきたい。全中は農協の足並みをそろえるところなので、中央機関の連携をよくしていきたい」と簡単な挨拶だった。記者団から食管、米価、農業基本構想、農協教育組織など時の話題に質問が集中した。事前の私との会見では、これらの質問にほとんど答えなかったので、多分、詳しくないので答えられないのではないかと思っていた。

しかし、記者会見では丁寧に、農政問題でも一つ一つについて、ユーモアをまじえながらポイントをとらえわかりやすく答弁していた。特に食管制度については「農協は食管制度の根幹は堅持するとなっている。全中の農業基本構想の推進は、農業のあらゆることが含まれているので、コツコツと一歩一歩やっていかねばならない。また、米を含む農産物価格、農地制度、農協法改正など問題が山積しているが、これらを取り組むに当たっては組織機構を再検討して、必要な点は改革していきたい」などと慎重に答えていた。また、「頭がはげているので五六歳と言っても本気にしてくれない」「社会党の佐々木更三、江田三郎、八百板正君は日農時代の友だし、自民党の大平正芳君（当時、党政調会長）も友だちなので、『いつも君は社会党なのか、自民党なのか』と聞かれるが、そのたびに、『おれは水陸両用だ』と答えているよ」と笑わせていた。

会長に就任した六七年の農業を取り巻く情勢は、一〇パーセントを超える高度経済成長が続き、国際収支も黒字に転換して、企業の集中・合併など再編成が進んでいた。一方、農業では農工間の生産性格差が拡大して、兼業農家が増加していた。農業基本法でうたった構造政策の規模拡大は進まず、農林省は六七年八月に「構造政策の基本方針」を打ち出し、「農業所得の向上は価格の引き上げでなく、生産性の向上によって図っていくべきだ。生産性の高い自立経営農家や協業が農業生産の中核体に位置付ける」として、価格政策から構造政策に農政の転換を目指していた。また、農業生産も六七年産米は前年比一三・五パーセント増の一、四四五万トンと史上最高の豊作となった。米ばかりでなく、ミカンや牛乳など選択的拡大の成長農産物の分野でも過剰問題が表面化していた。財政硬直化解消対策として食管再検討が取り上げられており、食管問題が政治スケジュールに組み込まれていた。これにどう対処するか、新会長の試金石でもあった。

また、全中は農協組織の頂点に立って全組織を指導する立場であるが、現実は必ずしも指導体制が確立しているといえなかった。森八三一前会長が辞任する時に「私の心残りは全中、県中も含め、中央会の財政を確立する体制をつくらなかったことだ」と反省していた。中央会は財政が確立しないため、自主性が発揮できないこともある。宮脇は「私の県では各連とうまくいき、中央会の指導性を発揮している」と語っていたが、そうした実績を全中でどう発揮できるか、課題であった。農協の農政運動も米価が中心となり、とかく他の農産物の価格運動の取り組みが弱い。米一辺倒からどう脱却するのか。農政が価格政策から構造政策に転換している時に、農協の農政運動体制の立て直しが迫られていた。

このため、「宮脇さんはえらい時に会長になったものだ」と同情する声もあった。

宮脇は全中会長を引き受けるに当たり「家族も周辺も全部反対しました。だれ一人賛成する人はないんです。かつて全販連、全購連当時の多くの連中もこの際出るべきじゃないという声がありました。しかし、皆さんが（全中会長の）段取りをなさっている。私が固辞すると混乱してしまう。農協運動に身を捧げた以上、同じ農協運動の中にも、多少歩きよい道と、いばらの道があるが、これはいばらの道かもしれん。いばらの道ならなお逃げるわけにはいかんじゃないかという非常に悲惨な気持ちで引き受けた」（『宮脇朝男　思想・人生・運動』）との覚悟だった。「組織の声は天の声」は「いばらの道」に歩み出すことに対して、農協運動者の使命として自分に納得させる言葉だったのではなかろうか。

会長就任のパーティーが六八年一月一九日、東京・紀尾井町のホテルニューオータニで、農協関係者、政府、政党、学者など四〇〇人が出席して盛大に開かれた。国会議員も多数参加して、自民党から政調会長の大平正芳ら多くの議員が出席した。歴代の会長就任パーティーと違い、かつての同士であった社会党など野党議員の出席が目立った。

祝辞として大槻正男京大名誉教授は「宮脇君とは三〇年の付き合いだが、何でも受け入れ、それを正しく判断して、実行できる人だ」、倉石忠雄農相は「私は腹が出てきたのでサウナ風呂に行っているが、宮脇君も太っているので、体に気をつけて欲しい」など、それぞれ語っていた。

最後に宮脇は「讃岐の山奥から出てきた猪（いのしし）が、背広を着て、東京に出てきたような男です。

全中会長は大変な仕事ですが、『山より大きな猪は出ない』と言われるように、覚悟をきめて地道に気張らずに邁進していきたい。素朴な百姓育ちなので、人さまにほめてもらうとか、点を稼ぐというのでなく、組織の決めた路線を自分の生地のまま、取り組んでいきたい」と挨拶していた。

「山より大きな猪は出ない」という言葉は、私はいつまでも印象として残っていたが、大平正芳の自伝に「故池田勇人首相は、よく私に『山よりでかい獣(しし)は出ないよ』と言って、後押ししてくれた」と記述があるので、親しかった大平との会話の中で、この言葉がよく出ていたのかもしれない。

2 見事な中立米価審議会問題の対応

宮脇を全国的に有名にしたのは中立米価審議会反対運動の取り組みではなかろうか。就任三か月目の六八年二月一四日の東京の日比谷公会堂での「新米審反対・米価の国会決議要求全国農協代表者大会」で行った演説は多く人を引きつけ、今でも語り継がれる伝説的なものである。

当時、政府は各種審議会から国会議員をはずす段取りを進めていた。米価審議会は与野党の国会議員、生産者、消費者、中立の委員などで構成されていた。毎年、米価審議会は混乱して、前年に続き六七年の生産者米価の審議でも答申ができず、川野重任会長が辞任する騒ぎになった。このため、倉石農相は一月二三日、二二人の中立委員だけを任命した。学者、マスコミ関係者、官僚ＯＢ、地方自治体関係者の構成だった。国会議員だけでなく、生産者、消費者代表も除外した。

宮脇は地元香川県に帰っていて、倉石農相からの電話で新米審委員の任命を知った。国会議員の除外はやむを得ないと考えていたが、生産者、消費者を除外したことに、「米審委員に生産者、消費者の代表がいないことは、力士不在の土俵に行司だけをあげたのと等しく、筋の通らないことは、おびただしい」と憤慨した。電話で全中事務局に反対声明の起草と緊急の都道府県米対本部長会議の招集を命じて、夕方の飛行機で東京に戻った。全中には各県から「かってない大暴挙」「民主政治の否定」「全組織を挙げて闘おう」などの電報が届いていた。安井七次全中常務は「農協をバカにするにもほどがある。米を生産する農民を入れない米審で何を審議するのか。これでは財界の片棒を担ぐだけで、農林省はもういらない」と怒りをあらわにしていた。

宮脇は帰京後、ただちに抗議声明を発表した。「われわれの再三の要請にもかかわらず、国民の代表である国会議員をはじめ、生産者代表及び消費者代表まで除いて中立の名のもとに学識経験者のみをもって審議会を構成し、米価のみならず、食管問題までも審議しようとしていることは、われわれ生産者を無視した、かってない大暴挙であり、断じて容認できない。われわれはかかる暴挙に対して断固反対して、全組織をあげて闘うものである」との激しいものだった。

吉田和雄全中農政部長は宮脇から「新米審委員の任命は相撲で言えば、張り手を一発かまされたようなものだ。その仕返しに張り手を使うのもよいが、相撲は張り手だけでは勝てない。腰を据えて押さなければだめだ。君は、どこに出しても引けをとらない堂々たる手を考えてくれ」と指示された。このための対案が「米価の国会決議」だった。

一月二五日に緊急の都道府県米対本部長会議を開き、「公正な米価審議を期すため、米価は国会で審議決定すべきだ」との要求を決め、午後から要請活動を行った。宮脇は佐藤栄作首相に会見を申し入れたが、果たせず、木村俊夫官房長官に会って中立米審は絶対に容認できないと申し入れた。また農林省で倉石農相に会い、同様な要請を行い、「あなたの奇襲作戦は敵ながらあっぱれだが、われわれ百姓だからジリジり攻め上げますよ」と迫っている。

中立米審について各地の農村で反発が強まり、農相罷免を求める動きが全国的に高まった。宮城県農協中央会は二月一二日に開いた農協米価大会で「倉石農相の罷免を決議しよう」という緊急決議が提案され、満場一致で採択した。一三日に都道府県米対本部長会議で、翌日の大会議案などを協議した。その中に倉石農相罷免の決議案も入っていた。

大会当日の朝、突然、農林省の檜垣徳太郎官房長が農協ビルに会長を訪ねてきた。檜垣は宮脇に、大会で倉石農相罷免が決議されると「倉石大臣の名誉に関することだけでなく、同時に農林省と農協が対抗することになる。これは空前のことで容易ならざる事態になる。なんとか罷免決議を止めて欲しい」とお願いした。

その時の宮脇の様子は檜垣の回顧談「農業・農村に未来はあるか」によると以下の通り。

「宮脇という人は、この時、つくづく相当な人物と思った。「あれっ、そんな議案があったかなあ」というのだ。これが宮脇流なんだね。農協の米対本部長会議で罷免決議が提案された時に、宮脇さんは「(罷免決議を)やめろ」といっていないんだ。多分、(農相に)一発食らわしといった方がいいという感覚だったに違いない。それが全中総務部長を呼んで「倉石農相罷免決議案があるそうだが、おれは知らんよ。そんなものがあるのか」と言う。すると総務部長が「第六号議案にあります」と言うと、会長は「そりゃいかん、おれは了承できない。大会議題の入っている袋から、それを抜け」と言った。総務部長は、あわてて部下の職員を集め、六号議案を大会の議事日程から抜いた。」

多分、宮脇は米審問題に強く憤慨していたが、全中会長を就任して間もない時でもあり、農林省と全面対決するようなことは内心、回避したかったに違いない。桧垣の要請でその気持ちを一層、強くした。しかし、罷免決議がなければ、大会の混乱は避けられない。これまでも農民運動で修羅場をくぐってきたただけに、その時の度胸を決めていた。

❖白髪首と米価を引き換えにできない

日比谷公会堂は正午前から寒風の中を貸切バスや電車で上京した各地の代表者の入場が始まった。赤い文字で「米価国会決議要求」と染め抜いた鉢巻きをしめ、新米審の怒りを込めた農民の顔、顔、顔で埋めつくされた。午後一時から開会が宣言され、主催者を代表した宮脇は壇上に立った。各県代表者も、三か月前に会長になった宮脇を初めて見る人が多かった。宮脇は大会挨拶でも、講演でも原稿を見ることはほとんどない。会場の右から左へ見渡してから、よく通るドスのきいた声で挨拶が始まった。

「政府は生産者がなんら発言することができない中立という名の一方的な米価審議会委員名簿を発表した。再三の農協の要求にもかかわらず、このような暴挙は断じて容認できない。われわれは強力な運動を起こして、われわれの意思を通さなければならない」と強調した。

政党代表の挨拶の後、生産者身四人からの意見表明があった。ほとんどが「農民に愛情のない農相を罷免すべきだ」との意見だった。全青協を代表して大塚源一山形県農協青年部委員長が「倉石農相は、米審なんて吹けば飛ぶようなものとの暴言を吐いた。これは失言ではなく、日頃の農民軽視のあらわれだ。このような大臣に農政をあずけるわけにいかない。辞任すべきだ」と叫ぶと激しい賛成の拍手がおこり、緊急動議として採択するよう青年部代表二〇人が壇上にあがり杉本泉議長席を囲み、詰め寄った。この異常事態に会場は騒然となった。

杉本議長は「待ってください」と大声で抑え、「まず全中会長の見解をうかがうことにしよう」と会長に発言を求めた。青年部代表は壇上から降りたが、元の席に戻らず、壇上の真下で、立ったまま会長を見守り、会長発言によっては、再度、壇上を占拠する意気込みだった。

報道陣のライトを浴び、再び宮脇が壇上に立ち「農相罷免を要求する声には、感情としては私もみなさんと同感だ。しかし、われわれの闘争、要求はあくまでも米価である。農林大臣の白髪首の一つ取るのが、われわれの闘いの目的だろうか。いや、決してそうではないはずだ。われわれの米価闘争は長く、かつ険しい。一時の感情に走って小を取るよりは、冷静に闘って大を取ろう。倉石農相にも良心があるなら、自らもって決する覚悟があるはずだ」と声を張り上げた。

演説は聴衆を引きつけ、会場を圧倒するものがあった。荒れていた会場が一瞬のうちに静まりかえった。一部に「手ぬるいぞ」とのヤジもあったが、拍手に変わり、緊急動議を抑えて、予定通りの決議を満場一致で採択した。

私は会場前方で取材していたが、会場を収拾するのは一時中断するのではないかと思っていたが、宮脇は混乱した雰囲気に流されることなく、堂々として聴衆を納得させ、魅了する迫力ある演説は、農民運動で鍛え上げられた風格を感じさせた。会場から「新会長はなかなかやるではないか」との声があり、参加した多くの人は、この輝かしいデビューに、これまでと違う全中会長の存在を見直したのではなかろうか。

倉石農相は中立米審問題が騒がれている頃、農政記者クラブの会見で北朝鮮に拿捕されたアメリカの情報収集艦プェプロ号事件の質問を受け、「軍艦と大砲を持たなければダメだ。平和憲法を持っている日本はメカケみたいなものだ。日本の憲法は他力本願だ」と発言し、国会でも大きな政治問題になったことなどから、大会から一〇日後に農相は辞任した。

後任の農相に西村直巳が就任した。西村農相は米審構成は中立委員だけのままにし、任命から五か月の空白を挟んで、六月二三日、二四日に麦価の審議会を開いた。七月二四日に生産者米価の答申が三年ぶりにあった。しかし、中立米審は一九六八年一年限りで終わり、六九年からは生産者、消費者委員も参加する従来の米審に戻った。

第Ⅱ章

米価運動と食管制度

1 昭和四三年産米価運動

❖総合農政の名のもとに抑制基調に加速

宮脇は、米価運動の闘士としてのイメージが強い。これは米価大会での聴衆を魅了する数々の名演説、政府・与党首脳との堂々たる交渉などが、宮脇像を形づくっているからではないだろうか。しかし、宮脇が全中会長になって米価運動を指揮したのは六八年（昭和四三年）～七四年（昭和四九年）の七年間であるが、六八年から七一年まで、実質米価は据え置かれた。この間、他産業者の賃金は毎年一四～一八パーセント上昇し、農家の購入品も、年々四～六パーセントの値上がりがあり、農家の生活は苦しくなっていた。米価運動は宮脇の悪戦苦闘の歴史でもあった。

生産者米価は戦後の米不足や農業基本法制定で都市と農村の格差是正がうたわれて、六二年～六六年まで一〇パーセント前後の高い伸び率で推移した。しかし、米過剰が顕著になって急ブレーキがかかり、「総合農政」の名のもとに、生産者米価は抑制された。宮脇が初めて指揮をとった六八年産米価は政府の米政策大転換の時期でもあった。

政財界・マスコミから「豊作でもあるのに米価が上がるのはおかしい」と〝十字砲火〟を受けながら米価運動を展開しなければならない環境に遭遇していた。六八年の経済成長率は実質一四・四パーセントの高い成長を続けていた。六八年の農家の農産物販売収入のうち、米の割合は四二パーセントを占めるだけに、米収入への依存が高く、米価への期待が大きかった。

系統農協は六月八日、六〇キログラムの要求米価は前年要求比三・八パーセント増の九、二四四円に決定した。六月一〇日に日本武道館で一四、〇〇〇人を集め、要求米価貫徹全国農協代表者大会を開いた。この年は七月七日投票の参院議員選挙があり、政府与党首脳の投票前と投票後の言動が注目された。福田赳夫自民党幹事長は農協の全国米価大会の来賓挨拶で「米審問題もあるが、農民の心は心として、米価は自民党が責任を持って決定する」と発言。また佐藤首相も選挙中の遊説先で、同様の発言を繰り返していた。

宮脇は七月一一日、記者会見で「参院議員選挙も終わり、いよいよ米価決定の段階になった。今年の米価は私にとって初土俵であり、しかもかってない風当たりの強い環境の中で闘っていかなければならない。今年は（中立米審のため）米審の土俵の上で闘うのでなく、米審を無視し、国民の選良である国会議員の良識に訴えて要求を実現したい。運動方法は与野党に十分な理解を求めて行動していく。選挙中に佐藤首相をはじめ、自民党首脳部が米価で発言してきたことは、あくまでも公約として責任ある行動を望む」と意気込んでいた。

しかし、政府は米価抑制を目指して、七月一三日、西村農相は「総合農政の展開について」を発表した。内容は①食料生産は米ばかりでなく、総合食料として考えなければならず、畜産、野菜、果実など需要の伸びるの安定供給をはかる、②米は増産でなく需要の動向に即して生産されるよう銘柄格差などを検討し、米の管理については事態に即して所要改善を行うよう検討に着手すべき時期に至ったと、米価問題から、食管問題へ、さらに農政全般の再検討を行うというものである。宮脇との会談で西村農相は「来年度、大幅な総合農政予算を組むから、米価ではなんとか妥協してもらえないか。政府は古米の激増で苦しい」と説得したが、宮脇は「米価は米価、予算は予算だ。古米が増えたということは、農相自身が、故意に持ち出して強く宣伝していることだ。当然、古米は政府が責任をとるべきだ」と反論した。

宮脇は七月一九日の自民党米価調査会で「参院選挙前の言動は守るべきだ」と次のような要請を行った。「参院選挙前は福田幹事長が『農民の心を心として農民の立場として厳粛に約束する』と述べ、佐藤首相も同様な発言していた。しかし、選挙が終わるや、新聞、テレビは一斉に農業攻撃に転じている。しかもそのタネは全部政府各省から出ている。国政を担当する権威ある自民党を無視した行政府の勝手な行動であり、六〇〇万農家をだまし討ちしたことにほかならず、米作農家は激しい怒りに燃えたっている。封建時代ならいざ知らず、今日の農民は考える農民であり、行動する農民である。信頼し、尊敬する者のためには、協力を惜しまないが、ひとたび信頼を裏切る者に対しては強い怒りと反発を感ずる農民である。米作農民だけ三年間、砂を喰っておれという論理があるだろうか」と訴えた。

七月二二日に開かれた米審に政府は試算米価として前年の算定に使った指数化方式なら七・五パーセントの引き上げになるが、二・九九パーセントの引き上げを提示した。米価審議会は生産者や消費者代表が除外された中立委員の構成のため、審議は難航することもなく諮問通り答申した。さらに食管制度の早急な改正を建議した。

自民党米価対策協議会は「一五〇キログラム当たり二一、〇〇〇円台を妥当と認める」との党議として決定し、自民党と政府の政治交渉も難航した。七月末になっても結論が出ず、一〇日間の冷却期間を置いて八月一二日の深夜に前年比五・九パーセントで決定した。

農協米対本部は、「米の生産費と米作農家の所得を到底つぐなえない低い額に決定したことは、農民不在の農政を露呈したものであり、憤激に堪えない。民主政治の本義にももとるものである」との抗議声明を発表した。農協米対本部長会議で宮脇は「与党の党議決定の米価は必ず守られると確信して運動してきたが、うやむやのうちに破棄され、憤慨に堪えない。このことによって組織が乱れないように団結を固めたい」と呼びかけた。

翌一三日に、宮脇は佐藤首相と会談している。この会談は米価運動中に首相から申し入れがあったが、党と政府が折衝している段階で生産者代表が首相に会うのは誤解を招くとして、米価決定後に応じたものである。全中の「米価対策特報」によると、以下のような会談であった。

首相「今年の米価は、まあまあのところにいったと思うが、どうか」

宮脇「とんでもない。総理の認識不足だ。米価は今まで、毎年九・二パーセントずつ上がってきた。それを急にガタンと落としたことは、憤懣に耐えない。農業は、そんなに急カーブを切れないことは総理もご存じのはずだ」

首相「北海道のような冷害の多いところで米をつくるのは困ったことだ。他の作物に転換するように指導してもらえないか」

宮脇「今、農民が安心して通れる道路はコメ道路というガードレールの付いた舗装道路だけだ。だから、この道路にみんながひしめき合うことになる。ほかに通れる道がないではないか。畜産道路とか、園芸道路とか、コメに匹敵するバイパスをつくるのが先決だ。それでなければ、東北のビート栽培の二の舞いになるだけで、農民に、そんな危険をおかさせることを指導できない」

首相「今後の農政は、総合農政でなければならないと思うが…」

宮脇「米一本やりではいかないということは当然だが、今度、農林省から出された総合農政というのは、網を広げただけで、魚一匹もいないんじゃないか、内容が問題だ」

このように、宮脇は、臆することなく、首相と堂々と渡り合っている。大平正芳は「あの人（宮脇）は初対面の人に対しても、衝立（ついたて）をおかぬ人だった」と語っているように、どんな権威ある人に対しても、外国人に対しても、いつも同じ姿勢で対等に行動をしていた。

2 読売新聞不買運動

❖誤報に強く抗議

初めて指揮をした一九六八年生産者米価運動の中で、読売新聞不買問題が起きた。

発端は米価決定の大詰めを迎えていた八月一二日の読売新聞朝刊一面トップの記事であった。「米価、農業団体にも収拾の機運」という見出しで「農協中央米対本部の幹部が政府・与党首脳との会談で、政府案でやむなしとして党首脳に一任する態度を示した」と掲載した。その内容は「農協首脳は要求の二一、〇〇〇円台の米価をあきらめて、五・八パーセントアップ（二〇、六五〇円）前後の線で妥協する方針に転換し、自民党と調整している」というものだった。

米価運動で上京していた各県代表者は、この報道に驚き農協米対中央本部に押しかけ、朝から蜂の巣をつついたように大騒ぎになった。また、各地から「記事は真実か」「中央は何をしているのだ」との問い合わせと抗議の電話が殺到した。全中の吉田農政部長らは「事実無根だ。デマ記事を書いた読売はけしからん」と応対していた。宮脇も、米価決定の終盤に自民党の大平正芳政調会長を通じて佐藤首相から会談の申し入れがあったが、「政府と党が折衝している段階で生産者代表が首相と会うのは、無用な誤解を招く恐れがある」と断ってきたいきさつがあるだけに、怒りをみせていた。

当日午前に急きょ、農協米対中央本部で事務局長会議が開かれ「読売新聞社に記事の取り消し、謝罪を掲載させる。これに応じない場合は全面的に不買運動で対抗する」という方針を決定した。宮脇ら一〇数人の幹部が読売本社に抗議に押しかけ、小林副社長に面会を求めたが、副社長も編集局長も不在ということで、中村・政治、河村・経済両部長が会議室で応対した。私も取材で同行したが、農協側は「事実無根の記事を訂正せよ」「記事の出所を明らかにせよ」「記者とわれわれを対決させよ」と感情的に激しい言葉で詰め寄った。

しかし、両部長とも冷静で「ニュースソースは明らかにできない」「信頼すべき筋からとっているので、確信をもって載せた」「新聞社には右翼、左翼、暴力団を問わず、毎日、いろいろの抗議がある。いちいち聞いていたら新聞は作れない。われわれは真実に基づいて記事を作成している」の一点張りだった。さらに農協側が訂正を迫ると「記者を信用している。訂正は難しいが、社の権限で処理する。事実を調査して回答する」と、席を立ってしまった。わずか一〇分程度あまりのそっけない態度だった。いつも要請している政府・政党と態度の違う冷たい壁が農協側をいっそう刺激した。

同日夕方から開かれた自民党米対協総会でも、この記事が話題になり、出席していた宮脇は「政府や党首脳に妥協しているという読売新聞の報道は事実無根である。このため、今日、読売新聞に訂正を求め抗議した」と抗議文を読み上げる一幕もあった。

読売新聞からの回答が翌日になってもないため、吉田農政部長が電話で再度抗議し、回答を求めた。中村部長は「事実に基づいた報道であり、証人もいるので取り消す意思はない」と回答した。この年の米価を巡るマスコミ報道では読売新聞以外でも、農協の米価運動に対して批判的な記事が多く、各地の米価代表者集会でも「農民を悪者視しているマスコミに対して強い姿勢を示してもらいたい。中央紙の不買運動も展開すべきだ」との意見が出るほどだった。

八月一三日の農協米対本部長会議で「読売新聞の今年の米価問題に関する一連の報道は農民を敵視した極めて公正を欠くものであり、不買運動で対決する」との方針を決定した。八月二一日の米対本部長会議で不買運動の取り組みとして、①中央・地方の農協組織は、九月一日から読売新聞の購読を中止する、②

道府県米対本部長は、農家に対して一〇月一日から読売新聞の購読を中止するように働きかける、③農協系統組織は九月一日から読売新聞に対する広告を取り止め、また系統メーカーにも読売新聞に広告を掲載しないように働きかける、などを決定した。

❖マスコミを敵に回して得策はない

九月一日から中央機関が先陣を切って一斉に読売新聞の購読を中止、不買運動がスタートした。各県の農協中央会では単協ごとに農家の「読売」購買部数を調査し、青年部婦人部を動員して不買運動のビラやリーフレットを配布した。県によって取り組みに差があったが、米価運動の活発な地区ほど不買運動に積極的に取り組んでいた。

これらに対抗するように読売新聞は、九月二日付け一面で「農協に死に金補助金」との見出しで「今さら農協に一億円のカネを補助する必要がない」との記事を掲載した。読売新聞は政治部から社会部、地方部までのベテラン記者を動員して、「農協特捜班」を組織したとの情報もあった。農協の不正腐敗事件を徹底的に洗い、中央、地方の農協指導者の身辺取材も行って、東北のある県農協中央会長は女性関係まで調べられ、一緒の写真まで撮られたとの噂もあった。読売新聞の記者から取材に追われた県農協中央会長の中には、暴露記事や追及記事を恐れ、宮脇に直接、不買運動の中止を求める者もあった。

日本新聞協会は事態を重視して、「報道の自由」への干渉を非難する決議を行い、読売新聞支持の方針を出し、農協界は全面的にマスコミ界との対決の構図となった。

歴代全中会長のうち、宮脇ほどマスコミに飛び込み、好意をもって迎えられた人はいない。全中会長室には報道記者から面会が多く、どの記者に対してしても時間の許す限り取材に応じていた。それだけに読売新聞不買運動は、早く解決しなければと感じていた。「これ以上マスコミを敵に回すのは組織にとって得策ではない。組織の名誉が守られる範囲で、円満な収拾をしなければ…」と思いを強くしていた。田中読売新聞編集局次長と親交のある片柳真吉農林中金理事長に相談した。片柳も共和製糖事件の後始末としてマスコミ対策には苦慮した苦い体験があるだけに、収拾には積極的だった。片柳は秘密裏に交渉を進めた。両者の調整の連絡役を農政ジャーナリストの会の副会長でもあった読売新聞記者の遠藤太郎があたった。読売新聞側でも拡張競争をしている販売店から「早く妥協するよう」との突き上げがあった。

また、農協側でも関東地区のある県経済連では不買運動中でも読売新聞地方版に広告を掲載するなど、必ずしも統一された運動になっていなかった。

一〇月一日からの農家段階への不買運動実施直前の九月二八日午前に、東京会館で宮脇と小林与三次副社長が会談して「お互いに農業問題で理解を深めること」で合意した。午後からの農協中央機関会長会議で読売新聞との妥協を決定し、ただちに各県米対本部に「不買中止」を打電した。

九月三〇日に宮脇と読売新聞の原編集局長の間で正式和解の調印が行われた。交換した覚書の内容は封印して金庫にしまって置くことになったが、公表されたものは①読売新聞は農業問題に理解を深め報道の公正を期す、②農協側は報道の自由と購読の自由を尊重する、というものだった。

どんな指導者でも、常に輝かしい功績だけでなく、時には反省する事態を招くこともある。読売新聞不買運動は、全中会長時代に判断を誤った事例として、宮脇は尾池源次郎に語っていた。

3 自主流通米制度での大衆団交

❖反対者を説得して所信を貫く

六九年二月二七日は、東京では、朝から雪が降り続き、めずらしく大雪であった。この日、全日農（全国日本農民組合連合会）は日比谷野外音楽堂で三、〇〇〇人を集め、午前一〇時から自主流通米制度粉砕・農業危機全国農民総決起大会を開いて気勢をあげた。しかし、降りやまない雪のため、大会を中断せざるを得なかった。午後に予定していた要請活動を前倒しして、各政党、農林省などの政府機関などに分かれて展開した。

そのうち約一、〇〇〇人が、全中のある農協ビルに押し寄せた。これまでの運動では要請先はほとんど政府・政党が中心だったが、今回のように農協の中央機関に大挙して押し寄せるのは異例のことである。

四階にある全中の廊下は、みるみるうちに鉢巻きを締めた農民で埋め尽くされ、足の踏み場もないほどだった。宮脇は外出中のため、桜井誠農政課長が廊下に出て応対した。廊下が歩けない状況になっているため、全員を九階の農協ホールに誘導した。宮脇は午後一時に帰ってきて「三〇分くらい会おう」と気楽に応じたが、まさか七時間に及ぶ大衆団交になるとは想像だにしていなかったであろう。全中の安井七次常務、吉田和雄農政部長を伴って農協ホールの壇上に上がった。ホールは農民で埋め尽くされていた。

宮脇は、戦前から農民運動家として活躍し、戦後も農民組織の再建にいち早く取り組み、米の強権供出反対闘争やカマス生産管理闘争※を指導して、四七年二月に開かれた日本農民組合大会で常任中央委員に選出された闘士としての経歴がある。日本社会党の結成大会にも参加して、三四歳の若さで中央執行委員に選出され、日本社会党香川県支部連合会を結成し、書記長として活躍した。集まった農民は、〝かつての身内の後輩〟であり親近感を持っていたに違いない。

しかし、多くの参加者は宮脇の過去の経歴も知らず、農業現場の実態も知らない農協中央機関のトップとして見ていたようだった。壇上まで農民が上がるなど、ヤジと怒号が飛ぶ異様な空気の中で〝大衆団交〟が始まった。農協の会合とは、まったく異質な雰囲気だった。当時、学生運動が盛んで、学長をつるしあげるなどの大衆団交が各地で行われている影響もあったのだろう。交渉の中心は「一月九日の農協米対本部長会議の自主流通米制度の申し合わせは農民の意思が反映していないから取り消せ」と言うものであった。

※「カマス生産管理闘争」

宮脇は戦前、小作争議などの農民運動に取り組んできたが、終戦直後に宮脇が指導した農民運動の1つが「カマスの生産管理闘争」である。

「カマス」は、穀物や塩を入れるための、わらむしろの袋である。農家の主たる副業で、香川県の特産であった。当時、統制価格であったが、コストが上がっているのに価格の改定が行われず、農民は困っていた。宮脇は、全部のかますをワラ加工品倉庫に入れ、価格の改定要求闘争を行った。宮脇が指導する農民組合の統制下で、ほぼ全県下の農民が結束した生産管理闘争に参加して、全国的にも注目された。この結果、ほぼ要求に近い価格を実現した。

❖自主流通米制度の「申し合わせ」

大衆団交に触れる前に自主流通米制度創設のいきさつをみてみよう。

農水省は米の過剰問題を解決するため、政府買い入れだけでなく、「第三の米」として自主米制度の創設を提案し、六九年度からの実施を目指していた。本来ならば食糧管理法を改正しなければならないが、国会での反対が強いため、省令改正だけで乗り切ろうとするものであった。農業関係者は食管制度をなし崩しにするものと強く反発していた。農協グループは六八年一〇月に「食管制度についての対策」を決め、その中で「一部自由販売は食管の根幹を侵すもので、絶対認められない」と自主流通米制度に強く反対していた。また同年一二月二三日の日比谷野外音楽堂で食管堅持全国大会を開き「自主流通の名のもとに米の一部自由販売を実施しようとしているが、われわれは断固反対する」と宣言し、要請運動を展開していた。しかし、政府・与党は一二月二八日に自主流通米制度の創設に合意した。これに対して農協米対中央本部は「米の一部自主流通は間接統制移行への道を開くものであり、われわれは憤りをもって強く抗議する」と抗議声明を出していた。

自主流通米制度が実施されれば、農協にとって経営に大きな影響を与え、混乱が予想された。あくまで反対するのか、対応するのか、組織内の意見が割れていた。農協米対中央本部は六九年一月九日に本部長会議を開き協議した。混乱することが予想されていたため①秘密会議でする、②意見の集約は多数決原理でする、③各県本部長は自分の発言に責任を持つ、という条件のもとに開かれた。三時間にわたり活発な論議が繰り広げられ、最後に一人一人の意見を述べた。「自主流通米はあくまで反対する」と主張するのは数県で、「やむを得ない」という県が大多数を占めた。その結果、「われわれの反対にもかかわらず、政府・与党は、米の一部自主流通米制度の実施を強行に内定した。われわれはこれに強く反対する。しかしながら当面の事態に対処し、農家経営を守り、農協の発展を図るため、早急に体制を確立することが急務である」との申し合わせになった。これは農協が自主流通米制度を認め、条件闘争に切り換えた宣言となった。

一か月前まで反対していた自主流通米制度を、一転して認めたわけだから、農民が怒るのも当然であった。地元に帰ってから県米対本部長の中には「申し合わせ」を批判したり、「自分は反対だが、他県が…」と責任転嫁する人も出ていた。宮脇は「お互いに自分たちで決定したことは、責任を持って各県で説明し、理解させるなど責任ある言動をとってほしい」と怒らせるほどである。

新潟県では一月二八日に全日農系農民二〇〇人が新潟県農協中央会に押し寄せ、内山清一朗会長を取り巻き、七時間におよぶ大衆団交を行った。そこで内山会長は①自主流通米制度について強く反対する、②今後、自主流通米制度反対運動の先頭に立って闘う、③会長の中央での行動は重大な誤りがあり、みなさんに謝罪する…との確認書をとっている。全日農は、この〝新潟方式〟を全中でも実現させようという作戦であった。

❖七時間におよぶ「雪の二・二七事件」

再び大衆団交に話を戻そう。

長野県の代表は「自主流通米制度で食管が崩れるのは農民にとって死活問題だ。なぜ簡単に対応を決めたのか」、新潟県の代表も「日農と農協は米価運動での行動が分かれている。しかし、自主流通米は食管にかかわる重大な問題だ。私の町では日農、農協、町議会がみんな一緒になって自主流通米制度をひっくり返そうという運動を展開している」と訴え、申し合わせの変更を迫った。

宮脇は「基本的態度は現行食管制度堅持、一部自主流通米反対だが、権力を持つ政府、与党が強行してくる以上、経済団体として対応せざるを得ない。一月九日の申し合わせは各県米対本部長の責任ある発言を集約し、組織決定したもので、取り消すわけにいかない」と答弁した。

そこで、組織決定とは何かに論議が集中していった。自主流通米制度の反対を打ち出した新潟県農協中央会の例、北海道、秋田などの現地の空気、市町村段階で開かれている自主流通反対の農民大会の模様などが、各県代表から詳細に報告され、「全国からこれだけの農民が集まったのは何のためと思うか」と激しくたたみかけた。

宮脇は「農協組織には組織としてのルールがある。物事は決めたルールに従ってやらなければならない。みなさんは農協の組合員だ。農協のルールで意見を反映してくれれば、十分に討議する。県本部長の意見が修正されれば別だが、ここでは一月九日の申し合わせを取り消すことができない」と主張した。

興奮した農民が壇上に上がり、マイクを持って迫る者もあった。「一月九日時点での決定と、今農民の多くが自主流通米に反対しているという現実のズレをどう思うか」「各県本部長の責任ある意見というが、主観的な意見ではダメだ。組合員、農協の意見を集約したものでないと、責任ある意見とはいえない」と同じような意見が延々と、何回も繰り返された。七時間にわたり、大衆を前に激しい言葉で迫られたが、宮脇は動じることもなく、農民の意見をよく聞き、言うべきことははっきり言い、「組織の決定に、したがったまでで、民主的に決定している」として申し合わせの取り消しの要求を断固拒否した。揚げ足をとられないように慎重な答弁を繰り返した。

最後の妥協として次の文書を取り交わした。

「一月九日の申し合わせは各都道府県農協米対本部長の多数意見を集約したものである。しかし、その後、新潟県の例、および本日の申し入れなどの事情があった。したがって各都道府県米対本部長に対して、一月九日の意見につき、各単位農協の意向を代表するものとして責任を持ちうるかどうかについて、あらためて確認を求め、速やかに再検討する」と石田宥全全日農会長と宮脇との間で確認書に署名が終わった時は、すでに午後八時を過ぎていた。

同席していた社会党国会議員の栗林三郎（全日農の米価対策特別委員長）は「こんなすんなり、大衆団交に応じてくれるとは思わなかった。しかし、宮脇会長は大衆を前に胸を張って堂々と自分の意見を言い、立派だった」とほめるほどだった。

宮脇も「会議が終わり、帰り出した時に、何人かの農民が私のところに寄ってきて、『ああ安心した』

というのです。何が安心かと聞くと、『俺たちの全中会長が、俺たちが攻め上げたくらいで落ちるんだったら、これはどうにもならないけれども、こんなに叩き上げ、怒鳴り上げても、がんとして応じない。頼もしいものだ』とひやかしていった」と語っていた。

大衆団交のあと、宮脇は午後九時過ぎに記者会見し「一月九日の自主流通制度の申し合わせはけしからんというが、あの会議は一二月二八日の政府・自民党が自主流通米を決定したため、どう対応するか開いたものだ。取り消せと言っても、私にはそのような権限はない。今後は、各県ごとに自主流通米制度について単協の意見を聞き、これが全部集まった上で、本部長会議を開きたい」と語っていた。

全日農との確認書に基づく農協の最終決定は四月五日の米対本部長会議で行われた。この会議は公開で行われ、マスコミ、全日農の人たちも傍聴していた。会議では一月九日の申し合わせに対する態度の変更があった県の発言を求めた。

山形県から「食管堅持のために農協は全量予約集荷・全量政府販売を指導すべきであり、申し合わせには賛成できない」、大分県から「自主流通米をどうするかは各県でやるべきことであり、実際にどうなるかは、米ができてみないとわからないので、態度を保留する」、宮城・福岡両県から「自主流通米に反対を決めた以上、中立米審に反対したように具体的に運動を組むべきだ」と四県から意見があっただけだった。多数は一月九日の申し合わせを再確認、大山鳴動してネズミ一匹に近い結末に終わった。

もし、自主流通米制度に反対して断固拒否を貫いたら、その後、自主流通米が主流になった米流通の実態からみて、農協の米事業がどうなっただろうか。このことは、指導者としての正しい選択であったといえよう。

農協界では二・二六事件（一九三六年・昭和一一年の陸軍青年将校によるクーデター事件）になぞらえて「雪の二・二七事件」と呼ばれた。

4 昭和四四年産米価運動と自民党対決

宮脇の全中会長時代で最も大きなターニングポイントは六九年（昭和四四年）の生産者米価据え置きにともなう自民党対決を巡っての辞任ではなかろうか。再選後の宮脇は組織内の力が一段と強化される一方、対外的な影響力も厚みを増していった。

六九年の米価闘争は、前年の一二月から始まっていた。これは、政府が予算編成時に米価を決める動きがあったからだ。全中は六八年一二月二三日に二、五〇〇人を集め食管制度堅持・基本農政確立全国農協代表者大会を開催した。この大会の狙いは、政府の食管制度改正と予算米価を阻止するためだった。

宮脇は主催者挨拶で「米価は夏の問題という考え方もあったが、これは誤りである。政府は予算米価で米作農家を圧殺しようとしたり、さらに米の自由流通を進め、根幹まで侵そうとしている。われわれは予算米価方式、総合予算主義に反対するとともに、基本農政の確立について政府・政党に対してよりよき政策の確立をうながしたい」と強調しているように、予算編成時期から米価運動がスタートしていた。

❖米審に据え置き試算を提示

佐藤首相は一月の国会の施政方針演説で、生産者、消費者の両米価の据え置きを明言した。これに対して系統農協は、食管法では、生産者米価は米の生産費、物価、その他の経済事情を参酌して決定するとあるのに、生産費もわからないうちに、据え置きと断言するのは、無責任であると抗議した。

要求米価を五月七日に九、六五三円で決定し、六月二日、一三、〇〇〇人を集め要求米価貫徹全国農協代表者大会を開いた。宮脇は主催者挨拶で「国民食料の確保に努力してきた農民の労苦を無視して、物価高騰による生活水準切り下げの犠牲を農民にのみ強いてきた。要求米価は労賃が一五・六パーセントアップしている中で、要求額の前年比四・四パーセントのつつましい要求だ。総合農政というが、その実体的裏付けもなく、米の作付抑制以外に何もない」と訴えた。

来賓挨拶で根本龍太郎自民党政調会長は「農業問題は米価値上げだけで解決できない。古米が累積して国民消費の一一か月分の五六〇万トンに達した。米が多くとれれば、安くよいものが供給されることを消費者は求めている。国の農業関係予算は四・五パーセントを占めているが、農民の納税額は〇・二パーセントにすぎない」と発言して参加者に大きなショックを与えた。

米価審議会は六月四日に始まり、政府は試算米価として昨年とまったく同じ六〇キログラム二〇、六四〇円を提示した。この年から米審委員は生産者、消費者代表も復帰していた。宮脇ら四人の生産者委員は据え置きの試算米価に強く抗議した。七日の答申は①据え置き、②引き上げ、③引き下げの三本併記という奇妙な型になった。

❖青年婦人部から自民党対決の申し入れ

米価運動は〝真夏の決戦〟と言われるように六～七月の炎天下での闘いである。六九年はとくに暑い日が続き、六月八日は朝からジリジリと照りつけていた。この日は宮脇にとって忘れられない、長い一日の始まりでもあった。私はこの日、朝から宮脇の行動を身近に取材していた。

宮脇は七日朝まで徹夜の米価審議会に委員として出席していたため、いくらか疲れを感じていた。農協の米価運動はそろそろ終局を考えなければならない。幕をどう引くか、全中会長のもっとも大きな悩みでもあり、腕のみせどころでもある。

宮脇が東京・平河町の全共連ビルに臨時に設置している農協米対本部事務局に着いた時、一階のロビーは各県から上京した農業関係者でごったがえしていた。どの顔も活気というよりも、焦燥感で満ちていた。

今年の米価運動の厳しさは米価運動する前から、いや前年から十分わかっていたことである。生産者米価は五八年から毎年値上がりしていたが、政府は一一年ぶりに据え置くために、執拗な据え置きキャンペーンを展開していた。上京した農民も地元選出国会議員に要請しながら、例年と違う〝冷たい厚い壁〟を感じていた。

据え置きを打破するため、宮脇は前日の七日、官邸で佐藤首相に会い直談判をした。「春闘の結果をみても七千円上がっている。米価据え置きは筋が通らない。一般物価、賃金の動向とつり合いがとれるように正当な位置付けをして欲しい」と迫った。佐藤首相は「米価はこれから検討していく」と冷たい発言をしただけだった。

八日午後、各県代表者が座り込みしている自民党本部前に行き、マイクを握り「現在の環境はかってない厳しさ、深刻な状況の中にある。昨日の米価審議会では据え置きどころか、値下げという意見さえもあった。全国の米作農民は希望なき現状に対して、また何も配慮のない状況に対して、スクラムを組み、闘志を示し、ともに進もう」とこぶしをふりあげると、大きな拍手がおきた。

人をかきわけるようにし、真中に進み、巨体を沈め、座り込みに加わった。それを見た各県代表者から「宮脇会長がんばれ」との歓声があがった。

宮脇が全共連の米対本部事務局に戻ると、緊張した雰囲気に包まれていた。農協米対本部長会議で農協青年部・婦人部の申し入れを協議することになっていたからだ。この申し入れは、前日の農協青年婦人部代表者集会で決定したものだった。

その内容は①農協出身の自民党議員に離党を勧告するなど自民党と対決する姿勢を明らかにする、②全国の組合員に対して、今の政治が農民軽視である実態を明確にするため、系統組織をあげて積極的な教育宣伝活動を行う、などからなっていた。森田正夫全国農協青年組織協議会委員長らは「自民党対決は絶対実現してもらう」と各県の上京団に働きかけていた。

上京要請団も、政府与党と対決すべきとの意見が多く、青年婦人部の意見に同調する声が強かった。特に六月二日の全国農協代表者大会で根本竜太郎自民党政調会長の発言への反発、地元選出国会議員への要請でも前向きな回答が少なく、不満がうっ積していたこともあろう。

この日、自民党は午後一時から総合農政調査会小委員会を開き、米価を審議していた。午後八時からの西村直巳総合農政調査会会長の記者会見で「据え置きの意見もあったが、大勢としては二パーセント内外の引き上げが強かった」と発表した。この時点で、上京団は少なくとも四パーセント前後の引き上げあると希望的観測があったが、それも吹っ飛んだ。

❖政党に対して「等距離等間隔」の危機感

宮脇にとって最悪のケースで幕を引かなければならなかった。

本部長会議は午後一〇時から開かれ、正副本部長会議でまとめた原案を説明した。これに対して賛否両論あり、原案をもとに各会議室でブロックごとに分かれて検討した。ブロック会議の意見集約は「猛省を促す」「批判するにとどめる」、「批判するならよいが、対決は困る」というものだった。意見集約の最大公約数は「自民党に対し猛省を促す」となる。「それでよい」という者から、「対決がなければ地元に帰れない」という者まで、さまざまで一本にまとまらない。しかし、議論すればするほど「猛省を促すという迫力のない申し入れすべきでない」という意見が強くなり、「全面対決」が大勢を支配するようになった。

全体が感情的に強い意見に引きずられ、過熱ムードが充満し、座長の宮脇は「困った方向に向かっている」と直感した。そこで宮脇は「重要な問題であり、冷静に判断して欲しい」と呼びかけた。

「農協は農民の社会的経済的地位の向上を図るという一点で農民を結集している経済機関であるから、自民党と対決するということになると、組織にヒビが入ってくる。また本格的に対決すれば、政府・与党と一〇〇パーセント断絶関係に入る。極端にいえば、全販連は米の集荷の面で政府から委託されいるのを返上、また自主流通米の助成も返上、さらに各種の奨励金ももらわないところまで発展する。そのうえ自民党籍の人の離党の問題もあり、慎重に考えて欲しい」と何回も訴えた。

宮脇の冷静な発言はほとんど受け入れられる雰囲気ではなくなっていた。各県本部長は多くの上京者をかかえ、さらに地元のことを考え内部の収拾をどうするかで頭が一杯だった。

各県本部長のなかに自民党所属している人も多い。宮脇はそのような本部長に向かって「自分の党と対決できるのか」を質問したが、対決ムードの中で「できる」の回答ばかりだった。宮脇は「農協は政党的に右から左まで農民のあらゆる階層から構成されている。特定政党と対決することは政治的中立の建前に反し、かえって組織分裂になる」と説得した。これに対してある本部長は「ゼロ回答を突きつけられて、このまま引き下がるようではかえって組織が分裂する」と反発した。

宮脇は当時の模様を『宮脇朝男　思想・人生・運動』の中で「私は農協運動に入った時に日農から離れ、社会党からも離党した。そうしないと日農の別働隊、社会党の別働隊とみられ、農協運動自体の正しい評価を誤るからだ。農協は政党に対しては等距離、等間隔であるべきだ。何が農民に対する利益であり、何が不利益であるか、という問題の判断は正しく教えるのは良いが、それを具体的な行動の中でどう選択するかということは、個人の責任の範囲で決めることだ。君たちが、それほど対決したいなら、君たちが離党したり脱党してから言うべきではないか、という問題を夜遅くまでやったのです」と語っている。

会場の雰囲気を察して、高知県米対本部長の藤田三郎が全国連なら対決の損失が想定されるので宮脇に同調するのではないかと思い、「全国連代表の意見を聞きたい」と質問した。しかし全購連の三橋誠は「みなさんのご意向であればやりましょう」と言い、全販連の関口秀雄専務もほぼ同趣旨の発言をして歯止めにならず、方向は決定的になった。

申し入れ文は「本年の生産者米価について政府・与党は、われわれの正当な要求を無視し、総合農政をもってこれにすりかえようとしているが、これに対し、われわれは激しい怒りと不信を抱くものである。大幅な労賃、物価の上昇にもかかわらず、政府・与党が、あえて農民軽視の生産者米価を決定するならば、われわれは直ちに全国の生産者農民に政府自民党農政の実態をくまなく徹底し、選挙を通じて自民党と対決せざるを得ない」となった。

すでに九日午前三時になろうとしていた。

宮脇は重い足取りで宿舎にもどった。布団に入ってからも「自民党対決」の申し入れを決めた農協中央米対本部長会議のやりとりが頭から離れなかった。自民党対決の申し入れの重大さ、それを抑えきれなかった力不足、孤立感など腹の底から煮えくり返るような感情に襲われた。

宮脇はふっと若き日、日農時代に小作争議を指導したことを思い出していた。

「小作争議は生きるか死ぬかの覚悟が必要だった。土地がない小作農民は何かといえば、土地が取り上げられるから、闘いは死をも意味する。それでも追い詰められているから、われわれのアピールに対して応え、闘うことができた。それでも大争議を一つぶつと村はガタガタだ。闘える者でも権力とやり合った場合は思想的に相当練れていても裏切りが出る。まして農協は自民党の党員、社会党その他の党員、支持者が混在している。組織には闘える組織と闘えない組織がある。農協は戦闘団体ではない。農民の社会的経済的地位の向上という一点で結合する経済的生産的組織だ。これを闘争の組織にしたら割れてしまう。ギリギリの農政活動はやれるが、その限界を超えたら自らの組織を壊滅させることになる」『日本農業の動き』一七号）と語っている。

これを阻止するのにどうしたらよいか。宮脇は自分が辞任する以外にないと考えた。

香川県坂出市出身の藤沢寛一（元農協飼糧株式会社常務）が指摘しているように「会長は過去に一つの悩みがあった。それは若い頃の政治色の色抜きである。農協人となってから人知れず苦心された。このことが政経分離、等距離等間隔など会長の持論となった」こともあろう。宮脇も常に「私はいつの場合でも与野党に対して等間隔の姿勢を崩したことがない。政策に惚れても、政党に惚れてはいかない」と言っているように、自民党対決は彼の容認の限度を超えるものだった。

❖頼るべきものを頼っては相成らん

九日早朝から自分党本部の前庭は各県から上京した二、五〇〇人ほどの農民で埋めつくされていた。午前一〇時、「要求米価貫徹」の鉢巻きした宮脇はマイクの前に立った。

この時の演説は、彼の名演説の一つに数えられている。

「全国から上京されたみなさん、今や米価は決定されようとする寸前に参りました。本年の米価は一月早々の再開国会において、われわれの反対を押し切り、総理の施政方針演説の中に、本年の米価は据え置くと言明しました。以来、政府はあらゆる機会、あらゆる手段を通じて、据え置き米価が妥当であることを全国民に印象づけるキャンペーンを行ってきました。このような中で開かれた米価審議会では二五人の定員の中で生産者を代表するものはたった四名です。大多数が農林省ＯＢを含めた中立委員で政府案をいかにうまく演出するかです。私ども生産者委員はそれぞれの出身団体の体質を超えて最大公約数で現段階において食管を守り、しかも需給緩和の責任を一人農民に押しつけようとする悪意を排除して、据え置き米価の不当な諮問を意図するものに断固反撃しました。

与党において努力したといいますが、その後の与党側の態度は、おおむね二パーセント前後の上積みが適当であろう、という程度あり、それも政府の据え置き米価を妥当とするという意見と併記するということです。

みなさん、もはやヤマは見えました。農民の切なる要望は無視され、賃金、諸物価のいっさいの上昇の中で農民だけがインフレの収奪の中に置かれようとしています。われわれは選挙を通じて対決せざるを得ない、との決意を固めました。今こそ、頼るべからざるものを頼っては相成らんということを身を持って知らされたのであります。

統一行動はただいまをもって解散します。すみやかに郷里に帰り、ふるさとの同志を結集して、この事実を訴え、抗議しようではありませんか。」

大きな拍手に包まれた。上京団は自民党本部前から一斉に退去した。

宮脇は米価対策本部のある全共連ビルに戻ると全共連役員室に行き、硯と紙を出してもらい、辞表を書いた。日付は六月一〇日にした。

午後一時から米対正副本部長会議が開かれた。米価が決定したあとの「声明」の取り扱いを話し合うことだった。宮脇は「声明」の発表を抑えなければならないと考えていた。申し入れに「対決せざるを得ない」とある以上、声明は「対決する」という内容になってしまう。「申し入れ」は銃に弾を込めた段階であるが、声明は一歩進んで発射したことになってしまう。これは避けねばならない。

会議で宮脇は「声明の扱いは私に一任して欲しい」と提案した。一任することは声明を出さず、「申し入れ」になることである。いろいろ意見はあったが、最終的には提案が受け入れられ、宮脇はやれやれとホッとした。

すると滋賀県の本部長から「宮脇さんに一任しても東海近畿ブロックの中で出てくる事態について私は責任を負えない」と発言があった。今決定したことを否定する発言に「それでは一任の意味がない」と大声でやり返した。また、新潟県の本部長は「今から自民党へ陳情に行かなければならない」と席を立とうとした。米価運動は一〇日まで続くことになっていたから毎日、別の代表団が上京して、その人たちを連れて陳情に連れて行かなければならなかったからである。事務局の職員が「午前一〇時に撤収が決まったのに、のこのこ陳情に行くのは、おかしい」と説得する場面があった。

宮脇はこのような光景を見て、ますますイライラした。組織運動の原則は「決定したことは守る、実行できないことは決めない」ことである。決議を印刷して出せば、事足りるということではない。少なくとも決定に参加した人たちは責任ある行動をとらなければ、内外に不信感を与えるだけではないかと。

正副本部長会議の後、宮脇は地下一階の米対本部事務局に下りて行った。会議で孤軍奮闘していた宮脇の行動に同情していた事務局の人たちは、みな立ちあがり、会長を拍手で迎えた。私も事務局の隅で、その光景を取材していた。

宮脇は事務局の労をねぎらう挨拶が始まった。「私は全中に来て、今日までみなさんと共に働くことに生き甲斐を感じてきた」と、ここまで話すと感情がこみ上げ、涙が出て、言葉にならない。白いハンカチで目頭を押さえた。いつもニコニコして話をする宮脇と違う、意外な光景に職員は、おやっと思った。「私の能力の限界を超える事態になった」と結ぶと、会場はシーンとなった。涙ぐむ職員もいた。

副会長の足立良平に辞表を渡すと、記者会見場に向かった。

記者会見で自民党への申し入れの内容について説明したあと、「私は政府とやり合っても、党との激突はなるべく避けたいという気持ちがあった。私どもは政党ではない。しかし、事態はそれを許さなくなった」と語った。質問は「対決」に集中した。「確かにタマ（申し入れ）は込めたが、それを撃たせるのか回避するかは相手（政府）次第だ」と表現した。「佐藤内閣は国鉄運賃を値上げして、米価を据え置こうとしている。今後は他の物価が上がるのを、こっちは監視する立場だ。しかし、米価据え置きなんかすると日本の農民を反安保に追いやることになる」と強調した。

最後に自分の心境として「虫の入ったる竹とは知らず、杖についたが身の不調法」との都々逸の一節を披露した。会見の後、記者の仲間で、この「虫の入ったる竹」の解釈について、自民党をさすのか、あるいは農協組織をさすのかが、話題になった。

なお、六九年産の生産者米価は六月一〇日、据え置きで決定した。据え置きは五八年以来初めてのことだった。ただ別途、「稲作特別対策事業費」として総額二二五億円の交付が決まった。これは六〇キログラム当たり二・一八パーセントアップになる。農水省調査によると六八年の米生産費は対前年比一一・五パーセントの上昇であるから、据え置き米価は農家の打撃が大きい。仮に六八年産米価を前年産の政府算定方式で試算すると八・五パーセントの値上げになる。

5 全中会長辞任

宮脇は六月九日に全中会長の辞表を提出したが、農協中央機関首脳は外部に漏れないようにして、慰留につとめた。しかし、周辺のあわただしい雰囲気から外部に伝わることになる。

私は一〇日朝、農協ビル四階の廊下に出てきた宮脇に会って確認するが、「(辞表提出は) おれの口から言えない。足立副会長に聞いてくれ」と、あいまいな答えだった。

その日、全中役員室に農協中央機関の会長が集まり、宮脇に真意をただしたが、宮脇は「一般物価が上がっている中で、米価が据え置かれるというのは許されない。これが現実問題になってきた以上、責任をとるのがスジだと思う。多くの人が米価運動のために、動員されたにもかかわらず、こんな結果になって責任を感じている。みんな一生懸命、情熱を燃やしているのに責任をとらないのでは、申し訳が立たない」とことわり、その日の午後、香川県に帰ってしまった。

❖各地から慰留の電報が殺到

一〇日午後、農協記者クラブは足立副会長に辞任問題の説明を求めたが、「辞表提出は知らない」と一点張りだった。しかし一一日付けの中央各紙で宮脇辞任が報道され全国に知れ渡り、全中役員室に「辞任を思いとどまって欲しい」という電報が全国各地から殺到した。「辞任を撤回して、全農民のために最後まで戦われたし」「農協組織存亡の時、会長辞任を思いとどまり、米価闘争にご精進ねがいたい」「大きな柱を失うものであり、とどまって先頭に立って欲しい」「がんばれ、農民と討ち死にせよ」などというものだった。

自民党対決のきっかけをつくった農協青年部・婦人部では、森田全青協委員長と白井全婦協会長が一二日に高松市に行き、「会長の辞意を撤回して欲しい」と要請したが、宮脇はそれには答えず、「遠いところまで、ご苦労さんです。疲れたでしょうから、ゆっくり休んでいってください」と、労をねぎらうばかりだった。

全中は六月一五日午後に緊急理事会を開き、宮脇辞任問題を協議した。私は理事会の前に何人かの県中央会会長に取材したが、「宮脇さんは勝手に辞表を出した。だから、われわれが責任を感じる必要がない」という発言もあった。私が「宮脇さんのあとに全中会長になれる人材がいないではないか」と質問すると「四七人の中央会会長がいるのだから、そのうちに一人選べばよいのであって、宮脇さんでなければならないという問題ではない」という答えだった。多分、当時、まだ宮脇に対する高い評価が全員に定着していたわけではなかったといえよう。

宮脇が農協界だけでなく、日本を代表するリーダーとして内外から認められたのは、再選後である。しかし、理事会では「宮脇会長の辞表は受け取らないで、留任するよう努力する」ことを決めた。慰留の背景の一つは「全中会長だけに米価の責任でハラを切らせ、県中央会会長がそのまま残るのはどういうことか」との批判が各地にあるからだ。

この理事会後の記者会見で足立副会長は「米価問題の自民党対決の申し入れの処理など現在の農協が置かれている立場、また地方からも慰留の意向が強いことなどから、宮脇の留任を希望することで、出席理事全員が一致した。宮脇の辞意の理由は米価が据え置かれたという責任によるもので、内部問題ではない」と語っていた。「内部問題ではない」というのは、マスコミが「宮脇辞任の真意は一部の県米対本部長らの無責任さに、あいそうをつかしたことにある」(『日本経済新聞』一九七二年七月九日付)と内部対立を報道していたからである。

理事会の結果を踏まえ足立、上妻の両全中副会長が香川に飛んだ。宮脇の回答はイエスでも、ノーでもなく、「考えさせてくれ」だった。両氏は「組織をあげて慰留すれば翻意の余地がある」と判断した。

私も六月一七日に高松市の県農協会館で宮脇を訪ねた。

宮脇は「オヤジが帰って来たと、職員が喜んでくれた」と以前と変わらず、元気だった。県農協連役員室の松本室長は「全中会長になってから、会長は東京と県との両方をかけもっているので、土曜、日曜も休まる暇がない。私が上京して米価運動を見ていても、一人で兜を持って敵の矢を受けながら湊川で戦っているようなものだ。会長が動きやすいようしてやらないといけない」と語っていた。

私は宮脇に「六月一五日の全中理事会で慰留を決めたが、どう思うか」と質問すると、「自分が辞表を出した理由は能力の限界である。少なくとも自らが力の限界を悟った以上、気持ちはありがたいが、考えさせて欲しい」というもので、態度を鮮明にしなかった。

さらに「自民党対決を決めた、農協農政運動はどうあるべきか」との質問に、宮脇は「全中の農政運動は内と外に対しても責任の置き場所を一点に集中している。農協組織の内に向かって、いろいろな意見を出すことは励みになってよいと思う。しかし、外に向かっては足並みをそろえなければならない。経済行為はイデオロギーと違う。農協は政治団体でもなければ、宗教団体でもない。幅広い農民層を含め、その生活や地位向上のためにつくす経済機関である。中央会の農政活動も、この点に立脚して進めることが必要だ。今後は外部からの圧力がますます強まってくると思うが、この圧迫が強ければ強い時ほど、系統農協全体が結束を固め、これに当たっていかなければならない」と組織の団結の重要性を強調していた。

❖「さっさと葬式を出して欲しい」

全中は六月二〇日の理事会で再度、協議した。この結果、①宮脇会長が六月二四日、二五日に開かれる麦価の米価審議会に出席するため上京するので、それまでに考えられるあらゆる手段をつくして慰留につとめる、②交渉委員として中央機関五人、地方五人、全中副会長二人の合計一二人を選び、二一日に会い、それでも承諾しなければ何回でも会談する、ことを決めた。

宮脇は二〇日、上京したが、飛行機の中で大阪から乗った農政ジャーナリストの団野信夫（元朝日新聞）と一緒になった。

団野が「全中会長の辞表を出しているが、どうするつもりか」と質問すると「香川にいたが、東京から呼び出しがあったので、しかたなく上京するところだ」と答えた。団野は「東京に向け飛行機に乗っているということは、すでに辞表を撤回するハラではないのか。全中会長に戻る時は、全役員から白紙委任を取り付けることを前提とすべきだ」と提案すると、宮脇は「いいことを聞かせてもらった」と感謝した。

交渉委員は二一日夜、赤坂の料亭「京稲」で会った。席上、宮脇は「さっさと葬式を出してくれなければ、往生できない。その上で改めて出てくれというのであれば、これはその時になって考えよう」と答えた。「葬式」とは、会長の辞任を認め、役員が総辞職することである。

宮脇会長慰留交渉委員会は六月二六日に開かれ、宮脇の慰留交渉は失敗に終わったことを確認した。さらに七月三日の全中理事会で、①会長の辞表を受理する、②米価の責任を痛感して今後の重要な事態に対処して農協組織の結束を固めるため、全役員も辞職する、ことを決めた。これで六七年一二月二三日に発足した宮脇体制は一年半で幕を閉じたことになる。全中役員が総辞職をするのは六五年六月に病気で辞任した米倉会長のとき以来である。

宮脇の後継の香川県農協中央会会長になった神辺隆之助は「この時が農協組織にとって盛衰にかかわる非常事態だった。宮脇さんは協同組合の原点に立って、その非理を条理をつくして説得したが、受け入れらなかった。組織の良識を信じ全中会長を辞任することで、協同組合運動の原点を守った」と評価している。また、当時の様子を「私が『指導者は孤独ですね』というと、いつもなら打てば響くように返ってくる返事がない。よく見ると眼をつぶり沈思されている。それからおもむろに『私は同行二人ですからね』といわれた。この人の決心には熟慮と断行の上に、四国遍路のかぶる菅笠に書かれた『同行二人』、弘法大師と二人旅だという祈りがあった」と記している。

6 全中会長再任と自主建設路線

❖決死の覚悟で再登場

全中会長二期目の宮脇の登場は、第一期の〝無名状態〟と違い、三顧の礼をもって迎えられた。全国的に待望の拍手の中での就任であった。「宮脇さんは荒々しい波濤を超えるたびに大きく成長していった。複雑なものを消化して自分の糧にしている人も珍しい」(大西潤甫高松琴平電気鉄道会社長)というように、一回り大きい宮脇像が形成されていった。組織内の環境的にも宮脇の主張が反映される条件が整い、後々まで語り継がれた、数々の宮脇伝説は二期目の活動をもとにしているものが多い。年齢的にも全中会長に再任されたのが五七歳の若さであり、当時の農協の県段階の会長の年齢が六〇歳後半から七〇歳代であったから、宮脇体制は今後一〇年間は継続される長期政権と当時は誰もが思っていた。

このように再選の整った環境であったが、宮脇は火の中に飛び込むような決死の覚悟で会長を引き受けている。当時も農業界や農協界を取り巻く環境は厳しいものだった。米の在庫量の増大から食管改変が俎上に乗り、貿易黒字の増大から農産物の自由化圧力が強まっていた。農協組織の三段階制もきしみ始めていた。取り巻く環境は困難極まりないところに来ており、あらゆる面において根底から揺さぶられ、一つ間違えば組織の崩壊につながりかねない情勢であった。

再任総会の前日、会長秘書をしていた佐賀郁朗は東京駅に吉田和雄農政部長と一緒に宮脇を迎えているが、当時の様子を著書『協同組合運動に燃焼した群像』で次のように書いている。

「東京駅に降り立った彼（宮脇）が、出迎えた吉田農政部長の手を握って言った『吉田君、地獄の底まで俺と一緒に行ってくれるか』の一言がすべてを物語っていよう。宮脇にとって、再び赴く全中会長職は、難航苦行が待ち受けている五濁悪時の現世の地獄でしかなかったのだろうか」。

会長再任までの経過をみると、七月二〇日、全中理事会で役員の総辞職が決定した。これを受けて、次期役員を選出するための役員推薦会議が翌日の二一日に開かれ、会長候補に再び宮脇を推薦した。この後、役員推薦会議の代表者が宮脇に会って、会長を引き受けてくれるかどうか正式に打診した。その席で宮脇は、農業はこれから厳しい事態に直面して、難局を乗り切るのには組織の結束が必要だが、新役員は会長のもとに結束してもらえるかどうかなどを確認している。

宮脇は当時の経過を『宮脇朝男　思想・人生・運動』によると「辞表を出した私を再び新任したいとの申し入れが全中役員推薦会議からありました。私自身も成り行きにまかせざるを得んだろう。ここでごたごたいっては悪いだろうということで、とりわけコメントしなかった。しかし、就任に当たって意見があるかというお話があったので、農政運動のあり方を再検討して欲しい、それから、現在の副会長の選び方が組織挙げての体制でないので、中央機関代表を一人副会長に、もう一人は地方の代表を全中副会長に選んで欲しい」と提案した。その結果、副会長に全購連会長の三橋誠、埼玉県中央会会長の足立良平が選任された。また、農協の農政運動のあり方については検討することになった。

七月二五日、全中の臨時総会で宮脇が正式に会長として選出された。六月九日に辞表を提出してから起きた農協界の混乱を終止を打つとともに、〝第二次宮脇体制〟のスタートであった。

臨時総会は、自民党対決声明以後、全中のあり方が大きな話題になっていたため、多くの報道関係者が詰めかけた。宮脇は珍しく印刷したペーパーを持って挨拶を行った。日本農業の危機存亡の情勢から始まり、確固たる農産物価格要求実現の取り組み、組織運営ルールの確立などを訴え、「全身、全力を挙げて組織の先頭に立ち、いかなる障害に遭おうとも、大いなる希望を持って、その打開に一路邁進する所存であります」と決意を述べた。

宮脇は再選後、農協農政運動のあり方に関連して、安易に政治に頼ろうとする姿勢を戒め、自らの足で踏み出す自主建設路線の必要性を強く訴えた。団野信夫（農政評論家）との対談（『地上』一九六九年一〇月号）で、「われわれはいっさいを政治依存で解決しようとしているわけではない。農協独自の力による自己建設がより重要だと考えいる。従来の農業・農協の行き方は政治依存でありすぎ、自らやるべきことを怠っていたように思う。それが大きな壁にぶつかったのが、今年の米価だ。例えていえば、戦後二〇余年、政府仕立てのバスで走っているようなものだった。それが米の過剰という石段ぶっかったわけだ。バスで階段を登れといってもムリな話で石段は自分の足で登るしかない」と政治依存体質を反省していた。

❖農協経営に信頼以外の王道はない

当時、各地の講演会でも「今の事態は悲観材料としてみれば八方ふさがりの四面楚歌だが、心を転じてみるならば、八方広がりで、どこへでも行ける。だから、ここでの腹の決め方、心の持ち方が大事である。農協自身、この段階で現状を十分に認識して、易（やす）きに付かず、積極的に足を一歩踏み出すという姿勢で進みたい」と他人に頼らず、自らの力で切り開くことを力説している。

この自主建設路線は、全中会長になってから言い出したことではない。過去の経験に裏打ちされたものである。

農協発足直後、全国の農協では大量の不良在庫を抱え、苦しい経営に追い込まれているところが多かった。宮脇が地元香川県経済連会長に就任した時、経済連は二億円近い赤字を抱えていた。役職員に「他人（国の助成）に頼らず、自力再建で行こう」と呼びかけ、加工工場をすべて処分して、ぜい肉を落とした。このガタガタになった経済連を国の援助による農林漁業協同組合連合会整備促進法（整促法）の適用を受けず、苦しい自力再建の道を選んで、立て直しに成功した。自力再建による労苦がもたらす人材の育成、組織の信頼こそが農協経営の得難い試練であるとの信念で取り組んだ。全国の経済連のうち整促法の適用を受けなかったのは香川を含め五県だけだった。当時、宮脇は「農協経営には信頼以外の王道はない。易きにつけば後日必ず倍にして苦労するのみ」と語っていた。

❖米価運動偏重から畜産、園芸に配慮した農政運動

自主建設路線の一環として取り組んだものに農政活動体制の再編成がある。

宮脇は「万単位の農民を動員する運動では問題は解決しない。今までやってきたことを実証して、新し

い事態に適合する仕組みにしなければならない。声を大きくして要求運動を展開するのでなく、政策要求を地道な形で積み上げ、相手が納得いくまで話し合う。いつでも政府なり、政党と四つに相撲が取れるような形にもっていきたい」（『地上』一九六九年一〇月号）と力説している。

全中は当初は新しい農政組織の創設を検討していた。欧米の農協は経済活動が中心で、農政運動は、農民団体が担っている。当初の素案では、三〇歳以上の農業従事者による農業者連盟を創設して、そこで農政運動を展開するという欧米並みの政経分離方式を提案したが、各県から反発があり断念した。

その後、多くの案が検討されたが、組織討議の結果、最終的には七〇年四月一七日の理事会で「農政活動体制の整備について」として決定した。それによると六二年以来、続いてきた農協米価対策中央本部を農協米穀対策中央本部に名称を変更した。本部長は、これまでの全中会長でなく、全中副会長になった。米価運動のたびに全中会長が辞任するようなことを避ける狙いがあった。

「米価対策」から「米穀対策」へとわずか一字の違いだが、その意味するものは極めて大きい。これまで「全中がやる農政は米価だけだ」という批判があった。この単発的な方法を改め、米価だけでなく、食管制度対策、米の生産、流通、需要拡大など米に関するあらゆる対策を総合的に進めることになった。もちろん、これは米価シーズンだけの取り組みでなく、年間を通じた運動になった。「米穀本部」で扱う作物は新たに麦、大豆など他の穀物も加えられた。

もう一つの特徴は米穀対策中央本部の組織構成である。

農協の農政活動は戦後、農協大会実行委員会方式で毎年の大会決議の実現を図るという運動形態をとってきた。全国指導農協連合会から全中への再編成で米価対策中央本部をはじめ、酪農対策協議会、青果対策協議会などを中心とする農政活動が行われてきた。しかし、米価、酪農、青果などの組織は全中―県中央会―単協という系列とは別組織で行われ、それぞれ独自の意思決定機関をもって行動してきた。たとえば、米価対策中央本部は本部長は全中会長だが、全中とは別の独立した機関であり、そこでの決定は全中会長も拘束する。予算は各都道府県の本部から出るというように、全中からみると思うようには動かしにくい形になっていた。

これに対して、新しい組織は完全に全中の内部機構に組み入れられ、予算も全中予算に組み込まれ、最終決定は全中理事会で行われることになった。運動方法でも、中央の米価要求大会などの参加者は「名実ともに農協代表者」、つまり単協の組合長と連合会の代表者になった。

これまでは米価運動は一人一人の組合員に根差したものということから、大衆動員方式をとってきた。大衆動員方式では六九年の米価運動のようにハプニングも起きやすく、全中の思うように御しにくいことが背景にあろう。当時、単協数六、三〇〇のため、それに連合会の代表者が加わり、最大でも七、〇〇〇人未満の大会になる。これまで万単位の参加者だったことからすると、縮小である。

この大衆動員方式を放棄したことに、地方から「農民の直接参加がふさがれてしまう」との反発もあった。宮脇は七〇年四月一七日の記者会見で「組合長は地域農民の信任を得たもので、組合員と考え方が違うはずがない。また、このような組合長の意思を連合会へ、そして中央会に積み上げてくることこそ農協本来の姿だし、地味だがかえって実のある運動になる」と説明している。

「米穀対策本部」に続いて発足したのが、酪農、畜産、青果の作物別対策本部である。これまで米以外の農協の取り組みは極めて弱かった。

六一年の農業基本法の選択拡大に沿って、畜産、園芸の生産は拡大してきたが、米一辺倒の運動を批判する声も高まっていた。宮脇は香川県経済連会長として、これまで園芸専門農協連と経済連との統合、畜産の加工事業の「協同食品」を徳島ハム（現日本ハム）との連携などで取り組んできた。それだけに中央機関の畜産、園芸部門の立ち遅れに、危機感を抱き、現実に対応した組織体制を確立したといえよう。

7 米生産調整「一律一割減反」の提案

❖減反政策に渦巻く戸惑いと怒りの嵐

農政の転換期に大きな役割を果たしてきた宮脇だが、政府からみて最も大きな功績は米の生産調整の取り組みではなかろうか。全国農協中央会葬（一九七八年五月二四日）で安倍晋太郎官房長官が代読した福田赳夫首相の弔辞や、中川一郎農林大臣の弔辞でも、宮脇の功績をたたえるくだりの最初に、二人とも、「広い視野をもって米の生産調整に協力した」をあげていたことからも、政府にとって米生産調整対策の救世主のように見えたに違いない。

大胆な宮脇発言が飛び出したのは六九年一〇月二一日の自民党総合農政調査会小委員会であった。宮脇は米の過剰対策について意見を求められ、次のように語った。

「米過剰状態の下では、食管制度を守るため、生産調整の実施はやむを得ない。生産調整は強制によらず、生産者や農協に協力を得るという形でやるべきであるが、年内に配分方法、補償の基準、金額を決めないと間に合わない。西日本では、米の生産量が増加した東日本が生産調整に取り組むべしという意見が多いし、また、東日本からすれば、効率の悪い西日本こそ、減反すべきとして、全国的に足並みをそろえるのは難しい。このため、私案だが、全国一律一割減反の配分でどうだろうか。われわれも積極的に取り組む。もちろん、その前提は食管制度を堅持して、作付け転換にともなう農民の所得補償はしっかりやってもらいたい」

この「全国一律一割減反」は、農協組織にも相談していない宮脇個人が考えぬいた意見だった。同行した吉田全中農政部長も「初めて聞く内容であり、驚いた」と後日、私に語っていた。というのは、全中は前月（九月）の理事会で「米の生産調整は強制によらず、生産者の自主的な休耕、転換によるべきだ」との態度を確認していた。しかし、一律一割減反は強制がともなうもので、これまでの組織内の議論とかけ離れているからだ。

米生産調整問題は政府と農業団体の間で、膠着状態が続いていただけに、この宮脇の大胆な提案はマスコミに大きく取り上げられた。また、全国の農民、農協に大きなショックを与えた。各県から「全中会長が自発的に申し出ることではない」「まず生産調整に反対して、条件を獲得してから考えるべきだ」など激しい反発の意見が寄せられた。

東北地区農協五連会長会議では「米の過剰は国の政策が招いたものであり、農民にその責任を転嫁すべきではない。一律一割減反は反対であり、農家の自主的判断に任せるべきだ」との決議をするほどだった。

しかし、宮脇発言は総選挙を控え、及び腰であった政府・自民党にとって、〝救いの提案〟であり、渡りに船であった。これをきっかけに農林官僚も安心して生産調整プランに着手することができるようになった。宮脇は食管防衛のためには自らドロをかぶる覚悟で、及び腰の自民党や農林省の尻をたたき、全国の組織の説得に東奔西走した。また、マスコミも「宮脇という人がこの時期に全中会長でなかったら、はたしてここまで生産調整に漕ぎ着けられたであろうか」と高く評価していた。このように同提案は農政の流れを変える大きな一石となったことは確かである。

米の生産調整は当初、檜垣徳太郎農林事務次官が「こんな愚策の政策はない。しかし、他に方法がない。食管制度を守るための緊急避難だ」と言うように、緊急的な対策と考えていた。しかし、その後、生産調整が行政指導で二〇一七年までの四七年間にわたり継続するとは、宮脇も檜垣も想像もしなかったであろう。

❖「新しい運動を掴み出す勇気と決断が必要」

減反政策を踏み切らざるを得なかった当時の米需給事情の背景をみてみよう。

一九五〇年代から六〇年代にかけて、米不足を解消することが、農政の最大課題だった。増収技術の確立、畑の水田化、干拓などが全国的に展開された。この結果、六〇年代中頃には米の自給が達成され、過剰が発生し始めた。その過剰も六九年一一月の米の持越在庫は五七〇万トンと予想され、配給量の一〇か月分を越えた。需要量が一、二四〇万トンに対して生産量は平年作で一、三五〇万トンだから、毎年一〇〇万トン以上の古米が雪だるま式に累積することになった。食管会計の赤字は三、七四六億円、農林関係予算の三八パーセントを占めた。

このため、米の生産調整は緊急の課題だったが、農業を取り巻く情勢は、それを受け入れる環境ではなかった。当時の雰囲気は政府も市町村も農業団体も、また政治家も、これまで農民に米の増産を薦めてきた。農民は米の増産が国の経済に寄与し、国民に対する食糧供給という任務を果たすと信じ、米作に誇りを持ってきた。減反政策はそれを否定し、米の増産は好ましくないとされた。

「農民にとっては価値観の急転換である。急転換いうより革命的変化である。昨日まで是なりとされていたものが、今日は否なりとされているのである」（団野信夫『日本農業の動き』一八号）という状態だった。私も生産調整の現地の反応を各地で取材したが、どこに行っても減反政策に激しい怒りが渦巻いていた。

その一年前の六八年秋に西村農相から農協界に、六九年産の生産調整に協力の働きかけがあった。農協組織では都道府県中央会会長会議で検討したが、「農林省の生産調整実験事業について納得できるものは自主的に対応するが、組織挙げて特に協力する筋合いではない」との姿勢だった。

当時、宮脇は「米から他の作物にハンドルを切り換えてくださいと政府が言っても、そっちのほう（米以外）は道らしき道もなく、簡易舗装していないということでは、どこかでひっくりかえるかもわからないから、とても進んでいけない。政府がハンドルを切り換えてくださいというからには、完全舗装といかなくても、デコボコ道はいちおうブルドーザーでならしていくとか、ガードレールぐらいはつけるとか、川に橋をかけてやるとか、その程度ものを設けていく姿勢を、はっきり打ち出さなければならない。それがはっきりすれば、協力するが、はっきりしないので、納得がいかない」と語っている。つまり、生産調整の前に転作先の条件を整備すべきだというものだった。

結局、政府は農協の協力も得られず、六九年産は実験的に取り組み、一〇アール当たり二万円の奨励金で一万ヘクタールを目標で実施した。しかし、結果は、五、五〇〇ヘクタールの実施面積で、目標の半分しか達成できなかった。

しかし、三年連続の一、四〇〇万トン台の生産が続いたため、翌年になっても米過剰はさらに深刻になった。政府は七〇年産から米生産調整を本格的に取り組むことが避けられなくなり、六九年秋は大きな政治問題になっていた。

宮脇は「膨大な在庫を抱え、このまま推移すれば、財政的にも食管制度の崩壊は避けられない。今ここで食管がはずれたら農家が困るし、農協はつぶれてしまう。われわれは食管の廃止に対して、何の用意もない。現在、(戦前の自由市場の) 米を知っている職員は単協にも、経済連、全販連にもいない。ここは食管を維持するため、苦しいが、生産調整を取り組まなければならない」と考えていた。

当時、私は宮脇に生産調整についてインタビューをしているが、彼は次のように語っている。

「米の生産調整を正面から反対する限り、食管制度を支えることは難しい。米在庫の責任問題を、今政府に追及することも必要だが、政府を追及したからといって片付かないし、数量は軽減しない。このままいって来年、もし平年作なら在庫は七百万トンになる。食管堅持といっても、生産と消費のバランスが欠けてくると、食管自体が破綻する。現在の問題は食管を維持する方策を具体化することだ。ここで農民が考えなければならないのは、ここまでくれば食管堅持は理屈ではない。堅持するか、しないのかの二者択一の時だ。私が恐れているのは、無制限買い入れを続けていけば、国民的反発が強まり、財政が破綻し、どうにもならなくなる。この時をみはからって食管をいっきに廃止されることだ。食管を守る方途は、自ら生産調整をすることだ。農民は事態認識をしっかりもち、客観情勢を正しくみきわめ、全農民が足並みをそろえなければならない」(『日本農業新聞』一九六九年一〇月二日付)

これらの発言からも、組織内外から批判が多い課題でも感情に流されることなく事態を冷静に直視し、減反政策に対す対応の当否は歴史が遠からず明らかにしてくれると考えていたに違いない。

❖各地に説得行脚をくりかえす

宮脇の「米生産調整の一律一割減反」提案は農政の流れを大きく変えるものであったが、同提案を巡る宮脇の苦悩と、その後の波紋を振り返ってみよう。

全国一律一割の生産調整の反発は組織内外から強かった。米どころの農協をはじめ、全日農、全農総連など農民団体は全中に「農家所得の減少をともなう全国一律一割の米作減反に反対である」と抗議が相次いだ。農協職員の労働組合である全農協労連は「農協が米の作付け一割削減の方針を決めているのは農民の意思を無視するものである」と声明を出した。野党も生産調整反対を主張し、農協首脳と社会党幹部との懇談会でも、同郷で親しい社会党の成田委員長に対して宮脇は「米の過剰問題をこのままにしておけば、食管はパンクしてしまい、食管堅持のため減反は必要だ」と語っている。

宮脇は全国各地に出かけ「経済社会は興亡の繰り返しであり、今苦しくても農協の自力能力を身につけて明るい明日を切り開こう」と説得に当たった。各会場で宮脇の来場を知って農協労連や農民団体が阻止のピケをはったり、ビラ配りなどの光景が見られた。しかし、宮脇の講演はユーモアをまじえ、迫力に満ち、訴えるものがあるだけに、どの会場でも拍手に包まれ、帰りには反対していた労組の人たちからも激励され、握手を求められることもあった。

宮脇が一律一割減反の発言をした三日後の一〇月二四日、長谷川四郎農相が全中に宮脇を訪ねてきた。党人派で、魚屋からたたき上げで、歴代の農相に比べ型破りの長谷川に対して宮脇は親近感を持っていた。「減反をやらなければならないが、いい知恵があったら出してくれ」と生産調整について農業団体の協力を得たいと申し出てきた。宮脇は「あんたはひどい人だ。これから相撲をとろうと思っていた相手が、土俵にまわしを締めずに上がってきた。これでは手がすべって相撲にならない」とユーモアをまじえて応じている。

農協組織は一一月六日に長谷川農相ら農林省幹部が出席して農協中央会・連合会会長会議を開き、「一〇アール当たり四万円以上の補償を行い、転作と休耕の差をつけない」などを条件に生産調整の協力を正式に打ち出した。

宮脇は一一月一二日に官邸で佐藤首相と懇談し、「総合農政はお題目だけで内容が空疎であり、農民は失望と不信をいだいている。まず、当面の具体策を明確にする必要がある。総理をはじめ政府与党首脳は直面している困難な事態を農民に率直に訴えて財政支出おしむことなく、その打開のための具体策を早急に明らかにし、米生産調整の具体的条件を一一月末までに明示すべきだ」と迫っている。

これに対して佐藤首相は「生産調整の提案は、きわめて前向きで画期的なものだ。米の問題は切迫しているので、米国から帰ってくるまでに関係閣僚に詰めさせ、帰ってきたら報告を受けられるようにして、具体的条件を直ちに決めたい」と答えている。

佐藤首相は一一月二六日に帰国したが、一二月に総選挙を控えているため、一一月末に開かれた政府・

与党首脳会議でも、米生産調整の奨励金など具体策は明示されなかった。最終的には一九七〇年一月三一日に、奨励補助金は転作・休耕の格差なしで収量一キロ当たり八一円、一〇アール当たり三五、〇七三円と決まった。生産調整面積は一〇〇万トン（二三万六、〇〇〇ヘクタール）、これ以外に五〇万トン分（一一万八、〇〇〇ヘクタール）を水田の買上げ、水田転用によって実施することになった。

宮脇は「生産調整は農家経済、農協経営に大きな影響を与えることになるが、産業組合以来、農協運動はいくたびか困難な試練にあい、これを乗り越えてきた。このたびの事態は従来にもまして大きな試練であるが、この困難のなかから、新しい運動を生み出し、これを掴みだしていく勇気と決断が必要だ」（『農業協同組合』一九七〇年一月号）と呼びかけている。

これに応えるように、七〇年度の生産調整の実績は目標を三九パーセント上回る一三九万トンが達成された。都道府県別には北海道が目標の二・九九倍で最高だった。目標を達成できなかったのは五府県だけで、最低は京都の五二パーセントだった。

8 見切り発車の「米買い入れ制限」

❖勝手に法律の解釈を変えるべきでない

米の生産調整は系統農協の主体的取り組みによって、過剰問題は解決したかのように見えた。しかし、七〇年産は四年連続の豊作になり、過剰米は七二〇万トンを上回ることが明らかになった。このため、七〇年秋以降の農政の最大な焦点は七一年産米の生産調整目標数量とその歯止め措置として浮上した買い入れ制限問題だった。

農林省は七〇年九月に米需要量の予測を昨年は一、二五〇万トンとしていたものを一、一六〇万トンに修正して、来年の生産調整目標数量を三〇〇万トンを提示してきた。

宮脇は「昨年は過剰を克服するため、要調整数量一五〇万トン(五〇万トン分は水田転用)と言ったのに、たった一年で三〇〇万トンになっている。これは政府の見通しの甘さと係数事務のズサンさにある。生産調整一四〇パーセントの成績をあげた農民にペナルティを課すようなことがあってはならない」と反論している。生産調整が一時的な緊急避難措置と考えていただけに、反対を押し切って生産調整を主導した宮脇にとって七〇年を大きく上まわる目標数量になれば農家を納得させられないというのが、率直な気持ちだった。

宮脇は「三〇〇万トンは実行不可能だ。自民党で検討している二五〇万トンでも、きわめて困難である。香川県程度の県が二〇県、米を作らせないことになる。食管は守れたが、生活が破壊してしまうというのではダメだ。減量を生産者だけに押しつけるのではなく、水田の転用、備蓄量などで再検討すべきだ」(一二月七日の倉石農相との会談)と激しく追及した。この結果、政府・与党と生産者団体の攻防が繰り返され、最終的に二三〇万トンに引き下げられた。

もう一つの買い入れ制限問題は、最後まで紛糾した。米過剰問題の財政負担は通常の食管会計による逆ざや赤字のほか、生産調整の奨励金負担、過剰米処理費の三本柱になり、大蔵省は激しく抑制を求めた。このため、農林省は年初から買い入れ制限の世論作りを進めてきた。倉石農相は七〇年二月の国会で「買い入れ制限は食管法を変えなくても実施できる。買い入れ制限は食管の根幹ではない」と答弁して、野党や農業団体から強い反発を受けた。三月五日、宮脇は「米の無制限買い入れは食管の根幹であることを表明すべきだ」と要請したのに対して、倉石農相は「現段階で買い入れ制限は考えていない」と答えていた。

また、渡辺美智雄農林政務次官は七〇年九月三日、「七一年度に食管法を改正すべきであり、現在検討中である」として、二段米価、逆二段米価、銘柄格差の導入などを検討項目として言明した。二段米価とは政府買い入れ数量の割当を行い、その割当量は本来の米価格で買い入れ、それを超える量は低い価格にする。逆二段米価とは、米価水準を下げ、生産調整に協力した者に差額補給を行うものである。

九月二五日、農林省は「生産調整は五年間実施、奨励金の格差の設定、生産調整協力者と非協力者との間の不均衡是正措置として米価および米買い入れを含む食管制度運用の改善を検討する」と自民党に説明した。

これらの動きに宮脇は危機感を強めた。一〇月の記者会見でも「二段米価や買い入れ制限などは、政府が消費者、生産者両方の反響をみるためのアドバルーンであると思う。とにかく食管は堅持しなければならない。年末にかけて食管問題は天王山を迎える」と語っていた。食管の根幹堅持は昨年、政府との約束ごとであり、それを、たった一年で破ることは許さないとの気持ちが強かった。

六九年一〇月に長谷川農相が全国の農業団体長に対し「政府として食管の根幹を維持するため、生産調整に協力を願いたい」と発言していた。さらに宮脇は佐藤首相と二回、会談したが、首相も食管の根幹は維持すると約束していた。

宮脇は「食管制度は政府以外に米を売ることができないことになっている。このため、終戦直後、一斗や五升のヤミ販売で何日も警察の留置所へぶち込まれた多くの涙の経験、恨みの歴史を持っている法律だ。当然、全量買い入れは根幹だ。政府の都合で好き勝手に読みかえることが立憲法治国家の日本で許されるのか。解釈を変えるなら、立法府で堂々と改正してから行うべきだ」と主張していた。

しかし、政府は米過剰が構造的であり、七〇〇万トンを上まわる過剰古米の飼料化、対外援助などの処理は総額九千億円の経費が必要とした。さらに自民党総合農政調査会の西村直巳会長は一〇月一五日に二段米価の採用、三年先を目途に間接統制移行構想を明らかにし、同調査会に小委員会を設けて買い入れ制限実施などの検討を開始するなど、情勢は急変していた。

〝雲隠れ〟で強い抗議の姿勢

これに対して農業団体は強く反発した。自民党の農業政策は大きな転換期であり、かつての〝ベトコン議員〟として米価引き上げの中心的な役割を果たしていた有力議員が、米価抑制をめざす総合農政派に転換して、厚い壁となっていた。このため、宮脇は農相との直接の個別会談で突破をはかろうとした。

一二月の一か月間に三回、倉石農相と交渉している。

七日は帝国ホテルで行い、宮脇は「無制限買い入れは食管の根幹だ。これに触れるようなことになれば、根幹を守るつもりがないことになり、生産調整に協力できない」。二回目は一六日にホテルニューオータニで行われ、農民の納得を得て生産調整を進めることで一致した。しかし、買い入れ制限などの歯止め措置について農林省から具体的な説明がなく、平行線をたどった。第三回目の一九日も、ホテルニューオータニで行われ、宮脇は再度、「食管の根幹をはっきりさせて生産調整にとりかかるべきだ」と迫った。

農林省から「生産調整をして、それでも余ったものを農協が売ってはどうか」という、いわゆる第二自主流通米の提案があったが、「これも一種の歯止め措置で、反対だ。農民を信用しなければ、生産調整はできない。撤回すべきだ」と反論して、物別れになった。

七一年度予算編成作業も押し詰まった一二月二八日までに、宮脇は田中角栄幹事長、鈴木善幸総務会長ら自民党幹部に数回にわたって会い、買い入れ制限に反対する強硬な申し入れを行ったが、情勢は変わらなかった。

一二月二九日朝、全共連ビルで開いた農協代表者集会で「買い入れ制限をやる限り、農協組織として生産調整に一切協力できない」と決議、上京要請団を解散した。その後、宮脇は田中幹事長と倉石農相を訪ね、最後の要請を行い、吉田農政部長らと一緒に都内に潜行した。

政府・自民党は宮脇の出席を求め、最後の決定をしようとしていた。二九日夜、党本部で福田蔵相、倉石農相、田中幹事長、西村総合農政調査会長らが、待機した。しかし、宮脇は、ついに現れなかった。このため、三〇日朝にかけて政府、与党首脳会談によって、「見切り発車」のかたちで買い入れ制限が強行された。二九日夜の模様について吉田和雄は『一七回忌追悼集』の中で次のように記している。

「政府与党は、なんとか宮脇会長の了解を取り付けるべく躍起になっていた。この状況を見て、私は、わが方の要求と先方の思惑とは到底一致しないと判断し、〝おやじ〟(宮脇)に雲隠れして『見切り発車』をさせることが組織を収める唯一の策であることを進言した。〝おやじ〟とともに姿をくらましたところ、案の定、総理官邸から、首相はじめ、農相、蔵相、与党三役そろい踏みの席に呼び出しがかかった。〝おやじ〟は『千万人といえども、われ行かんである』と言っていたが、たび重なる呼び出しに『おれは出席する』と言い出した。私は『あなたが出席すれば、補助金がいくらかカサあげになるかも知れないが、宮脇は説得されて妥協してきたと、組織の中が治まらない。出席は止めてほしい』と懸命に押しとどめた」

七一年一月一八日、農協米穀対策中央本部長会議で「自主的に転作・休耕を年次計画的に進めるが、政府が行う生産調整数量の配分や予約限度数量の指示について責任を負わない」との態度を明確にした。このため、生産調整数量を各県別配分を決める中央米生産調整推進協議会に参加しない方針を決めた。農林省は、やむを得ず、行政ベースで各県別の割り当てを行った。知事会の強い働きかけもあって農林省は中央米生産調整推進協議会を衣替えして新たに農業生産対策中央協議会を新設した。最終的には同協議会に全中など農業団体は参加することになった。

9 昭和四五年産米価運動

❖高度成長のひずみを農民だけにしわ寄せするな

七〇年（昭和四五年）は本格的な米生産調整が実施されるにもかかわらず、佐藤首相は七〇年二月の国会の施政方針演説で生産者、消費者の両米価の据え置き方針を打ち出した。米価は米価審議会の審議を得て決定することになっているのに、その前の据え置き発言に対して、宮脇は、ただちに倉石農相に「生産調整を実施して、需給が均衡すれば、当然、生産者米価は物価、賃金にスライドして上げるべきであり、その前に、据え置きを言明するのは、納得できない」と抗議した。しかし、農相は「首相は米価そのものを言っているわけでなく、あくまでも米価水準についての方針だ。生産者米価は米審で審議してから決定する」と物別れになった。

当時は物価が毎年六パーセント、賃金一八パーセント上昇しており、米作農家は減反のショックもあり、七〇年米価の値上げに期待していた。しかし、首相発言は、それに冷や水をかけるものだった。

系統農協は前年の米価決定の際、自民党対決問題で混乱した反省から、宮脇が提唱する自己建設路線に沿って責任を明確にした運動体制を整備した。四月に農協米価対策中央本部を解散して、農協米穀対策中央本部に衣替えし、本部長は宮脇でなく、足立全中副会長になった。五月一三日に要求米価一五〇キログラム当たり二四、八一五円（六〇キログラム九、九二六円）を決定した。

当時、多くのマスコミは生産者米価が物価上昇の象徴のように扱われ、生産者と消費者が〝対立〟するような報道が行われていた。このため、宮脇は国民的理解の重要さを痛感し、「農家や農協は閉鎖的で、独断的な面があり、ある意味では被害者意識が先行するきらいがある。もっと一般社会との対話、対応を強め、農協、農民が国家、社会の一員としての姿勢を打ち出していかなければならない」と語っていたように、消費者対策に力を入れ、街頭での訴えや消費者との交流に取り組んだ。

五月二六日に宮脇は白井小浪全国農婦協会長とともに東京・銀座と渋谷駅頭の二カ所に立ち、農家の実態を訴えた。また、通行人に北海道から直送した牛乳を無償配布するなど、系統農協としては初めての試みだった。

私は銀座の数寄屋橋での街頭演説を取材した。二六日午前中のどしゃぶりの雨だったが、午後から晴れ上がり、日差しがまぶしいほどの好天候になっていた。午後二時、宮脇は外頭宣伝車の上に立った。街頭の聴衆に手を振りながらマイクを握り、響き渡る声で「われわれは都市と農村の断絶を埋めるとともに、豊かな社会をつくるために、農業が今、置かれている立場を十分に知ってもらうために参りました」と呼びかけた。多くの通行人が足を止めて、見つめていた。

「政府は昨年米価が物価上昇の元凶であるとして生産者米価を据え置きましたが、結果はどうですか。米価は上がらないのに物価はかってないほど、上がっているではありませんか。政府は今年も米価を据え置こうとしていますが、みなさんの賃金が据え置かれると同じことです」と据え置きの不当性を訴えた。

宮脇は出席できなかったが、東京・霞ヶ丘団地と埼玉・こぶし団地で団地主婦と農村の主婦、青年との「生産者と消費者の対話集会」も開いている。各報道機関に系統農協の考え方を再三にわたり説明した。また、米価要求の署名活動も、従来、政府・政党幹部だけに行っていたが、地方自治体・議会にも拡大した。

六月二日に開催された全国米価要求大会は、例年と違い組合長だけの大会である。これまでの大衆動員方式から地域の実力者である組合長による「名実とも組織代表者による整然かつ底力ある運動」とし位置づけた。会場も日本武道館から東京・台東区体育館に四、二〇〇人規模で、鉢巻きもタスキもなく、整然と行われた。

宮脇は主催者挨拶で「昨年、米価が上がれば諸物価の引き上げの主導力になるといって据え置いた。しかし、今年も物価の上昇は激しく、賃金も一万円台の五桁アップだ。もはや米価が物価の主導力でないことが明らかになった。われわれは食管を守るために、生産調整に協力している。今年の要求米価は、賃金、物価の上昇と比べれば、つつましいものだ。据え置くならば諸物価、賃金も据え置くべきだ。高度経済成長のひずみを独り農民だけにしわ寄せすることは、絶対許されない」と強い口調で呼びかけた。

来賓として出席した西村直巳自民党総合農政調査会長は「米過剰問題で一兆円におよぶ財政負担で、後ろ向きに処理しようとしているが、国民に納得が得られない。宮脇会長は母親的愛情で指導されているが、私は父親的愛情で、今年の米価は据え置きたい」と挨拶すると、「そんな愛情はいらん」など激しいヤジが飛び、議事が中断するほどだった。

❖消費者の理解を深める運動を

六月三日から舞台は米審会場に移った。政府は据え置きの試算米価を提示したが、宮脇ら四人の生産者委員は引き上げを強く主張した。据え置きはやむを得ないという中立委員と真っ向から対立した。宮脇は農業の現状、米作農家の窮状を切々と訴えた。答申作成は難航したが、六日、最終的には、建議を付けずに「据え置き」「引き上げ」の二案併記の答申となった。

答申後の会見で宮脇は「農業の捉え方が全体として厳しかった。しかし、昨年の米審と比べ、試算米価について中立委員から批判が多かった。答申は生産者の意見が取り入れられたと思う」と評価していた。

七日から宮脇は、農協の要求米価の内容、政府試算米価の問題点について自民党幹部に強く働きかけた。

三日から決定まで連日一、〇〇〇人を超える組合長が参集して、国会、自民党を中心に要請活動を展開した。しかし、自民党内では古米在庫の累積、食管赤字に対する一般の批判に対して、消極的にならざるを得ない空気があった。

政府側から「米価を上げることは食管の崩壊を早めるだけだ」（渡辺美智雄農林政務次官）とのけん制もあった。自民党総合農政調査会は八日、四・四パーセントアップを決定した。しかし、政府与党の政治折衝の結果、九日未明に合意した。その内容は①基準価格は据え置く、②米価とは別に良質米奨励金、品質改良奨励金を支出する、その額は二三八億円（米価の二・一パーセント分）と決定した。

九日の決定後、宮脇会長、足立本部長連名で「物価、労賃の上昇による犠牲を農業者にのみしわ寄せするもの」などの談話を発表した。据え置きが強行されたことに、強い怒りを表明した。

宮脇は米価決定後の記者会見で次のように語っている。

一、加算金が付いたが、実態からみれば据え置き米価以外のなにものでもない。押し切られてしまった。加算金は昨年の米価の時についた二二五億円より少し多いが、生産者にとってメリットになるのかどうか、今後の推移を見ないとわからない。

一、今年の運動を通じて食管制度に対する国民的理解が浅い面があるように思えた。生産者と消費者の感情の対立を激化させないようにしなければならない。今後、農業問題全般について消費者大衆の理解を深めるための実践活動を進める。

一、これからの農協農政活動も今年のように組合長を中心とする姿勢でいきたい。民主的に選ばれた組合長によって組織自体の責任で進めていきたい。農協としては新しい園芸や畜産などを伸ばしてゆくとともに、農協の自己建設を進めていく。

10 昭和四六年産米価運動

❖試算米価は仕掛けサイコロによる、いかさまバクチ

七一年（昭和四六年）産米価も米在庫の増大などから早々に「据え置き方針」が示され、「据え置き打破」の闘いが続いた。

佐藤首相は一九七一年一月の施政方針演説で、前年と同様に生産者米価据え置きを表明した。七〇年暮れの予算編成の時、政府与党首脳の申し合わせの「七一年産の生産者米価水準を据え置く」を受けたものだった。この背景は二三〇万トンの減反にもかかわらず、一〇月末の持ち越し在庫は六二〇万トンが予想された。また、六月の参院選挙を控え、都市の消費者対策として据え置きが必要との思惑もあった。米価決定も、選挙の関連から異例の四月決定を目指していた。

これらの動きに宮脇は強い危機感を強めていた。農業所得の伸び率は六〇〜六七年は年率一二・四パーセントであったが、六七〜六八年は三・三パーセント、六八〜六九年は〇・四パーセントに落ち込み、七〇年は、マイナス五・〇パーセントの急激な後退を見せていた。米政策の急ブレーキによって日本農業は根底から揺さぶられていた。据え置き打破は、単なる米価だけでなく、農業の不安を取り除き、日本農業の危機を回避するものと宮脇は考えていた。

系統農協は四月一日に要求米価を一五〇キログラム当たり二六、九四五円、前年要求の八・六パーセント、政府米価比三〇・三パーセントのアップで決めた。

私のインタビューに宮脇は「昨年の賃金は一六〜一七パーセント、物価は七〜八パーセント上がったの

に対して農業所得はマイナスだ。米価を据え置くことはもはや〝農家に死ね〟ということだ。日本農業を重要産業の一環として認めず、農業、農民は消えてなくなれとしか受け取れない。総合農政も何でもない。米の頭を叩くだけだ。仏の顔も三度だ。ここでがまんすると〝田園荒れなんとす〟ではなく、本当に滅びてしまう。まさに剣が峰だ」（『日本農業新聞』一九七一年四月一六日付）と語っていた。

四月一五日の自民党総合農政調査会小委員会で宮脇は「公共料金をはじめとする物価、賃金の激しい上昇の中で生産者米価を据え置く理由はどこにもない。農民に対する愛情ある対策が取れないなら、来る参議院選挙には棄権の自由を大いに発揮、全国農民を結集させる用意がある」と激しい口調で「棄権の自由」を取り上げ、揺さぶりをかけた。この「棄権の自由」について、参院選挙を意識して、宮脇は何回も取り上げている。

七一年の系統農協の米価運動は体制も強化した。全国米価大会の参加者は組合長に限定したことは前年と変わらないが、動員数は昨年の四、〇〇〇人から七、〇〇〇人に増やし、会場も日本武道館になった。大会で米の生産調整を苦にして自殺した一〇数名の農民の冥福を祈る黙祷が行われたことは、この年の米価運動を象徴していた。

四月二二日の全国米価大会の主催者挨拶で宮脇は次のよう訴えている。

「総合農政が叫ばれて三年になるが、米の生産を抑制することと、農民の顔をぶったたくだけで、なんら見るべき施策がない。農民にどこを走れていうのか、『農民よ死ね』ということなのか。昭和四四年、四五年の米価は据え置かれたが、物価、賃金はとどまるところを知らず高騰している。米価とともに上げないと言ってきた公共料金も相次いで引き上げられている。われわれはあらゆる面で、忍びがたきを忍んできた。米の生産調整も目標を上回る実績をあげてきた。もはや仏の顔も二度、三度だ。一歩下がれば二歩追い詰め、三歩下がれば五歩追い詰めるという政府のやり方に対しては剣が峰に立たされている。さらに一歩下がれば、農業は完全に壊滅にひんし、農民は生活の拠点を失い、千じんの谷に突き落とされる。私たちは政党に対する中立の原則は崩すものではないが、農民がどの政党と決別して、どの政党と手を握るか、自らの命と生活を政治の中にどう求めていくかは、基本的に与えられた人権である。この闘いは厳しい。日本農業が壊滅せんとする今日、田園がまさに荒れなんとしている今日、一致団結して堂々たる前進で要求を勝ち取ろう。」

倉石農相は四月二七日の国会審議で、「生産調整をやりながら、価格政策で生産を刺激するのは精神分裂症的で好ましくない」と発言して、国会で紛糾し、結局、発言を取り消さざるを得なかった。

米価大会以降、連日、農協代表者集会や地元選出国会議員への要請活動が行われたが、自民党前の座り込みによる要請は、これまでのように出入りする与党議員に「お願いします」とはいわず、「据え置き反対」「米価を上げろ」のこぶしをかためたシュプレヒコール型で押し通した。

また四月二六日、日比谷野外音楽堂で全日農をはじめ全農総連など農民六団体が一三年振りに共闘して七千人を動員し米価要求貫徹全国農民決起大会を開いたが、宮脇も挨拶に立ち、これまでのメッセージ交換だけだったものから、一歩前進した共闘体制をとった。

四月二六日から三日間、米価審議会が開かれ、生産者側委員として宮脇は政府の試算米価の問題点を鋭く追及するとともに、中立委員などに積極的に働きかけた。前年の米価算定方式で計算すれば、一四・三パーセントの引き上げになるが、据え置きにするため逆算し、試算米価を諮問した。

宮脇は「算定基礎をことさらいじくって、昨年とまったく同じ価格で米審に提示した。羊頭狗肉という言葉がある。諮問案は生産費所得補償方式という羊の肉を掲げているが、その中身は山犬の肉どころか、もっと悪い。バクチでいうなら、イカサマバクチだ。全国民注視の中で政府が自ら仕掛けたサイコロをふっている。米審始まって以来、今日まで、農相はその答申を尊重して米価を決定してきたはずだ。首相が予算米価でいく方針を決定しているから、と説明するに及んでは、農相も、米審も不要ではないか。首相のワンマンコントロールでいくならば、各省大臣も必要ない」などと追及した。

最終日に生産者側委員四人は「試算米価を撤回するよう」申し入れたが、倉石農相は「試算米価は撤回できない。しかし、試算に囚われず、審議して欲しい」と回答した。これに対して宮脇ら四人の生産者委員は「ギマンに満ちた試算米価に対して、これ以上審議に応ずることはできない」として退場した。生産者委員のいない席で生産者米価を審議できないとして無答申になった。小倉武一米審会長は「生産者委員の退場に、あまり非難の声はなかった。政府のやり方が、こういう事態を招いたという感じを他の委員も持ったと思う」と答えている。ある中立委員は「生産者委員の態度は決してゴリ押しではなく、紳士的で立派だった」とほめるほどだった。

局面が好転しないため、宮脇の言動はさらに激しくなっていった。四月二九日の農協代表者集会での挨拶は「千両役者」と声がかかるほどだった。

「試算米価は竹に木をつぐどころか、生産費所得補償方式という錦の袋に馬糞を詰めたようなもので、われわれが我慢できるものではない。生産者委員は政府に激しく迫り、他の米審委員に誠意をつくし、礼を失せず退場した。私どもの怒りを他の委員も理解を示してくれた。一般世論も私どもの主張と政府の暴挙を比較して、単なる圧力行動でないことを理解している」と比喩をまじえて訴える一方、「私たちの闘いは政策の転換を求める運動だ。この日本に農業がいるのか、いらないのか。この日本に緑が消え、酸素が切れてもよいというのか。きれいなせせらぎの川はいらないのか。農業のみが、自然と共にあり、自然と共に発達する。日本の緑、日本の農業を私たちの手で守り抜かなければならない」と一転して詩情を誘うような静かな口調に、会場からドッと拍手。

「私たちの闘いは民族の生命がかかっている。今こそ、ストップ・ザ・サトウであってしかるべきだ。闘いは最後の五分間で決まる。断固据え置きを打ち破ろう」とハッパをかけることも忘れなかった。

三〇日は一五〇人の自民党議員を前に農協要請集会で宮脇は「政府の暴挙に対して正しい方向へ力強く努力しておられるみなさんに感謝する。自民党にデモクラシーがあるならば、多数の議員の意志を政府に積み上げて、最後の力を実らせてもらいたい」と訴えた。

これらの要請の結果、自民党は生産者米価を六・三パーセントアップを党議決定して、政府との交渉に入った。交渉は三〇日から徹夜で行われ五月一日午前九時三〇分に決定した。それによると生産者米価は一五〇キログラム当たり二〇、九三六円で前年産より三・〇三パーセントアップとなった。これは昨年の良質米奨励金などが米価本体に繰り入れられたもの。保利茂官房長官は「昨年米価決定の際二三八億円を加算したが、これを実質米価とした。米価それ自体の水準は据え置いたものと理解している」と据え置きを貫いたことを強調した。

一方、宮脇は五月一日米対本部長会議で「この決定は到底、組合員の満足を得るものではないが、三年連続据え置きの再三の表明を打ち破り、米価引き上げたことは、運動の成果である」と評価した。「今回の米価運動は据え置きを押しつける佐藤首相と、これを跳ね返す農民との四つ相撲だった。首相を土俵外に片足だけ出させることができた。しかし、花は持たされたが、実がなかった」と語っていた。

ちなみに、米価運動期間中、「生産者の間には〝佐藤は不作、選挙は転作、いいのがいなけりゃ休耕だ〟という言葉がはやった」(『家の光』一九七一年七月号)そうである。

11 昭和四七年産米価運動

❖ミニスカートのお嬢さんの初任給と同じでよいのか

七二年（昭和四七年）産の生産者米価は、久しぶりに値上げムードの中でスタートした。この背景は七一年七月の内閣改造で農相になった赤城宗徳が、就任草々「労賃や物価が相当上昇しているため、農民だけに米価据え置きを押しつけることはできない。生産者米価は情勢に応じて弾力的に考えるべきだ」と発言していた。また、七一年産米は作況指数九三の不作で、生産調整を実施しているとはいえ、七一年産だけでみると八〇万トンの不足になり、需給に逼迫の気配があったからである。七一年の生産調整実績は二二五万トン、達成率九八パーセントでほぼ目標を達成していた。

宮脇は赤城宗徳の農相就任を最も喜んだ一人であろう。農民不在の農政を矢継ぎ早に打ち出した倉石と違い、赤城は茨城県農協中央会会長を務めたこともある農業団体の先輩として親しみ持って受け入れられた。

両者の対談でも、宮脇が「新大臣は農村の人、身内という感覚を農民は持っている。このチャンスを逃したら農民の農政に対する信頼の回復の機会はなくなってしまう」との発言に、赤城は「今まで農業団体との間に何かハラが、ソリが合わないのではという空気があったので、これからはザックバランにぶちまけ合ってゆきたい。私も協力を求めるし、農業団体も、言ってきて欲しい。農業団体と一緒でなければ政策も末端まで浸透しない」「農林省は大蔵省の家来ではない。大蔵省式の合理主義でこられたら、農業はなくなってしまう」（『日本農業新聞』七月一七日付）と答えている。

赤城農政の目玉である「農業団地構想」と系統農協の「営農団地構想」の内容は似ており、宮脇によれば、〝カレーライス〟と〝ライスカレー〟の違いに過ぎないという。

七二年の生産者米価は当初、六月一六日に国会が終了するため、その直後に米価審議会の開催が想定されていた。赤城農相も「現内閣で米価を決めるのは政治家の責任である」と米価決定に意欲をみせていた。

❖赤城農相に期待したが…

系統農協は要求米価を五月二四日に六〇キログラム当たり一一、八六八円、前年要求米価比一〇パーセント、現行米価比三九・一パーセントのアップで決定した。

系統農協内部でも「現行より四割近い値上げ幅は消費者の合意を得るのは難しいのではないか。このため、生産費の上昇率を現行米価に上乗せする方法をとるべきだ」との意見もあった。しかし、「現行との乖離は三か年間据え置きにしたことの責任であり、従来通りの生産者所得補償法式で要求する」ことになった。

要求米価実現全国農協代表大会は六月二三日、前年に引き続き日本武道館で開催した。大会形式は三年振りに「農協組合長大会」から「農協代表者大会」に切り替わり、動員数も一二、〇〇〇人と前年に比べほぼ倍増した。市町村段階、県段階の地方大会など創意ある運動を進め、ポスター、チラシも多く作成され、国会議員の署名も四〇六名に達した。

大会冒頭の主催者挨拶で、宮脇は「ここ三年間物価は上がり続け、公共料金は二〇パーセント、労賃は一五パーセント上がっている。下がっているものは豆腐の背たけくらいのものだ。われわれの要求は前年に比べ一〇パーセントにすぎない。それにもかかわらず、米価は三年連続据え置き、『生産調整が行われているなかで米価を上げるべきでない』という暴論を吐く者さえいる。農業は鉄鋼などの不況カルテルと違って、行政カルテルだ。量で所得が抑えられているのだから、米価引き上げは当然のことだ。いまだに米審の日程が決まらないのは、混迷の中で不当な米価が押しつけられる危険を感じる。今年こそ、総意を結集して火の玉となって、世間並みの、物価、賃金の上昇に見合う米価を勝ち取ろう」と呼びかけた。

大会が終わっても米価日程はなかなか決まらなかった。これは佐藤首相の引退表明にともなう自民党総裁選があったからである。総裁選を巡り福田赳夫蔵相と田中角栄幹事長が激しく争い、七月五日の自民党の臨時党大会で田中角栄が新総裁に選出され、七月七日に田中内閣が発足した。田中首相は農相に足立篤郎を任命した。系統農協が期待した赤城農相は辞任して米価決定に参画することができず、宮脇は落胆した。

全国米価大会から一か月も過ぎているため、米価審議会の初日の七月二四日、再度、一橋共立構堂で二、〇〇〇人を集めて要求米価実現全国農協代表者集会を開催した。

宮脇は主催者挨拶で「農水省の生産費調査によれば、稲作の生産費は前年より一一・五パーセント上がっているが、諮問案は三・〇三パーセントということだが、これは明らかに減算試算米価だ。地下鉄料金の引き上げ程度でいけば、三年据え置かれた米価なら三五パーセントの引き上げでソロバンが合うことになる（この年、ガス料金、地下鉄運賃が大幅に値上げした）。ミニスカートのお嬢さんの初任給と、農機、肥料を使い朝星夜星、家族ぐるみで働いた農家の収入がトントンでよいであろうか。われわれはインチキとギマンに満ちた政府試算米価を糾弾し、要求米価の正当性を主張していく」と訴えた。

❖国民の目をくらますギマンに満ちた決定米価

米価審議会では宮脇ら生産者委員は三年間据え置きに伴う農業崩壊の危機を訴えるとともに算定方式のごまかしを厳しく追及した。昨年の算定方式通りで、今年の米価を算定すると、当初五・三パーセント引き上げと説明し、さらに追及されると運搬費、良質米奨励金など昨年並みにして一二・一七パーセントになると明らかにした。答申作成の段階では、生産者委員が「大幅な引き上げ」、中立委員が「三パーセントの引き上げはやむを得ない」、または「据え置き」の意見であり、二六日の答申は両論併記になった。答申後、宮脇は記者会見で「われわれ生産者委員は米審で米価の大幅引き上げと政府の試算米価のギマン性を徹底的に追及する基本姿勢でやった」と語っていた。

系統農協は米価の二ケタ台の実現を目指し、七月二七日から自民党本部前に連日五〇〇名を動員して要請活動を展開した。

二七日の自民党総合農政調査会で、宮脇は「事実は小説より奇なりというが、今年の政府試算米価ほど奇々怪々なものはない。政府の算定は生産費所得補償方式というが、生産費が前年より一一・五パーセントも上がっているのに、三・〇三パーセントしかアップしていない。われわれの納得のいく、農民に愛情を持った米価を決めてもらいたい」と大幅引き上げを要請した。

しかし、党内では「今年も、あまり上げるつもりはないのだから、農民に同情するような発言はしないで欲しい。政府は生産調整と食管赤字に六千億円を投入している。農林予算の半分を占める。総合農政を推進しても畜産に七百億円、園芸果樹に三百億円しか投入していない」（渡辺美智雄農林部会長）とけん制する意見もあった。

二八日夜、党と政府の案として五・七九パーセントの上げ幅が報じられたため、二九日朝、宮脇は首相官邸に農相をはじめ党三役を訪ね、大幅引き上げを要請した。直談判のあとの代表者集会で「敵の城は堅いが、尻をまくって帰ることはできない」と語っていた。しかし、二九日夜、米価が決定した。一五〇キログラム当たり二二 ・三八四円、前年比五・〇六パーセントアップであった。

農協米対中央本部は「欺瞞に満ちた計算方式に若干の加算をしたにすぎず、農家経済をさらに窮迫に追い込む結果となったことはきわめて遺憾である」との声明を出した。

七月二九日の農協米対本部長会議の後、宮脇は記者会見で「米価審議会は開催時から生産者の意見が通らないように仕組まれている。政府のねらいは国民の目をいかにくらますかにある。米審はギマンに満ちた政府試算を政府の数字をもとに暴露、非合理性を追及してきた。しかし、自民党は最初に政府減算している試算のギマン性を解明しようとしなかった。新内閣に対して期待もあったが、完全に裏切られた。毎年、敗北感が残る。原点に帰って考え直さなければならない」と語った。

さらに「農協による生産・販売一貫体制は畜産、園芸だけではない。米の生産・販売一貫体制について深く考えてみたい。米を自由化対象品目にしないような対策さえしておけば、農協は倉庫と金があり、農協食管をつくることができる。そうすれば国は検査だけでよい。農協のライスボードとして食管をわれわれの手でできないものか考えたい」と「農協食管」の発言が飛び出し、記者席は騒然となった。

12 幻に終わった農協食管構想

❖米の自主管理の大改革を目指したが

米価決定後の記者会見で「農協食管を真剣に考える時がきた」との発言は、大きな波紋を投げかけた。食管堅持を掲げ、政府の〝食管崩し〟に強く反対してきた系統農協のリーダーの発言だけに、マスコミも大きく取り上げた。しかし、農協食管構想は事前に組織で検討してきたものではないだけに、各地から全中に問い合わせが殺到し、その対応に事務当局も戸惑っていた。

宮脇は農協食管構想について、二九日の記者会見直前に開かれた農協中央米対本部長会議で、次のように語っていた。

「生産費は一一・五パーセントの上昇なのに、米価引き上げは五・〇六パーセントだ。いうならば七パーセント近く農家が赤字を負う勘定である。われわれは一二、〇〇〇人の大会を開き、二四日から二九日にかけて特別運動で全力をつくして頑張ったが、その結果がこれである。単協は今や金利の問題と倉敷料の減少で経営的に困っている。農林省は米穀管理研究会を開き食管制度についての検討を進めているが、われわれもやらなければならない。今日本列島改造論などといわれているが、ここでは農業は無視に等しい。農業は今や吹けば飛ぶような状況にある。食管の根幹は何か、農協として真剣に対応していかなければならない。農協組織の限界に挑戦して、少なくても農協自らどこまでできるかを検討したい。」

この時は「農協食管」という言葉を使っていないし、表現も抽象的だったが、三〇分後に行われた農水省での記者会見では、はっきりと「農協食管」を明言した。唐突的にも見える発言の背景は何だったのだろうか。

全中会長就任以来、米過剰問題から、自主流通米制度、買い入れ制限、米の物価統制令廃止などで食管の骨格が揺らぎ、大手商社のダミー会社がクズ米を買いあさり、ポスト食管の動きが慌ただしくなっていた。

さらに倉石農相は一九七一年七月に米穀管理研究会を発足させ、七二年三月に四案からなる中間報告※を公表していた。赤城農相は食管改革に消極的であったが、足立篤郎農相は七二年七月七日の就任会見で「田中首相から米の統制の合理化を図ろうではないかと指示され、任せて欲しいと引き受けた。実情に応じて食管を手直ししたい。在任中に食管改革は何らかのメドを付けたい」と語っていた。

※米穀管理研究会の中間取りまとめは①現状の食管制度のワク内で改善する、②配給だけ自由にして生産は国家が統制する、③政府による部分管理、④間接統制に移すの四案である。

◈高い食管依存度の危機感

宮脇は、ただ単なる思いつきではなく、以前から農協食管の考えを持っていた。

六九年一二月の近畿農協研究大会での講演で「一番心配しているのは食管がはずれたら農協がつぶれてしまうことです。現在、米の販売について知っている職員は単協にも経済連、全販連にもおりません。食管法を御本尊に祭り、農協経営をやってきた。もはや、ご神通力も薄れてきたのだから、もう少し、新しい複雑な農協運動をスタートさせなければならない」と語っていた。

つまり、食管がなくなれば、農協はガタガタになる前に、米を中心に農協の自主建設をしなければならないと考えていた。

当時、農協販売事業のうち、米の占める割合は全国平均五八パーセント、東北八二パーセント、北陸八九パーセントなど圧倒的に多く、米は農協にとって保管料、手数料だけでなく、米代金が転がり込み、経営を支えていた。農協は、あまりにも米だけに深入りし、すでに自主独立のエネルギーを消滅しているとの批判もあった。

宮脇は私とのインタビューでも「だれかは口火を切らねばならない。このままではズルズル地獄へ堕ちることになる。提案し、批判を受けるのが全中会長の役目だ。農林省の米穀管理研究会の据え膳を食うのも一つの考えだが、組織の手で調べ、洗い直し、今後の方策をまとめたい。あなた任せでは相手が間違っていたとき大変なことになる。組織も大きくなっているのだから、自分で検討しなければならない」（『日本農業新聞』一九七二年八月二四日付）と語っていた。

また、「系統組織で〝米をやった人〟がほとんどいない。米を事務として扱った人は多いが、米を商売として経験していない。食管法のタガが緩んだ時、手も足も出ない。集荷は九〇パーセントを超えているが、配給のシェアはわずか一〇パーセントにすぎない。農林中金には行くあてのないカネが一兆円あり、信連、単協も同じ傾向だ。これらのことから、ここで進め方を決めないと農業、農協ともひん死の状態になってしまう」（一一月二二日の農協法二五周年記念の講演）と危機感を強めていた。

宮脇が描いていた農協食管のイメージは、記録がないのでわからないが、会見から次のことが想像される。

九月二六日の日本記者クラブでの会見で「国民の主食である米について国が法律のワク内でぜひともやらなければならない業務は①国の権威による買い入れ時の等級格付け、②天災その他、国内で異常事態が発生した時の必要量の備蓄、③低所得者に対するコスト価格以下の供給であり、それ以外は、国民の大部分が高くてもうまい米を望むのであれば、やり方によって方途が出てくる」と農協食管で担う考えを示している。

つまり、食管制度の大枠を残し、政府が、米の検査、備蓄、低所得者向け米の提供を行い、あとは農協で引き受けるというものである。

当時、話題になっていた千田徳寿（岩手県経済連会長、南部田農協組合長）が提唱していた「米の農民管理構想」※に似ているところがある。千田は「今のまま食管がはずれたら農協は大混乱が起きる。今から農民管理の体制を組むべきだ」として、産地で主食用と飼料用にわけ、すべて産地精米し、消費地と連携して、農民が生産と流通を掌握し、「一割増産、二割飼料化」にする構想である。

※「米の農民管理構想」

千田著『米の農民管理をめざせ』(昭和後期農業問題論集第一〇巻『食糧管理制度論』一九八二年)によれば、米を主食用だけでなく、過剰分は飼料用にして、農協の手によってバラ集荷、バラ貯蔵、バラモミを選別調整して食用、飼料用にわけ、適時、適量の米を最終商品形態にして販売する。産地精米で小袋詰めにして量販店や生協に販売する。飼料用になる米は経済連を通して配合飼料に。産地に米ぬかやモミ殻が残して活用する。処理工場としてのターミナルセンターを各地につくり、このターミナルを農民がおさえれば、食糧庁より強力なものができる。食管制度は安全弁として残し、大部分は農民管理に移行する。

宮脇の農協食管について農協界はどう受け止められていたのだろうか。日本農業新聞は全農協組合長にアンケートを実施し、七二年九月一二日付けで掲載している。それによると、「食管制度は、このままの姿で維持することは困難であり、何らかの対応が必要」と考えている組合長が多かったが、具体的対応については現行制度堅持が強かった。「農協食管を今すぐ実施する」は三分の一強の支持である。支持する意見として「無策の農政に頼らず生産・流通を一貫して系統機能の発揮を」、「産地と消費地を直結してうまい米の供給を」、「他力本願から自己管理を」、「自ら創意工夫を」など建設的なものがある。

だが、多の意見は「ただちに実施することは食管の崩壊を早める」「時期尚早」「米はあくまでも国の責任で管理すべきだ」「食管を担うほど農協には力がない」というものだった。

このように、宮脇構想は食管制度が根深く浸透している組織内部において、抵抗も強く、それを変革する議論が十分でなかった。つまり、「肝心の農協組織という客車と連結していなかった」という問題を抱えていた。時代の先を読む構想であったが、当時、全中の事務当局も農協食管について半信半疑の印象だった。

全中は七二年九月一三日の全中理事会で米穀基本対策委員会を設置を決め、「農協事業と食管制度との関係を明らかにする」ことを検討することになった。第一回の委員会が一〇月二六日開かれ、宮脇は「農林省も食管制度の検討をはじめており、農協としての方向を出して欲しい」と挨拶した。

しかし、委員から「食管制度に早急に手を付けるべきではない」「農協事業と食管の関係を整理するにとどめるべきだ」との意見が多かった。第二回米穀基本対策委員会は一月三〇日に開かれたが、「米の管理は国の責任で行う」「食管制度の根幹は堅持して、生産者、消費者米価は再生産の確保、家計の安定を図る価格とすべき」「産地間競争を避けるため、農協による一元集荷をさらに強化して、配給について、農協一体になってシェアを高めるよう努力する」など、農協食管を否定する、系統農協のこれまでの主張とほぼ同じものになっていった。

七三年六月六日の第三回の委員会で最終的に「米の生産・流通・管理対策について」をまとめた。米の管理制度の堅持を基本に、①間接統制は反対、②買い入れ制限の撤廃、③過剰基調の場合の需給調整は生産調整奨励金を交付して生産者の自主調整にする、④備蓄制度の確立をあげている。当初の宮脇構想とはまったく別のものになり、換骨奪胎となった。

この背景は農業を取り巻く環境が急変したからである。七二年の秋から七三年春にかけて、世界的に穀物不作、価格高騰から食料危機が叫ばれるようになった。商社のモチ買い占めで丸紅が起訴されるなど、食管法の評価も変わってきた。統制をはずせば、米が投機の対象になるため、かえって規制の強化の動きになっていた。世界的に農産物の過剰基調から一変して、需給緊迫などから食料危機感が充満していた。

政府の食管制度の検討も同じような経過をたどっている。

足立農相は食管制度改革に最初から強い意欲を見せ、「宮脇会長の農協食管論こそ、われわれが内心期待するもので、真の農協運動として当然の方向である」と歓迎していた。法律に基づく食糧管理制度調査会の設置をめざし、その設置法案を臨時国会に提出する考えを示していたが、田中首相から臨時国会の日程が短かく、補正予算の成立が精一杯で、野党の反対が強く対決法案になるので「臨時国会提出はムリ」と断念した。

足立農相は米穀管理制度研究会に対して四案の一本化を指示した。

同会は七二年一〇月に「米穀管理制度改善の考え方」を報告した。この報告では①需給の均衡を確保しうる米穀管理の仕組み、②段階的な売買逆ザヤの解消、③民間流通の育成拡大を示し、政府買い入れ量の漸減、二段米価の採用、流通規制の緩和をはかるとしている。

しかし、七二年一二月二二日の内閣改造で、桜内義雄が農相に就任すると、「食管をいじるとか、いじらないとか、特に考えていない。制度は少しずつ時代の変化に応じて変わっている。特に、こうしなければならないということは考えていない」と就任会見で食管に手を付ける考えはないと語っている。

後日談になるが、足立は農相辞任後、一九七三年七月に日本農業新聞のインタビューで「今本音をあかすと、私の構想は、標準米だけ政府がタッチして、あとはすべて農協にやってもらおうと思っていた。農協がしっかりすれば、商社の買い占めも起きない。しかし、今となっては手を付けることは至難のワザだ」と語っていた。

また、宮脇も退任後、会長時代やり残しことに農協食管をあげ、「農協食管は時期尚早としてつぶれてしまったが、米の流通は役人が管理するより、農協が管理したほうが、管理コストが安くつく。食糧証券の発行は農林中金でやり、実務はすべて農協でやればよい。取り組めなかったことに、いまだに悔いが残る」(『農業協同組合』一九七六年三月号)と語っていた。

もし、世界的な石油ショックや食料危機的状況がなければ、宮脇が提案していたように農協食管が具体化したのかもしれない。

13 昭和四八年産米価運動

❖初めての予約延期、出荷延期闘争

米価運動は毎回、波乱がつきものだが、七三年（昭和四八年）産生産者米価要求運動は比較的にスムーズに展開され、宮脇が指揮した七回の米価闘争のうち、最も満足するものであったに違いない。

七三年産の米をめぐる情勢は、これまでになく生産者に有利な材料がそろっていた。米の需給は従来の過剰傾向が一変していた。七二年産米の作況は一〇二であったが、生産調整が一〇八パーセントだったため、在庫積み増しは、わずか二〇万トンに過ぎなかった。古々米の処分も順調に進んだため、一〇月末の繰越在庫五〇万トンの低水準だった。もし七三年産米が不作になれば、食料不足になりかねない綱渡りの事情のため、ヤミ米が横行して、モチ米が高騰していた。

国際的にも穀物不足などで世界的な農業危機が叫ばれ、シカゴ穀物市場はトウモロコシ、大豆、小麦などが高騰し、米国は七三年六月～七月に大豆など輸出規制措置をとり、輸入国に大きな衝撃を与えていた。また国内では七三年の春闘結果、民間大手企業平均一九・四パーセントと大幅な賃上げとなり、三公社五現業も一七・四パーセントの引き上げになった。

このような環境の中で系統農協は、五月一五日の全中理事会で昭和四八年産米価運動要綱を決めた。理事会後の会見で宮脇は「今年は物価、賃金が大幅に上がり、農村では、現行の米価に堪忍袋の緒が切れるところまで、イライラが目立っている。しかし、運動の決め手になるものがない。運動として、こういう時だから三〇〇万トン程度の生産調整をやれば、米不足になって相手に脅威を与えることができるが、

国民的支持を得られないから、現実的には難しい。実力行使のキメ手がないため、政府に要請しても〝まあよろしく〟になってしまう。総評のゼネストがうらやましい」と語っていた。このため、従来からの陳情に終始した運動では限界があり、新たな運動方法を事務局に指示していた。

❖出庫拒否準備指令の宣言も

農協の要求米価は六月七日、六〇キログラム当たり一三、一一〇円を決定した。これは前年要求対比一〇・五パーセント、現行米価の四八・八パーセントアップになる。要求の表記は消費者にわかりやすく、これまでの六〇キログラム単位を一〇キログラムにして、要求額二、一八五円とした。

要求米価を決定した五連会長会議の挨拶で宮脇は「今年は民族の食料確保をどうするか、危機に立つ農業を守る固い決意をもって要求を確認したい。政府は今まで市場メカニズムにより、安い物を外国から買えと主張してきた。しかし、地球人口は爆発的な増加、公害、世界的インフレ、気象異変などなど、食料危機が強まり、今や食料確保や農業危機の防衛の重大時を迎えている。米価要求運動もその手段の一つだ」と、今年の米価運動の位置付けを強調していた。

新しい運動方針として七月三日の理事会で「米価決定まで予約申し込みをしない。これに伴い予約延期中は米の出荷はしない」という予約延期・出荷延期闘争を決めた。これは米需給が逼迫しているので、予約や出荷を遅らせることで、政府に圧力をかけることを狙っていた。

七月一〇日を目処に予約延期・出荷延期の委任状を生産者から受け取り、七月二〇日までに損失補償基金として一〇億円を積み立てた。政府は七月一一日、予約受付を開始したが、生産者は応じず、米価決定までほとんど予約申し込みはなかった。例年は七月二五日ごろから高知、宮崎、鹿児島県の超早場米の出荷が始まるが、整然と運動を展開、完全にストップされた。系統農協は全国二二一万農家から委任状を集めた。かつてない闘争態勢である。

しかし、予約延期・出荷延期闘争では、生ぬるいとして北海道・東北地区から出庫拒否を全国統一運動とするよう申し入れがあった。出庫拒否は、農協倉庫に入っている七二年産米の出庫を実力で阻止するものであるから、違法になりかねない強力な闘争である。

七月一八日に日本武道館で開かれた要求米価実現全国農協代表者大会で宮脇は「現在の低米価は農民の生活を否定し、人権蹂躙である。政府の生産費所得補償方式はカラクリだらけだ。農民の人心は荒れなんとしている。本大会は例年と違い農業危機を突破し、米価を他産業労働者とそん色のない農民の賃金アップとする大会であることを明確しなければならない」と報告した。

また、宮脇は大会の翌日、衆議院農水委員会の参考人として出席し、「米の出庫拒否は、なるべくやりたくない。米価決定後の戦術について国鉄もストをやれるのだから、農民もストをやれるという意見もあり、足立米対本部長に一任している」と語っている。

❖田中首相に膝詰め談判

米価審議会は、通常国会の会期が延長されたため異例の遅延の開催となり、八月一日から三日間となった。

農林省は政府試算として九・一パーセントの引き上げ案を提示した。米審では宮脇ら生産者委員は、①試算米価はギマンに満ちており、大幅に値上げすべき、②世界的な食料不足を考慮すべき、③銘柄加算を外枠にするほか、実納小作料、生産性向上メリット、全国労働賃金、付帯労働を認めるべきだ、などを主張した。

答申は「引き上げることはさしつかえない」として、引き上げ幅について、①試算以上にすべき、②試算を限度とする、③極力小幅にするの三案併記になった。

答申後の会見で宮脇は「政府試算はおもての看板と違い、中身は落とせるものは根こそぎ落とし〝切られの与三郎〟だった。大骨小骨を全部抜き、やせ細ったチョウチンだ。そうした政府の試算に対して、われわれは、土俵から降りることなく闘い、この結果を得たのは不幸中の幸いだ。当初、退場との情報もあったようだが、本場所の土俵で、一人でも多くの委員に理解してもらい、敵を味方にするように努めた。引き上げることは米審全員の共通意見であった。値上げ幅についても、特に知事会、町村会代表委員が生産者委員と同じ意見であり、答申文に『試算以上にすべき』を最初にもってくることができた。今後、要求実現に向け闘える足かがりができた」と答申に満足していた。

八月四日、日本青年館ホールで一、二〇〇人を集めて要求米価実現全国農協代表者集会が開かれた。ここで、低い試算値に抗議し、これを引き上げるため、米対本部長に一任された出庫拒否の準備指令が発せられた。同指令は米価が決定した八月八日に解除されたが、青森、宮城、石川、福井など数県は出庫拒否の実力行使に出るなど、緊張した県もあった。

宮脇は、八月七日午前、首相官邸で米国から前日帰国したばかりの田中首相と会い要請した。首相は「ややあ」と日焼け顔をほころばせて応対、この日ばかりは〝独演会〟にならず、「ウンウン」と相づちを打ちながらセンスをバタバタとさせていたという。

宮脇は「現在、報道されている一四パーセント程度の引き上げでは納得できない。物価、賃金に見合った米価になるよう、首相のリーダーシップを発揮して欲しい」など大幅引き上げを強く要請した。

約四〇分間首相に迫って官邸から出てきた宮脇は「感触は慎重、厳しかったよ。いろいろ透かしてみて、何か絵がわかるかと思ったが、総理の腹の内はわからなかった。しかし一四パーセントに固執しているようでもなかった」と語っていた。

自民党の有志議員による〝ベトコン〟の適正米価推進懇談会は二〇パーセント以上の要求を決めたが、〝正規軍〟の総合農政調査会の協議は難航した。結局、「二〇パーセント以上引き上げの意見を参酌して一五パーセントを上回る方向で決めるべきである」と整理され、党三役に提出された。

八月七日夜から党三役と蔵相、農相との政治折衝が行われ、引き続き目白の私邸で田中首相を交え、八日午前一時に最終折衝が行われた。田中首相の裁断で、基本米価一五パーセントに銘柄加算一・一パーセント上積みして、一六・一パーセントで決定した。

自民党本部に最終決定まで詰めていた宮脇は前線本部のある全共連ビルに引き上げながら、「生まれた子が安産でよかった」とホッとしていた。八日の五連会長会議で「組織全員が火の玉になって運動を展開し、ここまでやってきた。要求には遠いが、予約延期、出荷延期闘争など歯を食いしばって戦った成果である」と評価していた。しかし、この新しい闘争手段が翌年の七四年産米価運動で混乱を巻き起こすことになった。

14 昭和四九年産米価運動

❖田植え前決定を目指し大運動

宮脇の全中会長として最後になった七四年（昭和四九年）産米価運動は、過去最高の値上げ率を確保したが、米価大会の混乱、実力行使を巡る組織の不協和音などから全中会長辞任を早めたといわれるほどだった。

米価を取り巻く情勢は、かつて経験したことのない異常な環境だった。七三年秋、第一次石油ショックに襲われ、物不足、物価値上げに拍車がかかり、七四年の春闘は三二・九パーセントという大幅な賃上げで妥結した。

世界的な食料危機も一層深刻になり、国民食料の安定確保が重大な政策課題になっていた。超インフレ下で農業経営は窮地に追い込まれ、系統農協は国民春闘に呼応する形で、農民春闘と位置付け、春の畜産物価格要求運動を前哨戦としてリレー闘争戦略で取り組んだ。畜産危機は深刻で、生乳出荷ストと廃棄、酪農青年のハンガーストなど激しい運動を展開、加工原料乳価は四四・三パーセントと過去最高の上げ幅で決定した。

これらの流れを受け、米価運動の期待が高まっていた。米価決定時期について宮脇は以前から田植え前決定を主張していた。

「農家が本当に自分の米価として闘いとるには、米にしてしまってからでは遅い。総評のストと同じで、事前に話をつける必要がある。具体的には、米価は苗代以前に決めておかなければならない。その相場なら出稼ぎに行かんでもいいかどうか。他の作物を植えたほうが得かどうか。農民の意思が働かない米価なんて意味がない。一度、田んぼに作ってしまったら、もう負けです。自家保有米以外はすべて政府のものになってしまう。現行食管法はそれが建て前だ」(『生きている農政史 対談集』)と早期決定を力説していた。

七月に参院選挙を控えていたため、選挙後になると不利になるとの思惑もあり、今年こそ、田植え前決定のチャンスがきたと捉えていた。

❖昭和四八年米価の追加払いを要求

農協米対中央本部が「田植え前決戦」の決めたのが三月五日。記者会見で、記者団が「農林省が乗ってくるメドがあるのか」との質問に、宮脇は「相手さまがどうであろうと、こっちはやるだけだ」と語っていた。翌日の三月六日の全中総会で「米価は田植え前に決めることを要求し、大運動を展開する覚悟である」と決意を語っていた。

しかし、政府は最初から田植え前決定に慎重だった。

宮脇は四月二〇日の記者会見でも、「先日、田中首相と懇談した時に、『参院選後にしてくれ』と言われたが、『そうもいかない』と答えておいた。また倉石農相と会った時も『統計数字が間に合わないので、それはムリだ』と言っていたが、『近々（要求米価を）持ち込むから』と言ったら、『その時は自分は農相を辞めている』と逃げを打ったので、『いや辞める前（参院選前）に持っていく』と念を押しておいた」と語っていたように、厳しい感触は察知していた。しかし、宮脇はわかりやすい米価運動の「攻め道具」として位置づけていたのではなかろうか。

いつも六月に決めていた要求米価を二か月早めて四月二五日に決定した。一〇キログラム当たり二、七八四円（六〇キログラム当たり一六、七〇四円）になった。現行米価の六四・七パーセントのアップである。要求米価以外に七三年産米価の追加払いを決めた。追加払いは、一年間で卸売物価三七パーセント、消費者物価二六パーセントと超インフレのもとで七三年産米価に対するインフレ物価対策である。国家公務員にインフレ手当として期末手当の特別支給額として〇・三か月分が支払われたため、これらをもとに追加払いは六〇キログラム二九四円を要求額とした。

田植え前決定について、要求米価の要請の際も、倉石農相だけでなく、福田蔵相に対しても「予約申し込みの段階で、米価が決まっていないのは常識的にみてもおかしい。田植え前決定すべきだ」と強く働きかけたが、「田植え前にするかどうか、まだ農林省と話し合っていない」と答えるだけだった。

首相官邸での要請に田中首相は「早期決定の考えはわかるので、今後、どういう時期、どういう方法でやるのか、双方で研究しよう。しかし、今年はデータがそろわないので七月にならざるを得ない。追加払いで差額を支払うことになれば、米価だけでなく、すべてのものに改めなければならず、政府が行っている各種事業に関連するので難しい」と言明し、農協の要求を事実上、拒否した。

❖壇上占拠で荒れた全国米価大会

この年の米価運動は例年以上に各地で活発だった。全国のトップを切って行われた高知県窪川町の大会は、稲作農家だけでなく、園芸、畜産農家も参加した。農協、農業委員会、全日農などの共闘、各党代表、周辺の市町村まで参加した。各県大会は一斉に行われ、参加人員も、昨年を大幅に上回った。県大会も新潟では知事、県議会、市町村など六団体の首長を招き、自治体との連携で中央行政に強力に働きかけることを決議した。

このような熱気に包まれている中で、五月一五日に要求米価実現全国農協代表者大会が日本武道館で一二、〇〇〇人参集して開かれた。農協青年部・婦人部の列島縦断米価車リレーの一行が大会会場に到着するなど、雰囲気を盛り上げた。

主催者挨拶で、宮脇は「洋の東西、国の内外を問わず、物の売買では品目、数量、品質、価格、受け渡し時期、決定方法の六つの条件がそろわなければならない。米は何ら価格を示さないで予約を行うとしているが、農民に自由を与えず、人権を無視したやり方だ。政府は参院選が済んでからと言っているが、これでは政治不信が高まるだけだ。われわれは運動の戦術を強化し、このような考えを打破しなければならない。勤労者の春闘は三〇パーセント以上の大幅アップを獲得している。農家が安心して生産できる適正価格の実現のため、可能なあらゆる戦術をとり、政府の態度いかんでは運動がさらに強化されていくのは当然である」と述べると、われんばかりの拍手がおきた。

しかし、各ブロック代表による決意表明に移ってから場内の雰囲気は一変した。

山形県船形町農協の斉藤好松組合長は「昨日の北海道・東北ブロック大会で決議された緊急動議の提出が、今日の大会運営委員会で取り上げられなかったので、ここで意見を開陳する」として、①追加払い一俵三、二六三円にする、②出庫拒否を進める、③米価は国会で決める、④早期決定をしない場合、参院選をボイコットする、の四点を提案した。

杉本議長が次の決意表明者を指名したところ、「今の提案を会場にはかれ」と四〇名ほどの山形県などの青年部代表者が壇上に駆け上がり、議長席を囲み、騒然となった。

中原全青協委員長が中に入って説得して、一度は引き下がった。次の決意表明の宮城県南郷農協の駒盛組合長は「山形県の提案は全面賛成なので、大会にはかるべきだ」と続け、さらに各地区代表も同様の決意表明を行った。

議長が「東北代表の決意表明の趣旨は今後の実行運動の中で十分に活かす」と来賓祝辞に移ろうとすると、山形、宮城、岩手、石川など各県の青年部代表者が壇上を占拠して、混乱に陥った。

その時、私は一階の演壇の近くの記者席にいた。来賓として出席していた壇上の国会議員を、事務局が下に誘導する姿は確認できた。議長席と主催者席の周辺は多くの青年部が取り囲み、口々に抗議している様子が展開された。

しかし、椅子に座っている宮脇の姿は青年部の人垣に囲まれ私の席から見えなかった。壇上に上がった日本農業新聞のカメラマンによると、若者から罵声を浴びかけられても、宮脇は腕を組んで、泰然として座っていた。肩を小突かれ、ツバを吐きかけられた〝不祥事〟もあったが、動じることはなかったという。

この時、宮脇は何を考えていたのだろうか。

後日、私が質問したが、「若者は、あのくらい元気がなければ…」と語るだけで、屈辱的な仕打ちには何も答えなかった。多分、六九年産米価運動での自民党対決の申し合わせの混乱を思い出していたのではなかろうか。

「農政運動は戦術を誤ると功を奏さない。一番困るのは、みんな押せ押せ傾向で物事を片付けようとする空気が強いことです。押せ押せというのは、無責任体制ということです。人がみんなやるなら自分もやると、他動的に考える、こういう体質が、まだわれわれ農協陣営にある。本当の戦術は下からの積み上げと、しっかりした固めができているかどうかです」(七三年七月四日の中央協同組合学園の講話)と語っていた。

議事は二〇分間中断された。中央米対本部は別室で大会運営委員会を開き事態収拾策を協議した結果、「追加払い要求を三、〇〇〇円以上をメドに増額するとともに、実力行使を含む強力な運動を展開する」となり、ようやく大会が再開された。

荒れた大会は、米価運動前段のハプニングにすぎず、六月以降、実力行使を巡り、さらに組織内の混乱を招くことになる。

❖体調回復しないまま米審で奮闘

米価審議会は七月一五日に開かれ、政府試算米価として二五・五パーセントアップを提示した。農協米対本部はただちに政府試算の撤回を申し入れた。

米審で宮脇は「昭和四二年当時の政府算定方式で米価を計算すれば六〇キログラム当たり一七、〇〇〇円余の数値が出る。私どもの要求の一六、七〇四円は高きに失しない、妥当な要求だ。また、私どもは年中追加払いをよこせと言っているわけではない。米価決定時に、そのファクターがなかった狂乱物価のもとでは当然補償されるべきだ。政府が公務員に対して〇・三か月分のインフレ手当を支給されるのは、公務員に思いやりがあって結構だが、同時に食管制度のもとにおける米価についても当然配慮されるべきだ」と迫った。

米審初日の記者会見で、宮脇は「生産者側委員四人が統一的な行動をとり、要求が実現するように全力をあげ、また中立委員、消費者委員にも生産者に対する理解を求めている」と語っていた。

また一部マスコミで報道された米審ボイコット問題について「ただ単に米審を飛び出したのでは発言の場を失うし、敗北主義になってしまう。米審の土俵の中に入り、なぜ、そのような諮問になったのか、その内容を暴露するなどして、われわれの要求米価に近づけることが必要だ。狂乱物価で苦しんでいる農家のために、後悔しないように努力している」と説明していた。

最終日の一八日の答申作成は難航した。

記者団に宮脇は「忍びがたきを忍び、耐えがたきを耐え、答申一本化に全力をあげている。民主主義は我慢と辛抱だ」と語っていた。米審会場の時計を一八日の二四時前に止め、五日目の一九日午前零時二〇分に答申して閉会した。その内容は「相当に引き上げるのを適正とする」という一本答申になった。消費者、中立委員の理解を深め、生産者に有利な答申を得ることに成功し、宮脇はホッとした。

実は、宮脇は前立腺肥大の手術のため、六月一四日に東京逓信病院に入院。二一日に手術、体調が十分に回復しないまま、米審に出席していた。米審直後の一九日、農協米対中本部常任委員と農林省との第二回折衝が開かれた。疲労がピークに達していたが、体調を心配する周囲の意見も聞かず、「農家のために大事な会議だ」と出席していた。

宮脇は二〇日、田中首相に会って、最後のダメ押しを予定していたが、自民党内から「党案を決める前に総理に会って、直接、米価を決めると党の出番がなくなる」とのけん制もあり、実現しなかった。田中首相も、参院選挙後、三木副総理、福田蔵相、保利行政管理庁長官の辞任など政局混乱の中だけに、前年のように首相が米価決定で全面に出ることを避けたと見るべきだろう。蔵相に宮脇と親しい大平正芳が七月一五日、外相から横すべりした。

七四年産の生産者米価は七月二三日に決定した。基本米価は六〇キログラム当たり前年比三二・二パーセントアップの一三、六一五円、このほか追加払い相当分の臨時稲作営農補助金四〇〇円、銘柄米加算一四一円を加え、実質生産者手取り一四、一五六円、前年比三七・四パーセントアップとなった。終戦直後の三年間を除けば、一九四九年以降、最大の引き上げである。

三か月におよぶ長く、激しい米価運動は多くの課題を抱えながら終止符を打った。

❖踏み切った「出庫不協力」など実力行使

「全中の米価運動史を語るとき、昭和四九年産米価運動をはぶことができない」と『全中三〇年史』で記している。そこには「生産者米価が前年比三七・四パーセントアップ、四八年産米価追加払い要求を巡って米価大会が大荒れとなったということだけでなく、この年の米価運動がその後のわが国の米穀政策、さらに農協農政活動の展開に大きな影響をもたらした」としている。その一つは実力行使のあり方ではなかろうか。

宮脇は「作付け前決定」の要求を全国米価大会後も繰り返し繰り返し精力的に迫ったが、実現しなかった。稲作の作付け前決定が無視され、追加払いも難しい局面が予想されたため、先の全国大会などの経過からも、強力な運動が必要だった。農協米対中央本部は「出庫不協力」の実力行使に踏み切った。

出庫不協力は政府が倉庫に米を取りに来た場合、倉庫の扉を開けるだけで、拒否するのは①荷役の提供、②コンベヤースタッカーなどの出庫用機材の貸与、③引き取り人が持参した出庫用機材に使用する電力の提供である。出庫不協力は〝順法闘争〟とされてきた。

第一波は六月四日から六日まで、さらに六月一九日から二五日までが第二波、米審諮問案の引き上げなどを目指して七月六日から米価決定まで第三波と、運動を全国統一して実施した。

前年は「出庫拒否の準備指令」で終わったため、出庫不協力はなまぬるいとして東北など米どころから「出庫拒否」の実施を求める意見が強かった。だが、出庫拒否は違法行為になる。農協は政府に売り渡した米を保管しているだけで、政府の出荷指示を拒否して出庫しない場合、農協幹部は公務執行妨害、背任罪に問われることもあり得る。さらに政府指定倉庫取消という処分を受ける可能性が高い。

しかし、地区によって出庫拒否に突入したところもあった。

たとえば宮城県古川市農協は五月二九日朝、政府米、自主流通米など三、二〇〇俵の出庫を阻止した。同県鹿島台町農協青年部も同月二九日朝、米倉庫前に部員が集合、五八〇俵の出庫を阻止した。また、山形県余目町農協青年部は六月一日から町内の五農業倉庫をトラクターと八〇人の部員でピケをはり、出庫阻止の実力行使を実施した。だが、食糧庁は農民を刺激することを避け、警告だけで出庫命令は発動しなかった。

出庫拒否の扱いについて米対中央本部内でも混乱があった。

吉田全中常務は「ある県中の副会長が組合長を一〇人ほど連れて『出庫拒否の指令を出せ』と迫ってきた。私は『食管制度堅持を唱えながら食管法違反の出庫拒否をするのは矛盾ではないか。行政罰を加えられた場合、耐えられる自信があるのか。現に先走って出庫拒否を強行した県では、食糧庁から指定倉庫取消の内示を受けて震え上がり、元通り指定してくれるように、とりなしてくれと言ってきている。全中はみすみす敗北に終わることに賛成しかねる』と断った」(『わが人生に悔いなし』)と書いている。

全国農協青年協議会では「出庫拒否」運動に代わるものとして「出庫抑制闘争」をよびかけた。これは倉庫前で決起集会を開いたり、農協の出庫不協力実施状況の巡視や運送業者を説得するもので、順法の範囲内である。

農協米対中央本部は実力行使の第二弾として、六月二日、「三か月の売り渡し延期」の実施方針を決定した。これは、生産者に同意書を取り付けなければならないので、生産者に提案し七月一〇日まで組織討議を行うことになった。この結果、二六道府県が組織討議を行い、うち一六県が売り渡し延期の実施の農家同意を取り付けた。しかし、米価決定後実施したのは五県だけだった。足並みがそろわなかった。

15 農協農政運動のあり方

❖現実的に軌道修正した路線

七四年の米価闘争の実力行使は農協農政運動として限界ギリギリであったろう。しかし、当時、地方から更なる強硬意見が噴出していた。「集団要請中心の運動はなまぬるい」「違法を辞さない実力行使を」「与党と対決姿勢をとれ」など勇ましいものだった。

さらに「地の底から湧き上がるように生み出された出庫拒否という戦術は二年目にして農民の権利を守る武器になった。その武器をとることをだれに命令されることもなく、手にした青年たちは、今、農民運動にとって新しい歴史を作り始めている。米価決定後も闘争の火が燃え続けた地区もあり、農協農政活動は分裂の危機を迎えている」との論評もあった。

宮脇は「運動を正しく編成して、正しく前進させなければならない」として、もう一度、原点に帰って農政運動のあり方を考え見直すことを事務局に指示した。七四年の生産者米価が決定した七月二二日、全国・都道府県中央会・連合会長合同会議を開き「決定米価は要求に遠く、不満である」との抗議声明を出す一方、「本年の米価運動を機に農民政治力の結集ならびに農協農政活動について、徹底した組織討議を行う」との申し合わせをした。

❖抵抗なきところは農業が滅亡する

宮脇は農協の農政運動のあり方をどう考えていたのだろうか。七四年四月二日の中央協同組合学園の講話から読み取ることができる。長文の引用になるが、農民運動から農協運動に転身して、多くの農政課題に取り組んできた経験に基づく、農協の農政運動の目指すべき方向性が浮き彫りにされている。

協同組合の政治活動について宮脇は「資本主義の体制の中で協同組合は、その発足の瞬間から今日まで独占・寡占の支配に対して、弱い立場の組合員が自らの防衛のために、抵抗するための組織である。世界どこの国でも、農業の歴史は抵抗の歴史だ。戦わなければ、他の産業に浸食されてしまう。抵抗なきところは農業が滅亡する。協同組合は弱い組合員のために、独占・寡占に対する抵抗の組織として機能を果たさなければならない」と位置づけている。

その例として「フランスの農民はパリのシャンゼリゼからモンマルトルあたりまでトラクターから牛まで連れ出して大デモンストレーションをかけて絶えず政府の農業政策に抵抗を試みている。これがフランス農業を健全ならしめた。英国でも農業団体は国に対して絶えず強いレジスタンスを試み、それでもって不足払い制度を勝ち取った」と欧州の運動を高く評価していた。

抵抗の必要性について「近代資本主義はとにかく経済成長第一主義が支配している。産業界は自分のところで作って高くつくものは、外国から安いものを買えばよい。そのほうが経済的、合理的であると徹している。しかし、それでは国民食料の安定確保はできない。国民が腹八分程度に食うだけのものは国内で生産しておかねばならない。これは農政の基本であり、それを守るために戦わざるを得ない。その意味で農協の農政活動が存在する」と強調している。

しかし、「その抵抗は敵に決定的打撃を与えるという形にはならない。その点、農協の農政運動の限界がある。また、同時に、それを指導するものに苦労がある」と農政運動の課題をあげている。

「農民に戦えと言っても戦いは限られる。それは農民が生産手段を持っているからだ。プロレタリアでなく、プチブルだからである。労働組合的闘争を組めと言っても、組めない。労働組合は完全なプロレタリアートで、団結権、団体交渉権、団体協約権の労働三法によって権利が保証されている。春闘でゼネスト体制で要求に近い賃金を獲得したのだから、自分たちもストをやって勝ち取ろうという意見があるが、気持ちはわかるが現実的に難しい。人間というのは、その周囲の環境で自分を見失いがちである。岐阜の長良川の鵜飼いの鵜という鳥はみたところ黒い色でカラスに似ている。鵜は水に潜って魚を咥えて出てくるが、カラスは先天的、体質的に、そのようなことはできない。同じ外見だから勘違いしてカラスも水に潜って魚を咥えられると勘違いするようなものだ」とわかりやすく説明している。

❖農民は軍鶏でなく、産卵鶏だ

「かつて私が若い頃に身を投じた農民運動は、土地は地主のもので、戦わなければ、生きていけなかった。地主と戦わなければ、娘を売るか、死ぬしかなかった。当時、大山郁夫先生（労農党委員長）は『われわれの行くところは牢獄であり、墓場ある』と語っていたが、その頃、私も大山先生の驥尾（きび）に付していた。ですから、今闘争体制ができあがれば、私はいかなる闘いでも先頭に立つ決意を持っている。しかし、今の農業の現状は当時と違う。農地解放によって土地は働く農民の手に帰った。しかも、その土地は日本列島改造論などで値上がりしている。また、農業以外でも所得確保の道がいくらでもある。農協は革命団体でも、闘争団体でもない。政党支持も、宗教も自由だ。しかし、農協は協同で力を合わせ、社会的、経済的地位を向上しようとする生産・経済の団体である。鳥に例えるなら、喧嘩のために生まれてきた軍鶏ではなく、卵を産んだり、肉もつけたりする、ブロイラーと採卵鶏だ。それが軍鶏の真似してやれるのか。これを勘違いして、農協を労働組合的戦闘的なものにしたら、どこかで挫折し、味方の中から混乱が起きる」と組織の分裂や崩壊を心配する。

農協の農政運動について「われわれだけの功利主義、利己主義の上に立った考え方だけで米価運動を突っ走るわけにいかない。生産費と所得が補償されているのかどうか、実現させることに努力するのは当然だ。もう一つは国内に、われわれが全面支持を得られなくても、より多くの人に理解され得る方向で展開していかなければならない」と国民的理解の必要性を訴えていた。

これらの考えをもとに、全中は農協農政活動のあり方について検討をすすめるため、農協農政活動検討特別委員会を七四年九月に設置し、七五年三月七日の農協中央会・連合会会長会議で「農協農政活動整備強化方針」を決定した。

その内容は「農協は、組合員の経済的・社会的地位の向上をはかることを目的として、法律に基づき組織された経済団体であり、その農政活動は農協の協同活動の一環をなすものである。今日、農業者が抱える経済的困難は政治によらなければ解決しないものが多く、農業者がその解決を、自らの組織体である農業協同組合に期待するのは当然であるが、経済団体である農業協同組合と政治活動を主とする農民組織を同一視して、農業協同組合に農民組合と同様の活動を求めることは、事態を正しく解決する方向を導くものにならない」との基本認識にたち、次のように具体的に明確にした。

①農協農政活動は農協の協同活動の一環として展開し、組織の破壊や、農協の経済活動に著しい障害を

もたらすような運動方法はとらない、②農協青年・婦人組織は、農協農政活動の統一の中で活動するよう、指導を徹底する、③組合員の営農と生活に根ざした要求を、組織に集約する、④大会は、要求実現のための意思結集と、運動推進の場とする、⑤農業者が結集して政治活動を行う政党中立の農民組織の組織化を検討する、となった。この方針は七年間にわたる宮脇農政の総括であっただろう。

当時、宮脇は入退院を繰り返していたため、会議に直接出席することはなかったが、会長の意向を受けた松村、吉田両常務のもとにまとめられた。その後の農協農政運動は、この宮脇路線のもとに推進された。このきっかけとなった七四年産米価運動が大きな転換点になったことがわかる。なお、⑤の農民組織の実現は、八九年六月に全国農業者農政運動組織協議会の設立まで待たなければならなかった。

第Ⅲ章

政財界との交流

1 国際懇を中心に経済界と活発な交流

〝犬猿の仲〟といわれる財界と農業界が日本農業問題と将来展望について真剣に話し合った時代があった。

東畑精一東大名誉教授によれば「両者とも食わず嫌いといったような関係で、あえて相互接触の機会を持とうとしなかった。また、事実問題として相互に議するという必要も切実ではなかった」というように、両者は疑心暗鬼で厚い壁があった。しかし、この壁が取り除かれ、両者が膝をつき合わせて議論した舞台が「国際化に対応した農業問題懇談会」（国際懇）である。

国際懇設立のきっかけは日米貿易戦争からである。米国が日米貿易の不均衡是正を求め、自由化を進め米国農産物の買い付け増加を強く迫り、農業側は「不均衡は工業側が引き起こしたもので、農業が犠牲になるのはたまらない」との対立がある。このため、「国際化に揺さぶられる日本農業のあるべき姿を広い立場から話し合い、それを通じて工業側と農業側の理解と認識を深めよう」と七〇年九月に設置が決まった。

「よくこれほどのメンバーが集められた」といわれるほど、財界から植村甲午郎経団連会長、木川田一隆経済同友会代表幹事、土光敏夫経団連農業問題懇談会委員長、永野重雄日本商工会議所会頭、中山素平海外技術協力事業団会長、藤井丙午経済同友会副代表幹事、水上達三日本貿易会会長ら経済界のトップクラスである。

農業界から宮脇のほか、鍋島直紹全国農業会議所会長、三橋誠全農会長、片柳真吉農林中金理事長、滝沢敏全共連会長らそれぞれの団体トップが名を連ねた。同懇談会の参謀的役割を果たしたのは池田斉全国農業会議所専務と古藤利久三経団連専務である。

最初から事務局を担当した全国農業会議所農政部の柳澤和夫によると「国際懇は宮脇さんと土光さんの参加がキーポイントだった。宮脇さんは経済界を説得する能力があったし、土光さんは農業に関心があり、スムーズに運営でき有効な意見交換の場となった。『ナショナル・セキュリティ』『自給率向上』などの農業側の多くの主張も提言に盛り込まれ、理解が深まり、対立は解消されていった。委員は忙しい人たちなので、帝国ホテルで朝食会を兼ねて開かれ、次回の会合も、その場で決めていた。事務局は経済界からと農業側からのチームを組み、有楽町の農林中金の会議室を借りて作業した。多くの提言をしたが、提言集として『日本農業の基本構想』『蛋白質食料読本牛乳製品、大豆を見直そう』など本として出版した」と語っている。

発足のいきさつについて池田専務は「昭和四〇年代の前半は貿易の自由化、農業の国際分業の風潮が強く、農政の危機が心配されていた。宮脇さんは、これからの農政の展開は他産業界との対話はむろんのこと、国際的な対応を強く主張されていた。私は宮脇さんとじっくり話し合ってみた。産業界と農業団体との対話の場について、これはやるべきだという宮脇さんの一言の支えが、私をしてこの仕事に情熱をかきたたせた。国際懇の誕生は宮脇さんの激励なくしては実現しなかったであろう。同会での『宮脇』『土光』の議論は本当に立派だった。相手の立場を理解しながら、農業の立場を鋭く主張している宮脇さんの千両役者としての姿は今でも私の脳裏から離れない」(『宮脇朝男追憶集』)と記している。

一方、土光も国際懇について「宮脇さんが生産者米価引き上げの要請で私を訪ねてきたことがあった。その時、私は、農業関係者はカラに閉じこもって出てこない。一体、それで農業の将来はどうなるのか。もっと生産性を高め、体質の強い農業にする努力を農業内部からやってほしい。われわれも全面的に協力する。農業界からも四、五人出て、一緒にやろうではないかと提案した。宮脇さんは、問題の根源をよく知っておられた。私の提案に『それはそうだ』と全面的に賛成してくれた。そこで国際懇が誕生し、宮脇さんと大いに議論することになった」と語っており、国際懇は土光が提案して宮脇が応じて、事務局を全国農業会議所が担ったともいえよう。

国際懇の座長を務めた東畑は「座長を頼まれた時に、農業側は閉鎖的だし、経済界側は、これまで農業に触れようとしてこなかったから数回で終わるか、解散してしまうと思っていた」という。それが六一回も会合するような長続きしたのは、「宮脇さんの人間的な魅力によるところが大きい」として、国際懇における宮脇像を次のように記している。

「私が初めて宮脇さんに会うようになったのは、この懇談会においてであった。気どらず、ばか遠慮もせず、全く率直に、すべてをぶちまくるような正直な態度で活発に議論された。それが少しも他人に反感を催さすことが無かった。却って氏の反駁に接すると氏にひきつけられるという観があった。こういう人間味は全く珍しいものであり、一つの徳であり、宝である。衆に阿らないで衆をひきいる人であった。そして、常に人心の何であるかを、然も表裏を通じて知覚しうる人であった。こういう意味での人間通であることが、われわれの懇談会の初めての段階から参加者の間に感得された。単なるうわべだけの人ではなく、常に変わらぬところであった。もう一つ、氏の農業観も従来のような孤立閉鎖的な観方から解放されていて、常にその広い地盤、深い背景のうえに立てられていたのである。私はこのような知識が、果たしてどこから氏の頭に植え付けられるようになったかを残念ながら知らない。研究者が苦労の末に把握するところを氏は鋭い素人の直観によって自分のものとしていられたようである。その意味ではまさに『若き近代人』であった。氏が農業団体の首脳者の一人であったことは、経済の高度成長期に幾多の新しい重要問題にとりかこまれている日本農業のためには、全く幸としたところと信ずる」（『宮脇朝男追憶集』）。

❖提言に多く盛り込まれた農業側の主張

国際懇が長く続いたのは、東畑が指摘するように宮脇の農業観に経済界は共鳴するものがあったのではなかろうか。農業内部でしか通用しない孤立閉鎖的なものでなく、内外に広く開かれ近代的な考えを主張していた。「自由化に備えて農業の体質強化を急がなければならない」と柔軟で合理的な農業観を持っていた。

六九年九月の農政ジャーナリストの会の研究会で宮脇は「今までの政治依存主義から脱却して、国際競争に対応できる農業を目指さなければならない。トリとタマゴの関係になるが、日本の農業の将来あるべき姿はどうなるかというと、現在の小規模零細農からの脱皮である。仮に一切の問題を国内孤立でできるという素朴な農民思想があるとすれば、これを脱却しなければならない。絶えず国際的影響を受けるのだから、それに対応できる仕組みでいこうというメドをつけなければならない。農業も経済の原則からはずれた認識を持ってはいけない。資本主義体制の中にいる限り、食品廉価はいつの場合も迫られる問題だ。絶えず国際的対応力を持っていかなければならない」（『日本農業の動き』一七号）と語っている。

国際懇は七〇年一二月に政府に第一回の提言をしている。

農村工業導入に当たっては、農業団体、立地企業、地域住民の意見を十分に尊重すべきだというものである。この提言によって、農村工業導入法立案作業が大いに促進され、国際懇の評価が高まったという。

七二年一一月に国際懇でまとめた「農業、農村整備近代化基本構想」をみると、国際化に対応した近代的効率的農業の構築、食料自給力の増大の重要性、国民生活の安定のため、農村人口維持と住みよい農村建設の必要性など提言している。各種の提言をみても「国民全体の基幹的食料はナショナル・セキュリティを考慮して、国内自給を原則とする」「他の先進国並みの農業保護は日本でも維持すべきだ」「国内各部門の均衡ある発展をはかる見地から、農業、農村の振興を重視する」「景気浮揚対策としても農村の生産基盤の整備や生活環境の改善をはかるべきだ」など農業側の主張も盛り込まれた。「よくこれだけ財界が農業を理解した」と思われる表現もある。

国際懇は一九七九年まで続いたが、宮脇は第一回から辞任前の三一回までの二〇回出席している。辞任後も七五年八月の第三九回も出席、七六年一月の四二回が最後になった。

2 土光敏夫との信頼関係

❖共通点が多かった行動と姿勢

国際懇を通して土光と宮脇の信頼関係は揺るぎないものがあった。

土光は「宮脇さんと国際懇ばかりでなく、個人的にも会って議論をしたが、非常に頭が切れ、回転の早い人だった。しかも方向を誤らない。肝の大きい大人物だった。また、どんな議論をしても、あとは不思議にスッキリする。珍しい人で私は尊敬していた」（『宮脇朝男追悼集』）と記している。

宮脇も中央協同組合学園の講話（一九七三年七月四日）で「土光さんは財界の荒法師と言われるが、なかなかおもしろい人で、私は非常に好きです。個人的にも立派な人です」と、お互いにエールを送っている。

二神史郎（当時、全中国際部長）は宮脇の海外出張に同行することが多かったが、米国の帰りにアンカレッジ空港で両者が偶然に遭遇することがあった。土光から声がかかり、空港のレストランで一緒に懇談したが、「宮脇さん、農林大臣をしなさいよ。私たちが応援するから」と親しい会話がつきなかったという。

吉田和雄も会長の用事で土光に面談した時、「宮脇さんをしっかり補佐して日本農業を守ってもらいたい」（一七回忌追悼集）と励まされたという。

土光は倒産寸前の石川島重工業や東芝を立て直し、〝財界の荒法師〟と言われ、経団連会長を歴任。臨時行政改革推進審議会（臨調）会長として国鉄民営化など行革も推進し、民間人で初めて勲一等旭日桐花大授章を受けた。食事は一汁一菜、メザシが唯一のごちそうという質素な生活で〝メザシの財界総理〟といわれたこともあった。土光は財界人に珍しく農業への関心が高かった。生家が農家ということで、子どもの頃はよく農作業を手伝ってきた。経営者になってからも、終世、休みの時は自宅の畑でナス、ダイコン、トマト、キュウリなど野菜を栽培して、一年中なにかを作り、化学肥料を使わず、庭木や落ち葉を堆肥にしていたという。毎朝、当時ＮＨＫで放映していた「明るい農村」を楽しみにして、東芝社長を辞めた後、実現はしなかったが、ブラジルで農業することが夢だったという。

土光が一八九六年、宮脇が一九一二年生まれだから一六歳の差であるが、土光と宮脇には共通点が多い。出身地は岡山県と香川県と隣県。宗教的にも土光は日蓮宗で、宮脇は浄土真宗で宗派の違いはあるが、ともに熱心な仏教徒である。土光の生家は日蓮宗の道場になっており、朝晩、必ず法華経を唱えていた。宮脇家も、代々、信仰の篤い家で食事の前にお経をあげていた。宮脇は寝る前に経文を唱え両手を合わせてから休んでいた。

勤務態度にも似たようなところがある。出勤時間について東芝社長時代の土光は職員より早く午前七時だったという。宮脇も同じように七時ごろ来て、会長室の鍵を自分で開けていた。土光は、外出の時は運転手だけで秘書を伴わなかった。社長になっても一人でできる商談の時はバッグ一つでどこへでも行った。出張に行っても下着は自分で洗っていた。

宮脇も外出は、ほとんど一人で行動していた。秘書を同行させないことについて、私に次のように語っていたことがあった。「暑い夏の日、上京する時、高松から宇高連絡船で香川県知事と一緒になった。秘書は汗だくで大きな荷物を持っているのに、知事は涼しい顔で、ふんぞり返っていた。同じ人間として、このようなことはあってはならないと思った」と。全中会長時代の外出時は秘書を連れず出かけることが多く、夜の会合でも、独りで政界人らとの懇談していた。海外出張でも二神によると、他の全国連会長の秘書は荷物を運ぶなどしていたが、「私は宮脇会長の荷物を持ったことがない。会長はホテルで洗濯もしていた」という。

宮脇の後任全中会長になった藤田三郎も「旅先の宿を共にすることがしばしばでしたが、朝起きると、ずぼらな私などと違って、同室の宮脇さんは布団をきちんと自分で片付け茶をすすっておられた」（『宮脇朝男追悼集』）と記している。

❖将来の農業方向性で共感

土光の農業観について、私は農政ジャーナリストの会有志数人と一緒に七二年三月にインタビューしたことがある。

土光は「高度経済成長によって、都会と農村の格差がひどくなる。早く手を打たないと農村が大変なことになるというのが私の考えだ。米は日本人の嗜好に合うし、国土の適正や美観からしてもいいわけだ。機械化して単位規模を大きくすれば価格は半値以下になり、国際競争力ができる。国有林や雑木林がうんとあるのだから、スイスのように牧畜もできる。牧草は水を保つから、洪水防止にもなる。万一、食料危機があった場合、食えなければ大変なので、やはり農業、農村は絶対必要だ。採算が合わないからといって荒廃させるわけにはいかない。われわれが考えている以上に熱心なのは農家の人たちだ。宮脇さんにも言ったのだが、農業をどうするのか、農業側だけで不利なら政府なり社会全体が、これを保持してゆく方法をとればよい。米や牧畜を補助したところでたいした負担ではない。もっと政府にやらせるように圧力をかけたらよい」（『日本農業の動き』二六号）と語っていた。

当時、宮脇も「将来において国際競争に耐え得る体質の農業生産ができうる条件を、この際に徹底的に整備しなければならない。わが国には、地下水位が七〇センチより低い、いわゆる乾田は一八三万ヘクタールしかない。水位を低くするため思い切った資金を投じ、畑地転換をはかる必要がある。農業の基盤整備は一種の社会資本であり、公共投資と考えるべきだ。また、里山を含めた林野の使用収益権の解放をやって、畜産・園芸生産の合理化、消費需要に見合った生産の転換と、規模拡大を図るべきだ」（『農業協同組合』一九七一年九月号）と語っている。お互いに立場は違っても、将来の農業の方向性に共鳴するものがあったのではなかろうか。

全中会長辞任して二年後の七七年、体調が回復に向かっているとの情報もあり、日本農業新聞は創刊五〇周年キャンペーンの一つとして宮脇をホストに月一回各界のトップ層と語り合う「ビック対談」を企画した。最初のゲストが土光で、七七年五月二〇日に実施した。私は宮脇の宿泊していたホテルに車で迎えに行った。外見は元気を装っていたが、宮脇は「車の窓際は排気ガスで困るので、真ん中にすわりたい」と言っていたことから、この頃、体調が相当悪かったのに違いない。

会場の帝國ホテルで土光は宮脇の顔を見るなり、近づいて「やあ、からだはいいのかい」と言った。久しぶりの再会で、話がはずんだ。

宮脇は「土光会長は最近、ソ連、中国に行ってこられ、お元気ですね。中国で華国鋒主席と会われ、印象はどうでしたか」と質問すると、土光は「華主席とは二時間話し合った。五七歳と若いし、体格もいい。話も大陸的で、非常に好意を持てる人だ。そうそう、あんたのようだったよ」と対談が始まった。

食料問題、原子力の平和利用、政治、経済、社会など幅広いテーマで話し合われた。

土光は「東洋は東洋思想というものがあるが、欧米は物質文明だから贅沢は文化向上の印のように思っているが、それは逆だ。贅沢は文化ではない。日本人は、もっともっと精神面を高めなければならない」と語っていた。帰り際、「今日は楽しかった」という土光の言葉が印象的だった。

この「ビック対談」は宮脇が岡山大学付属病院に入院したため、一回で中止になってしまった。

3 日本列島改造論と三〇万ヘクタール問題

❖田中首相の強引な「農地転用」に反発

田中角栄が首相に就任したのは七二年七月七日である。五四歳の若さで、官僚出身でなく、小学校卒だけの叩き上げの党人政治家として「今太閤」「庶民宰相出現」ともてはやされ、内閣支持率は六〇パーセントを超えるものだった。

宮脇も当日の記者会見で「田中内閣の誕生は、まず政治が国民に近くなった感じがする。これは第一に田中首相が門閥出身でなく、さしたる学歴もなく、水飲み百姓の出身であるからだ。また腕一本、素手一本でたたきあげできた。第二は〝立派な政策を出しても国民の支持、協力がなければ実現できない〟と言っていることで、好感を持っている。個々の課題は、これからの問題である」と語っていた。

農村育ちで、さしたる学歴もないことなども宮脇と似ているところがあり、官僚的イメージの強い佐藤前首相と違い、相通じるものがあったのだろう。田中首相は在任中に、経団連に寄ったついでに、隣の大手町・農協ビルに宮脇を直接訪ねてきたことがあった。首相が直接、全中会長を訪ねるのは、異例のことであり、お互いに親近感があったのではなかろうか。

田中首相の看板は自民党総裁選挙へ向け発表した『日本列島改造論』である。太平洋ベルト地帯に集中した工業を地方に分散、これらを結ぶ全国的なネットワークの整備、二五万都市の建設、過密と過疎の同時解消を狙い、「均衡のとれた国土の再編成」を提案した壮大なバラ色の計画である。田中内閣が発足すると、全国的に列島改造ブームを招き、開発をあて込んだ大企業・商社が土地買い占めに走り、一般市民もよりよい物件はないかと買いあさる始末で、世はまさに「一億不動産屋」時代と言われるようになった。

宮脇は浮かれることなく、最初から日本列島改造論を冷静な目で見ていた。七二年一〇月一八日の中央協同組合学園の講話で次のように論評している。

「最初は列島改造論により、多くの国民が、おれの土地が値上がりしまいかと自分中心に得したような解釈をしていた。われも、われもと日本列島改造へと動き、各政府機関も日本列島改造論をうまく利用しようとしている。しかし、私はこの構想は簡単に実現しないと思う。首相の人気がついたのも列島改造論なら、人気が落ちるのも列島改造論である。田中内閣は長くて五年、おそらく三年ぐいではないか。結局、行き詰まって八方ふさがりになって途中で止め、軌道修正されるのではないか」と、田中内閣が二年半だったことからも、正確に見通していたことになる。

『日本列島改造論』は四〇〇頁だが、そのうち農業編は一〇頁にすぎない。うたい文句のさわりだけで、各論が書いてない。

宮脇は「根本をなすものは、依然として経済発展が中心で、今までの成長戦略を受け継ぐものだ。したがって、最近叫ばれている福祉優先、地球資源問題などの視点が欠けている」と指摘していた。

政府は首相の陣頭指揮のもとに八月に民間の各界各層の有識者を集めて日本列島改造問題懇談会を設置した。宮脇も委員に任命されたが、九〇人近い委員で構成され、発言の機会はほとんどないため、宮脇ら農業関係委員四名は連盟で「農業の健全な発展と生活福祉の向上に関する具体的な施策が乏しく、誠に遺憾である」として「農業、農村の積極的な評価と農業、農村の位置付けを明確にして、能率の高い農業の建設と、健康で文化的な生活を享受できるような措置を講ずるべきだ」との意見書を事務局に提出した。

田中首相との会談の席、宮脇は「列島改造の農業編は大黒柱が立って柱はあるけれど、間仕切りもなければ、壁も塗ってない。もちろん床や畳も敷いてない家みたいなものではないか」と追及すると、田中首相は「わしは百姓の生まれでも土建屋が専門だから農業編のところは、君（宮脇）が書いてくれればいいと思っている。ともかく協力してくれんか。全中会長が協力してくれなかったら、あれはできない。もし、協力してくれなかったらオレが総理を辞めて全中会長にならなければならない」（笑）と語ったという。

❖大胆な国有地払い下げ提案

もう一つ宮脇が心配したのは、農地法廃止論である。

日本列島改造論の中で土地については「全国的な土地利用計画を定め、その中で中央と地方の調整により永久農地を策定する。同時に農家の土地所有を認めた上で現行農地法を廃止し、農地の流動性を回復するなど国土計画と関連して現行農地政策を根本から改める」と農地法をはずすことも言及している。つまり、列島改造にとって現行の農地制度は阻害要因の一つだと田中首相は考えていたことになる。

宮脇は「農地法を無くして永久農地制度をつくるというが、これは腕まくりをすれば出せるものを、下着までとって出そうとするものだ。農地法を底抜けすることは絶対反対だ。農地法の精神は貫くべきだ」と反論している。列島改造論通りに推進した場合、住宅や工業用地など必要な土地は一〇〇万ヘクタールといわれた。国土の全面積が六、〇〇〇万ヘクタール、その中で農地は六〇〇万ヘクタール。必要な一〇〇万ヘクタールはすべて農地でなく、農地五〇万ヘクタール、林野五〇万ヘクタールと想定しても、五〇万ヘクタールの農地が失われる計算だ。

「農地法をはずせば、デベロッパーに土地が買われてしまう。だから、農地法の基本的精神を貫くことが最低条件だ」と語っていた。

農地問題で最も恐れていたことが、おきてしまった。田中首相が宅地供給を図るため、三〇万ヘクタールの農用地転用を桜内農相に指示したことである。当時、土地買い占めから地価が高騰し、乱開発をいかに規制して、土地の合理的利用をはかるかが、田中内閣の最大の課題となっていた。

七三年一一月一三日の閣議後、首相は桜内農相に「公共用地、宅地の供給を増加させ、地価を抑制するために三〇万ヘクタールの農地転用を促進する必要がある。以前からお願いしていたが、一年ぐらいで集中的に転用できないか」と切り出した。

農相は「七四年度はとりあえず、一〇万ヘクタールの目標でお願いしたい。稲作は今年、豊作だが、昭和四六年度のように単年度で不足という時もあるのだから、三〇万ヘクタールをいっきょに転用するというのは危ない」として、算出根拠として平年の農地転用面積六万ヘクタールを四万ヘクタールを増やして一〇万ヘクタールにするというものであった。

これに対して田中首相は「地価抑制のために、もっと思い切った方策をとるべきだ。こんなものではダメだ。役人が抵抗するならオレが話しをつけよう。それがいやなら農相のかわりなどいくらでもある」と突き返し異常な執念をみせた。

農相との話し合いで埒がらちあかないため、田中首相は翌一四日に宮脇を官邸に招いた。宮脇は同日朝の会談する前、中央協同組合学園での講話で次のように語っている。

「田中首相の秘書官から私のところに今日、会いたいとの電話があった。用件は何かと聞くと、会ってあれこれ話したいということだった。しかし、推測すると三〇万ヘクタールの農地転用問題ではないかと思う。桜内農相が頭を抱えているとのことだから…。首相が三〇万ヘクタールの考えはどこから出てきたのか、知らないが、多分、生産調整の時に三〇万ヘクタールの農地をつぶせば、一五〇万トンの米を買わずにすむとの考え方からではないか。しかし、そんなことをしたら、大変なことになる。世界的に穀物価格が高騰している時、農地をつぶせば、国内の食料需給に危険が生じる。もし、この話が出たら、私は反対する。三〇万ヘクタールをつぶして、総農地面積が減少することは断じて容認できない。しかし、ただ反対とするのでなく、対案をぶっけるつもりだ」と以下のような対案を紹介している。

その内容は農地と国有地との交換である。水田一反歩に対して、牧野採草地を一町歩と交換を提案する。三〇万ヘクタール農地を転用するなら、国有林が七二〇万町歩あるので、その半分の比較的平坦に近い牧野採草地の三五〇万ヘクタールをタダで寄こせ。これが前提だ。一対一〇だから、農家にとって、それほど不利な条件ではない。

これを農協が買ってくれというなら、買ってもよい。三〇万ヘクタールは九億坪だから、坪三万円とすれば、二七兆円のカネが必要だ。今年の国家予算が一四兆円だから、大変な金額だ。農協貯金も全部あわせて一〇兆円。借りた場合、金利をどうするかだが、国が全部、面倒をみてくれるのかどうか。

「こういうふう話をすれば、首相は、これは難しいと考えて、中止するのではないか」と大胆な国有地払い下げ構想を説明していた。

❖「農業に対する真っ向からの挑戦だ」

三〇万ヘクタール農地転用問題について　田中角栄首相と宮脇の会談は首相官邸で七三年一一月一四日午後二時から三五分間にわたって行われた。

「政府が刀を振りかざしてきた時は、ただ反対と叫ぶだけでは通らない。常に対案を懐に入れておかなければならない」を信条にしているだけに、宮脇は国有地の払い下げ構想を提示した。

会談後、待ち構えていた記者団に宮脇は「首相から『三〇万ヘクタールの転用に農林省と相談して農協も協力して欲しい』との要請があった。私は『農地を一方的に減少するのでは話にならない。国有林、国有地を採草放牧地として農家が使用できるように考えるべきだ』と言った。首相は『三〇万ヘクタールの農地を提供したら一〇倍分の山林を草地用としてやってもよい。オレが首相をしているうちに一つぐらい協力してくれてもよさそうなものだ。農林省が反対するなら、オレが農林大臣を兼務してもよい』とのことだった」と語っていた。

しかし、躊躇していた農林省も首相の異常とも思える三〇万ヘクタール転用の強硬な指示に、最終的には受け入れざるを得なかった。桜内農相は一一月一五日に首相と会って三〇万ヘクタールの農地転用を了承した。

内容は①市街化区域内農地の転用を促進する、②国道、県道両側二〇〇メートル以内の農地のうち、現在は転用許可となっていない集団的優良農地も転用の対象にする、③休耕水田の転用を進める、④農村工業導入や水田の公共地促進施設の拡充を図る、⑤現在転用申請中のもので許可が事務的に遅れているものは早急に処理する、というものだった。

一一月に転用促進の第一弾として農地転用事務の迅速化を図るよう都道府県に通知した。桜内農相は会見で「農林省としては三〇万ヘクタールの農地を用意しただけで、需要があるかどうかにかかっている。これにより（宮脇が主張する）国有林を解放するつもりはない」と語った。

政府の方針が発表されると全中をはじめ、農業・農民団体は一斉に反発し、抗議、撤回要求を展開した。宮脇も「強権的な農地転用の押しつけは、農業に対する真っ向からの挑戦だ」として、ただちに全中会長名で農地転用措置を撤回するよう抗議し、次の申し入れを行った。

「この措置は世界的な食糧需給ひっ迫の中で、この確保が緊急課題となり、政府もこれに取り組もうとするこれまでの姿勢とまったく逆行するものであって、全国の農業者は無定見な政府の農政姿勢に強い不信を抱かざるを得ない。このような農業軽視の無謀な措置に抗議すると共に、この方針を撤回するように、ここに強く申し入れる」。

しかし、七四年一月に石油ショックで原油価格が三・六倍に急騰して石油パニックから狂乱物価へと突入。日本経済は大混乱に陥った。高かった田中内閣の支持率は七四年に入ると二〇パーセント台に急落した。七三年暮れ蔵相に就任した福田赳夫は就任の会見で「列島改造論は総理の個人的見解であり、私論である」と語り、田中内閣での列島改造論の影は薄くなっていった。

七四年になると農林省は「三〇万ヘクタールの単年度達成は困難なので、二、三年のうちに転用するようにしたい」と首相に説明し、了承された。田中首相は七四年一一月に退任したため、この計画は事実上、棚上げされた。

❖宅地並み課税問題でも田中首相と対立

田中首相と宅地並み課税問題でも対立した。

宅地並み課税問題は新都市計画法が一九六九年六月に施行され、市街化区域と市街化調整区域に線引きされたことからである。一九七二年から市街化区域の農地をA、B、C区分により漸次宅地並み課税を実施することになった。

当初、建設省は「市街化区域に入ったからといって、農地の固定資産税を宅地並みにすることはない」(同省広報パンフレット)と説明していたため、市街化区域に入っても財産保全から安心と判断して市街化区域を希望する農家が多かった。市街化区域面積は建設省が予定していた八〇万ヘクタールを五割増の一二〇万ヘクタールになった。しかし、A農地が七二年、B農地が七三年、C農地が七六年から段階的に宅地並み課税されることが判明し、しかも税額は全国平均に比べA農地で二〇五倍、B農地で一四二倍、C農地で三七倍の高額の固定資産税、都市計画税が賦課されるというものだった。税制改正が市町村議会に提出されて初めて知った農民は驚き、東京、神奈川、千葉、埼玉、大阪、兵庫など大都市を抱える都府県で、反対の動きが活発化し、やがて全国にみなし課税反対の声が燎原の火のごとく広がった。

宮脇は「宅地並み課税が実施されれば、いかなる 農産物を栽培しても税金は払えない。宅地課税は線引き前の説明では、市街化区域内であっても、農家は農地として課税するとのパンフレットを配布していたのに、ハンを押したら宅地並み課税を実施するというのは、農民をダマしたものだ。都市農業の役割は新鮮な食料供給、公害砂漠の中のオアシス、災害の時の避難所として必要性は尽きない。農業を天職と考え、懸命に取り組んでいる農民の土地が不当に奪うものだ。税金で農民をいびり出す政策は排除されなければならない」（七三年一月、宅地並み課税阻止の全国代表者集会の挨拶）と反発し、全中は全国農業会議所と一緒に宅地並み課税阻止の運動を展開した。

運動の結果、一九七二年三月三一日に地方税の特別措置は「現に耕作の用に供されている農地」は農地課税となり、当面、宅地並み課税は回避された。七三年度以降の扱いは七二年末までに決定することになった。

しかし、七三年度以降の対策は、七二年一二月末に総選挙があり、新年の予算編成になったため、七三年一月中旬から検討が始まった。

宮脇は「経済発展をとげている先進国ほど、緑と自然の維持管理、農業の発展が強く求められ、政策の方向とされている。ところが、緑と新鮮な食料を提供し、空気と災害時の避難場所ともなる農地が取りつぶされようとしている。このような悪政を打破しなければならない。地価高騰は一攫千金を狙おうとする法人の土地買い占めを阻止することが第一であるべきなのに、農民に必要な農地まで重税をかけようとしている。山を荒らす猪は征伐されるべきだが、無害の羊やウサギまで抱き込もうとしている」(七三年一月の五、〇〇〇人の宅地並み課税阻止全国農協・農委代表者大会の挨拶)と訴えた。

一九七三年三月、全中などの要請で「登録農地として三年間農業を行っている農地は農業課税とする」登録農地制度で自民党の合意に取り付け、衆議院地方行政委員会の理事懇談会でも与野党の了解を得た。

しかし、田中首相は宅地供給の促進という時代の要請に逆行するとして拒否し、宅地並み課税の実施を前提とする政府案作成の検討を指示した。この背景は、日本列島改造論などから土地の買い占め、地価高騰、乱開発が進み、マスコミなどが、政府の宅地供給政策の貧困を厳しく追及するとともに、宅地並み課税反対運動に鋭い非難を浴びせていたからだ。

田中首相の指示に野党は地方行政委員会の審議を無視するものと抗議声明を出し、審議に応じられないと態度を硬化させた。国会対策委員会、党三役などで協議した結果、四月からの実施には時間的制約があるため、七二年度特別措置の一年再延長論が強くなった。田中首相に再び裁断を持ち込んだところ、首相は再延長に強く反発、農地の宅地化促進にかかわる法律案の早期提出を政府・党首脳に強く指示し、自ら関係各省の局長を集め、具体的検討に乗り出した。

この結果、四月に地方税法改正で「A・B農地に対する宅地並み課税の段階的実施」を決定した。三大都市圏の一八二の市部のA・B農地に宅地並み課税が実施された。宮脇は「都市は鉄とコンクリートだけあればよいということになり、市民が熱望する緑の確保の思想がない。田中首相のいう大都市から地方への人口分散の思想と根本的に相容れないものだ」と抗議した。

今後の対策として建設省は国会の付帯決議をもとに七三年七月から生産緑地制度の検討を行った。農業団体は検討会で生産者の意向が反映できるように働きかけ、国会での法案審議の段階でも修正の要求運動を展開した。

この結果、農業の継続が可能であることを前提に市町村が土地所有者と同意を得た上で、生産緑地区として都市計画ができることになった。生産緑地区は第一種と第二種に分かれるが、生鮮農産物の供給と緑の保全による都市と農業の調和ある発展をはかるため、宅地並み課税を免除されることになった。

生産緑地法は一九七四年五月に成立し、八月から施行された。

4 大平正芳との交遊

❖相照らす「水魚の交わり」

大平正芳と宮脇は同じ香川県出身というだけでなく、大平は「水魚の交わり（親密で離れがたい友情）」（日本経済新聞『交遊抄』）というように、相照らす仲であった。「私は彼を尊敬し評価していたばかりでなく、文句なく彼が好きであった。彼を友人として持つことを誇りに思うとともに、彼との友情は私の人生にとって大きいうるおいでもあった」と記している。大平の秘書官だった森田一元衆議院議員は「宮脇さんは大平とウマが合い、若い頃から二人は実に楽しそうに会話を交わした」（『宮脇朝男追悼集』）という。

二人の関係について大平は「戦前のことはよく知らなかったが、知ったのは戦後まもなくでした。当時、すでに押しも押されぬ農業界の指導者であったが、私は郷里から衆議院に出たばかりだった」とあるから、五二年一〇月の選挙で香川二区から立候補して初当選した四二歳の時である。二人は、ほぼ同年齢であり、当時、宮脇は全販連専務を辞め、県経済連会長として力を発揮して実力者としての評価が定着しつつあった。

しかし、頻繁に会うようになったのは全中会長になった六七年一二月以降ではなかろうか。農政活動は全中会長の重要な任務である。若い頃の農民運動から革新陣営には多くの人的なつながりがあったが、政権中枢部との太いパイプを持っていなかった。大平は池田内閣の官房長官、外相、佐藤内閣では自民党政調会長として実力者の仲間入りをしていた。大平にとっても選挙支援などで、お互いに利害が一致していたこともあろう。

一橋大学から大蔵官僚になった大平と、さしたる学歴もなく農民運動に飛び込んだ宮脇とは経歴で違うところがあるが、幼少のころは同じような環境で育ち、農業などの考え方に共通するものがあったのではなかろうか。大平は日本経済新聞の「私の履歴書」で子どもの頃の農村について次のように書いている。

「農民の生活は春夏秋冬を通じて激しい労働の連続であり、しかもその報いは乏しかった。凍土の中から萌え出る麦の芽とともに、正月が明ける。晩春、青い麦が色づく頃、苗代には稲の苗が新しい出番を待っている。田植え、草刈りが済むと炎暑を迎える。秋の収穫を終えると、やがて灰色の冬がやってくる。農家の激しい労働は、こうした壮大な自然のリズムとともに繰り返されるのである」

また、一九六八年の生産者米価決定の際の「大平発言」は農業との関わりをよく表している。同年の米価決定は紛糾して七月に結論が出ず、異例の八月中旬の決定となった。当時、大平は自民党政調会長、田中角栄が米価調査会会長であった。田中角栄は『大平正芳回想録』で自民党総務会の様子を次のように記している。

「田村元、田村良平の両議員から『わが党は、農業に理解が足りないから、こんな低い米価が議題になる。特に大平政調会長は大蔵省のエリート官僚であり、農民生活などまったくご存じないから、こんな事態を招く。大平政調会長は直ちに職を辞して退席すべきだ』との発言に対して、大平政調会長は、しばらく机の一点をじっと見つめていたが、静かに立って口を開いた。『両総務は私に百姓の生活を知らないと言われたが、あなたたち両君とも父君はわれわれの先輩代議士であり、名門の出であり、裕福な家庭で育った方々である。それに比べ私は四国讃岐の貧農のせがれである。四国の田圃は耕して天に至ると言われ、わが家のいくばくもない田圃は山の中腹より上にあった。私は少年の頃、夜明けとともに家を出て、山の中腹にある水の少ない、わが田圃を見回るが、日課であった。そのような毎日の日課を必ず果してから、朝の一番の汽車に乗って学校へ通ったのである。家貧しく学費もなく、私は給費生、貸費生として勉強し、大学を終えることを得たのである。このような大平正芳が農業を知らない人と言われることは心外である』と腹の底に響く大平君の発言だった」

このように大平の思想と行動の基底にあったのは「『農魂』と呼ばれる気質＝辛抱強さ、協調性、それと背中合わせる頑固さである」（『大平正芳「戦後保守」とは何か』）といわれる。高度経済成長後の日本社会のあり方について「経済の時代」から「文化の時代」への転換を唱え、量から質への転換、人間の内面の豊かさを求め、田園都市構想を提唱していた。宮脇も、これらの考えに共鳴していた。

❖讃岐の原産地証明

宮脇が講演などで、いつも大平をユーモアを交えて取り上げていたのが容姿である。

「香川県には顔つきに二つの系譜があり、成田知巳君のように非常に整って公家(くげ)さま然とした美男子系の顔つきの人。もう一つが『美女と野獣』の映画の見本のような野獣系です。私と大平は後者です。そろって講演することがあるが、その時は『讃岐の代表する美男子がそろってまいりました』というと、大衆がどっと湧きます。中西太、琴ヶ浜も同類です。口の悪い人は人三化七といいます。人間らしいところが三割で七割が化け物だというのです」（中央協同組合学園の七〇年九月一二日の講話）。

また、大社義規日本ハム社長も「香川県出身の知名人にはズングリした体と猪首のうえに頑強そのものの顔を乗っけたのがあり、宮脇さんは大平さんとともに、その典型でしたが、私も同類項です。宮脇さんは、これを讃岐の原産地証明だと言っていた」(『宮脇朝男追悼集』)という。

大平は「(宮脇が)神宮前のマンションから早朝、よく電話をかけてきて、私の身の上にもたえず気を配ってくれた。絶えず暖かい眼差しで私を見守り、気が付いたことを率直に忠告もしてくれた。その言葉は率直で歯に衣をきせぬものであったが、常に親切心が裏打ちされていた」と回想している。

私は、午後五時頃、宮脇に取材をしていたら、「今夜、日本ハムの大社社長と飲むが、一緒に行くか」と誘われ、築地の料亭に招かれたことがあった。大社と同郷同士ということもあって「大平を呼ぼう」ということになり、大蔵大臣だった大平が宴会場に来た。大平は三〇分間程度で退席したが、宮脇は大平につづけづけ話しかけ、友人同士の親密な会話ぶりに驚かされた。

宮脇は若い頃、政治家を目指したこともあり、四二年の県議会議員補欠選挙、四六年、四七年の衆議院選挙に立候補したが落選している。四八年に農協運動に飛び込んでから、政治活動から足を洗った。しかし、衆議院、参議院選挙の時は毎回のように地元紙の立候補者の下馬評にのぼり、その都度、否定していた。衆議院選挙では「一区は成田知己、二区は大平正芳を落とすな」と応援して回り、両者は所属政党が違うが「オレは水陸両用だ」と煙に巻いていた。大平は「宮脇さんはスケールの大きい天性の政治家」として何回か、立候補を促してきたが、断っている。しかし、一度だけ心が動いた時がある。七四年の香川県知事選である。

『虹と泥濘』によれば、尾池源次郎は「東京から帰った会長に呼ばれた。「大平がどうしても今度の知事選に出てくれと言うんだ。現職では勝てそうもないし、場合によっては超党派でもかまわんと言うんだが、まず君の意見を聞きたい」。「知事ですか」と言って黙ると、「知事になっても全県単一農協はやるよ。むしろやりやすいかも知れんぞ」と言って私の顔を見る。これはかなり気持ちが動いているな、と思って私が思わず、うなると「全中会長も六年やった。わしももう登りつめた階段をひとつずつ降りて、郷里のために働く歳だと思うんだが、まあ一晩考えてみてくれ」と言われて、その日は別れた。翌日、再び会長室に出向くと、「選挙はやめるよ。君の意見もそうだろう」と言ったという。多分、彼の心によぎったのは、農協運動に専念してから、政治と離れ政経分離を強く主張してきたことに、矛盾することではなかろうか。

もちろん、選挙に出ていたら、知事であれ、国会議員であれ、間違いなく当選していた。知名度が抜群で、左右どちらにも支持層が広い。大平も「再三でわたって立候補を促したが、彼は遂に引き受けようとしなかった。そのことは、今にして思えば、宮脇君のためによかったと思う。彼の一生を農業人として終始させ疵（きず）のない完璧のものにしたように思う」（『宮脇朝男追悼集』）と記している。

「大平を首相にする」との宮脇の念願は死去から七か月後の七八年一二月に実現している。

第Ⅳ章

国際交流と農産物自由化反対闘争

1 海外でも高い評価の国際人

宮脇は米価運動に見られるように農政運動の闘士としてのイメージが強いため、コチコチの農本主義で固まった、土着した国内派とみられがちである。しかし、国際情勢に精通し、意外にも国際人である。外国人との交流も積極的で、海外からの評価も高く、どこに行っても好意を持って迎えられ、海外の友人も多かった。

❖世界平和大会に出席

初めて海外に出かけたのは、経歴書からみると五八年（宮脇四六歳）に欧州一二カ国視察とある。西ドイツ、イタリア、フランスなどを視察している。この時、ストックホルムで開かれた世界平和大会に日本代表団の一員として出席している。

世界平和大会は世界平和評議会議が主催して五〇年代に核兵器反対、平和擁護の中心に展開された国際会議である。当時、宮脇は香川県経済連会長、全販連監事などであったから、この大会と仕事上の接点は見当たらない。世界平和評議会の委員に日本から大山郁夫らがなっていたことから、かつての農民運動関係者からの働きかけがあったのだろうか。たまたま同時期に、全購連の織井斉（当時、全購連総務部長）がソ連を訪れ、帰路、西ドイツのハンブルグで落ち合っている。

織井によると「ハンブルグのホテルに着くと宮脇さんは意気軒昂たるもので、『よいところがあるから一杯やろう』という。行ったのは近くのビヤホールだった。席に着くと『焼酎を持ってこい』と注文した。運ばれた焼酎は馬鈴薯でつくった酒だった。この辛いスタンヘーガーを飲みながらストックホルムの話はつきなかった」（『宮脇朝男追悼集』）と、国内にいる時と同様、臆することなく堂々とした態度を感じだったと記している。

中央協同組合学園の講話（一九七四年四月）でも宮脇は「私はイタリアの共産党のトリアッティ※と会って、話をしてきたことがある。構造改革論を唱えていたトリアッティに会った人は、日本ではそうたくさんおりません。私は江田三郎君（社会党書記長、委員長代行で構造改革路線を打ち出した）が構造改革を主張する前だったが、帰国後、彼と会い、トリアッティの戦略戦術について、いろいろ話してきたことがある」と語っているから、多分、世界平和大会か、イタリアに行った時に会ったのではなかろうか。宮脇と江田三郎とは農民運動当時の同士だった。

宮脇は同出張で、西ドイツのレーベン種子会社でシュガービートの種子を手に入れて持ち帰り、一時、暖地ビートの推進に積極的に取り組んだ経過があった。しかし、暖地ビートからは撤退している。

※パルミーロ・トリアッティ（一八九三〜一九六四）
西ヨーロッパで最大のイタリア共産党の創立者の一人で、「社会主義へのイタリアの道」との構造改革路線を提唱、新しい大衆的な党の建設と社会主義への独自の道を追求。国民統一連立政権で副首相、法相を歴任した。

全中会長時代は海外出張が多かったが、国際協同組合同盟（ＩＣＡ）の会議などに同行していた二神史郎は「会長はＩＣＡの執行委員をしていたが、会議を途中で抜け出すこともなく、最初から最後まで出席し、いつも発言していた。どこへ行っても多くの人から握手を求められ、好感を持って受け入れられていた。臆することなく、国内にいる時と同じように、どこでも堂々としていた。具体的に、ユーモアを含め、わかりやすく主張していた。国際的に、わが国の協同組合の評価を高めた功績は大きい。海外出張では、観光など遊びの時間を入れることはほとんどなかった。宮脇に対して、外国人だけでなく、欧米に行くと日本のマスコミ特派員記者が空港やホテルに来たり、また、日本の商社の駐在員も意見を求めに来たり、情報交換することなどもあった」と語っている。

通訳として帯同することが多かった全中国際部の中岡義忠も「どこへ行っても平常心、はっきり主張して『大きな国内人は大きな国際人』であった。大舞台での、そして日常仕事での会長の知識、見識、胆識は海外出張の経験が大いに役立っていたこともあったと思う」（『一七回忌追悼集』）と記している。

2 米国・カナダの農業視察

❖ウマが生きるためにネズミが死ななければならない理屈はない

私は宮脇と海外視察を同行したことがあった。七〇年八月九日～八月二七日の一九日間のアメリカ・カナダの農業視察である。

同視察団は、もともとは農林省の内村良英国際部長が一九六九年、農産物の貿易自由化に関連して米国農業団体や政府と会談して、自由化問題を理解してもらうために企画したものだ。六九年は米価運動で宮脇の会長辞任騒動もあり、実現しなかったが、六九年秋の国際農業生産者連盟（ＩＦＡＰ）の東京大会で、米国農業団体から直接、招待の申し出があり、訪米となった。当時、日米繊維交渉が決裂するなど日米貿易政策の大転換が迫られ、農産物の自由化が迫られている時でもあった。

出発前に宮脇は「虎穴に入らずば、虎児を得ず、ということわざがあるが、相手がどんな相手かわからんのにケンカするのは、むちゃである。米国農業が強いのは、いったいどうして強いのか、その原因を知ることこそ、今の日本農業にとって必要だ」と語っていた。

団長の宮脇をはじめ、三橋全購連会長、片柳農林中金理事長、吉原全販連専務、田中全国信連会長、黒川全共連常務ら総合農協系の幹部の他に、専門農協系から大坪全酪連会長、後藤日園連専務、全国農業会議所の鹿野副会長ら農業団体を代表するそうそうたるメンバーである。農業界首脳が大挙して外国の農業視察するのは当時、異例のことだった。家の光協会から高橋専務が参加、日本農業新聞は当初、役員が団員として参加する予定だったが、急きょ行けなくなり、農協担当記者だった私が随員として参加することになった。このため宮脇とは一九日間、一緒に旅して昼夜にわたり身近に接する機会があった。

宮脇は「英語ができないので、外国では、おしとつんぼで、ただ目があいているだけだ」と語っていたが、海外でも遠慮せずに、はっきり主張して、どこに行っても好感を持って迎えられた。

一行はカリフォルニア州、コロラド州、イリノイ州の農業地帯の視察、ワシントン、ニューヨークで政府、関係団体との会合、カナダでは小麦局や農業協同組合のプールなどの案内でマニトバ州、サスカチワン州の農村地帯を駆けめぐった。受け入れ先の農業団体は農業実態を知ってもらうため、短期間に多くのものを視察する過密スケジュールが組まれた。朝六時に起床、八時に貸切バスで出発、バスの中で同地方の農業について移動教室が開かれ、農業施設、農家を訪問。くたくたに疲れて午後六時にホテルに戻っても、午後七時から一〇時まで招待パーティーといった日程が続いた。

宮脇は視察先やパーティーで、必ず代表して挨拶しなければならなかった。パーティーの相手は毎回違う人たちであるから、本来は同じ内容の挨拶でも問題ないのだが、毎回話の内容を変え、その地域に合わせ、ユーモアを交え、形式張らず、堂々とした話し方だった。

最初のカリフォルニア州で同州ファームビューローのグランド会長は「これからの米国農業は日本との

貿易を抜きにしては考えられない。日米両国の親善は通商の拡大を通して深めたい」と強調した。

これに対して宮脇は「日本農業は今多くの問題を抱え、農民は途方にくれている。米が五〇〇万トン余るので、米生産調整に取り組んでいる。畜産、青果に、その活路を模索している状態のもとで、米国の畜産物、青果物の輸入を自由化するならば、日本農業は壊滅するよりほかはない。われわれも、あなたがたと同様に、民族と祖国を愛しており、米国農業の繁栄のために、自国の農業を犠牲にすることはできない。この問題については、認識を改めてもらうとともに、一方的に自由化を迫るのではなく、農民という立場から理解し合わねばならない。日本には桃栗三年柿八年ということわざがあるが、性急に考えず、両国農業団体の交流によって漸進的に相互理解を深めるべきである。そのためには家庭に入ってみて、台所で今なにをつくっているのか、表から裏庭まで確かめ合わなければならない。われわれは今回、米国の台所を見に来たが、米国の農業団体も来年は日本に来て、よく農業の実情を見て欲しい」と日本の立場をはっきり述べている。

また、各州で地元記者からのインタビューがあったが、疲れていても、ほとんど応じて、臆することなく日本の立場を強く主張していた。

たとえば、コロラド州では記者会見で視察の感想を聞かれ、宮脇は「農業の規模が大きく、日本と比較にならない。飼料の自給率が高いのがうらやましい。花の農家を見せてもらったが、花作りも一つの工場だと思った」と語っている。

記者から「日本はドルをたくさん持っており、肉の消費も増えている。牛肉を自由化すべきだ」との質問に、宮脇は「日本の農業は確かに米国に比べたら零細でウマ（米国）とネズミ（日本）かもしれない。しかし、ウマのみが生きるためにネズミが死ななければならないという理屈はない」と答えていた。

当初、米国行ったら農産物の輸出攻勢にあうのではないかと心配していたが、逆に地元記者から「日米繊維交渉の決裂など日米関係の悪化で、日本側は米国の農産物を買わないなどの報復措置をとるのではないか」との質問が多く出るほどだった。

❖牛肉を自由化したら、ニクソンになる

イリノイ州では、五班にわかれて農家に宿泊した。宮脇にとって外国での農家民宿は初めての経験であった。私は宮脇、黒川全共連常務、中岡全中職員の四人でイリノイ州農業協議会会長のウィリアム・クッハス宅に泊まった。クッハス所有の広大な農場を案内してもらった。宮脇が特に関心を示したのは、機械化貧乏を防ぐため、古い農機具を大事に使い、クッハス自ら農機具の修理していることだった。また、村に農民が利用する共同管理のゴルフ場があり、農作業の後、ゴルフを楽しんでいることに驚いていた。

夜遅くまでクッハス家族と農業のこと、家庭のこと、村のことなど質問して話が弾んだ。その中で、村の平均以下の経営規模の農家は他に働きに行き、兼業率五〇パーセントに達していること、後継者難であることなどを知り「いずこも同じ秋の夕暮れだなあ」と語っていた。二階に四つの空き部屋があり、一人ずつ別々の部屋に泊まった。翌朝、日曜日のため、家族はキリストの教会に行くので、その間、当初、われわれだけは別の行動を予定だったが、宗教に関心の強い宮脇は「是非、教会に連れて行って欲しい」とお願いして、同行することになった。

教会は車で一五分くらいの距離で町の中心部にあった。礼拝堂で説教を聞き、賛美歌を歌い、お祈りが終わった後、クッハスが日本から一行が来ていると紹介すると、宮脇は村人から握手攻めにあい、牧師を入れて、大きな輪ができた。農村の教会は祈りもあるが、一週間に一度、教会に集まり、近況を話し合うのが楽しみのようで、ひとつの村のセンター的役割を果たしていた。

帰りの車中で宮脇は「米国の農村の健全さはキリストの教会に支えられているのがよくわかった」と感

激していた。隣り合わせの私に「須田君は何か宗教を信じているのか」と質問してきた。「私は無神論者です」と答えると、「どんな宗教でもよいから、持った方がよい。人間は追い込まれた時、最後のよりどころは宗教だ」と語っていたことを、今でも思い出す。敬虔な仏教徒の宮脇は、寝る前にお祈りするため、訪米中でも数珠を持参していた。

ワシントンではハーディン農務長官と会談したり、肉牛、果実など商品別農業団体との協議があり、宮脇は日本の置かれている農業の実態を丁寧に説明し、理解を求めた。

宮脇は日本の現状について「日本の畜産は今米国の飼料原料に期待せざるを得ない。また大豆、アルファルファペレット、綿花などもそうだ。現在、日本は米過剰問題から生産調整を実施している。それに代わるべきものとして畜産、果樹、野菜などを推進している。これらの生産性を高めるため、構造政策を実施している。このようなところに米国の農産物が全面的に入ってきたら日本農業は全滅してしまう。われわれの基本的態度は適正な自給率を確保することである。日本は他産業と農業との所得格差は拡大している。物価が上がるにもかかわらず、農産物価格は抑えられている」とわかりやすく説明した。

激しい論争となったのは、ニューヨークでカルテック石油会社社長ら米国財界人との会談だった。米国経済界から、①日本は必要以上に輸入制限しているため、米国から日本への輸出は一九六八年、六九年とも横ばいである、②日本の戦後復興に米国は手を貸したが、サンキューというが、お返しをしていないとの発言があった。

これに対して宮脇は「お返ししていないと言うが、日本には米国的な民主主義、教育制度、国家制度などを取り入れ、自由陣営の一員として米国の親戚になった。カネに代えられないものを返している。日本は米国から飼料原料を大量に輸入しており、これを見ても、十分にお返ししている。日本農業が壊滅する方向で自由化することは、ぜったい認められない」と堂々と反論した。

同席していた駐米日本大使館職員は「今までの日本の商業代表団はあまり強く主張しなかったが、宮脇会長は思い切ったことをずけずけ言った」と評価していた。

米国の最後の夜、ニューヨーク日本商業会議所から晩餐会に招かれ、日本の商社の要望で宮脇は「日本農業の今後の方向と米国農業の印象」について講演した。

この中で「農業は酸素をつくり川をきれいにして、生きものを育て、自然環境を取り戻す産業である。みなさんの企業は炭酸ガスを発生させて、川を汚し、自然を破壊する側である。自然保護をどこがするかが問題だ。そのためにも、第一次産業を育成する必要がある。われわれの主張は国内では財界とも仲良くする。政府とも仲良くしようということだ。もちろん、仲良くすることは相手の言うなりになるのでなく、自主性を失わず、主張すべきは主張することだ。米国が農産物を自由化せよと、どうしてもいうなら、移民法を改正して日本の農民を米国に入れるべきだ。米国の地価は安いから農協のカネで土地を買うなど、米国農業と日本を完全に同一条件にして、競争をするのでなければ意味がない」などと語った。

三菱商事の山田社長が「ビーフなどは輸入してもよいのではないか」との質問に、「今肉を入れたら、日本農業はニクソンになってしまう。つまり畜産を育てようという時に入れたら、畜産農家は全滅する。したがってニク（肉）でソン（損）する」と、当時のニクソン大統領の名前を使った〝しゃれ〟に大喝采を受けた。

ワシントンで公式日程がすべて終了したため、最後に宮脇会長は次のように挨拶した。「わたしどもは米国に来てから多くの人に会って農業の実態を見せてもらった。農業経営規模は違うが、内部に抱えている悩みは共通している。相互理解があれば、両国に寄与することは大きい。長い友情を保つためには遠慮のないことが必要だ。われわれは失礼なことを言ったかもしれないが、友情を得るために率直に言ったつもりだ。米国で話し合ったことを帰国してから、農業団体、政府、与野党にも説明していきたい。今訪米中、各地で非常に親切にあふれた待遇をしていただいた。米国の農家の生活も見せてもらった。われわれ一同は熱い友情を胸に刻みつけて帰ることができる」とお礼を述べている。

❖小麦九割の生産調整中のカナダ

カナダでは、当時、小麦の九割が生産調整を実施して、日本でも大きな話題になっていた。飛行機でカナダの上空から見下ろすと、どこまで続く平坦地に広大な黒（休耕地）、緑（生育中の麦）、黄（収穫間近な麦）とはっきりと色分けされ、休耕地の大きさに驚かされる。

わが国は米の生産調整が始まったばかりのため、カナダでは生産調整の取り組みを中心に視察した。マニトバ州ウィニペグ市で政府の小麦局から「小麦在庫減少計画」の説明と、生産調整の現地を視察した。サスカチュワン州では小麦プールを訪問した。プールは日本の県経済連と県農協中央会を合わせたような組織で、小麦の集荷販売、畜産の販売、農政活動を行っている。米国の農協よりも日本の農協に似ており「農協らしいところに初めて会った」と言わせるほどだった。

プールの運営で宮脇が感銘したのは、総会のあり方である。

宮脇が「総会はどうしているのか」と質問すると、ターナー会長は「総会は一四五人の代議員が集まり、二週間にわたって開く。最初の一週間はプールの事業運営について、後の一週間は一般農政、情報、組織、関連会社についてである」と答えている。わが国では、三年に一度開く全国農協大会でも、たった一日だけで、大会決議も形式的になり、〝決議すれども実行せず〟になっているのではないか。帰りの車中で「二週間はムリにしても民主的運営のために大会のあり方を考え直すべきだ」と語っていた。

帰国後、全国農協大会を三日間にしたのは、カナダのプールがヒントになったといえよう。

旅行中、各連会長と同行した随員が荷物を持ったり、洗濯したりしていたが、宮脇は移動中、荷物は自分で持ち、夜遅くなっても部屋で洗濯して、随員には負担をかけることはなかった。夜、時間の空いた時は「散歩しようか」と声をかけ、宮脇、吉田、中岡と私の四人で、街に散歩に出て、映画館に行くこともあった。

宮脇は夕食会などはスーツ、ネクタイなど正装するが、農村視察の時はポロシャツの軽装で通した。しかし、そのポロシャツもいつも同じで、色あせていたため、片柳中金理事長から吉田部長に「団長として、服装がいかがなものか」との忠告があった。ニューヨークで時間があったので、吉田部長と私で、宮脇のポロシャツを買うため、店を探し歩き、体型を想像しながら、結局、二枚購入した。吉田部長によると宮脇は「毎日、洗濯しているので、旅行中は一枚で良いと思ったが、皆さんに心配かけるようなら新しいシャツを着る」と翌日から着替えてきたこともあった。

帰国後、「米国では農産物を商品としてみる意識が徹底したいた。販売宣伝も『美容食に果物を、美しい人は果物が好き』という宣伝文句があったが、日本の農協は農産物宣伝が遅れている。おおいに学ばなければならない。日本は畜産、野菜、果樹などの農産物は、どこへ出しても、素晴らしく、高く評価される。問題は、世界市場への売り出す努力が足りなかった。全農産物が商品なのだという意識に徹すれば、日本農業は前途洋々たるものがある」(『家の光』一九七〇年一一月号)と農業の宣伝のあり方や農産物の輸出について意欲を見せていた。

3 中国訪問

❈日本農業に脅威を与える「後門のオオカミ」か

日本と中国は「一衣帯水の国」といわれるが、「不幸な一時期」をはさみ、閉ざされた関係だった。一九五二年に台湾との間に「日華平和条約」を結び、台湾の国民党こそが、中国政府であるとして日中間は険悪となっていた。しかし、七一年七月にキッシンジャー米国大統領補佐官（のちに国務長官）訪中、同一〇月に中国が国連に復帰して、雪解けムードが加速した。

宮脇は中国について、当時、どう考えていたのだろうか。

国連復帰決定した直後の一〇月二八日の全中理事会後の記者会見で「日本の農協は米国一辺倒ではなく、国際協同組合同盟（ＩＣＡ）を通じて東欧諸国、ソ連を含めた共産圏との間でも友好関係を築いてきた。八億人もの人口がいる中国が今まで国連のテーブルにつかない状態で世界平和を語るのは論外だったが、中国の国連加盟が認められたことで、われわれの目的の一つが達成されやすくなった。このほどハンガリーのブダペスト行われたＩＣＡの中央委員会で、中国のＩＣＡの加盟について日本が提案国になるかどうか話し合ったが、結局、人民公社が協同組合であるのかどうか、十分な検討が行われてこなかったので、ひとまず持ち越しとなった。しかし、日中相互間のことをよく研究した上で中国のＩＣＡ加盟を前向きに検討しなければならない」と国連加盟を歓迎していた。

七二年七月七日に成立した田中内閣は九月二九日、日中共同声明を発表し、国交正常化を実現した。中国ブームが巻き起こり、企業関係者らの訪中団が相次いだ。この手の平を返したような動きを、宮脇は苦々しく感じていた。

七二年九月二六日の日本記者クラブでの講演で「昨日まで米国でなければ、夜も日も明けんといっておった経済界が、なだれを打って、何かもうけ口はないかと、中国へ中国へと行きだした。そのような状況を私どもは必ずしも快く思っていない。貿易は互恵平等が原則だ。中国は農業国家であり、日本の工業製品輸出の見返りに農産物など一次産品を輸入する恐れがあり、日本農業は大きな打撃を受けかねない。米国が前門のトラなら、後門のオオカミは中国である」と「後門のオオカミ」論を展開した。

同年一〇月一八日の中央協同組合学園の講話でも次のように語っている。「日中正常化の中でいろいろ議論がある。私は『せいた乞食は貰いが少ない』といわれるから、あまりバタつかないほうがよい。ここでじんわりと、こちらの態勢を固めなきゃしょうがない。中国はコスト計算のない国だ。すべて国家が支配しているのだから、原価はこれだと周恩来首相が言ったら、それで決まってしまう。こちら（日本）は個々バラバラに欲と道連れの面の皮のつっぱったものばかりが集まって、安売りして、買う物は高買いになる。向こうが統一して一本でくるなら、こちらも一本でいこうという態勢がなければならない。そういう段取りを付けてから、仕切りをして、ふんどしを締め直し、水もたっぷりつけて、塩を振りまいてから立ち上がっても遅くない。国際間はなま易しい、肌触りのいいことだけでは通用しない。非常にドライで、かつ極めて厳しいものがある。いつの場合でも自国の利益と国の独立いうものを踏まえた上での、善隣友好でなければならない。そういう角度をふまえて、日本の農業団体としてはあまり、みっともない、ばたばたした妙な形にならないように、国益の中における日本の農業と、日本の農民の利益というものをじっくり踏まえて中国との間の友好の積み重ね、立ち上がっても遅くない」と農業団体の訪中に慎重な姿勢をみせていた。

しかし、七三年一月に訪中していた中曽根康弘通産相は周首相との会談後の記者会見で「日本の農業団体の代表として宮脇会長を中国に派遣することになった」と発表した。

香川県に帰っていた宮脇は寝耳に水だった。マスコミから問い合わせの電話が殺到した。事前に、そのような話を聞いていなかっただけに、憤慨した。「私は、そんな約束はしていないし、派遣とは何を言うのだ。私は税金で飯を食っている男ではない。農協組織で飯を食っている。全中会長に訪中を要請するというのならわかるが、派遣とはおこがましい」と反発した。

帰国後、中曽根通産相は宮脇と会って、周首相との会談の経過を説明した。それによると、周首相は「中国は日本の農業、農民に脅威や圧迫を与えることは断じてない」と説明したが、中曽根は「周首相と私の間では、この点は了解できるが、日本の農民は政府が西向けというと、東を向いて、権力のことは素直に受け取ってくれない。農民の仲間が来て中国は、こう思っている、心配はいらないという一言の方が、政府が百万遍言うより、理解が早い」というと、周も「中国の農民もよく似たところがある。では、日本の農業団体の指導者が中国に来てくれないか。誰が良いか、すぐ推薦してくれ」というので、宮脇の名前をあげてしまったという。一国の政府を代表して訪問し、訪問先の最高首脳との間で、約束したことなら、行かざるをえないと了解した。

中曽根は中国行きに注文があれば、中国政府に伝えるから出して欲しいというので、宮脇は、次の提案をしている。

第一は、訪中団の構成について全国の農協連合会と称する組織から、規模の大小を問わず、各二名ずつ参加させる。つまり総合農協だけでなく、牛乳、鶏、豚、お茶、コンニャクなどの農協と名のつく全国規模の組織は、すべて連れて行きたい。このため、全日空七二七機を特別機として出してもらう。

第二は費用は一切、日本の農協が負担し、先方に迷惑をかけることはしない、との二点である。

この宮脇の大型訪中団構想の背景は、これまでの農業関係の訪中団は全日農系や中共派といわれる学者が多く、中国で「日本の農協は保守反動の軍国主義集団」「天皇主義者ばかりの集団である」とか、また「農協は、全日農の傘下団体だ」など誤った情報を伝えているとのことなどが、宮脇の耳にも入っていたからだ。このため、日本の農協を正しく理解してもらい、威力を示す必要があると考えた。

しかし、同提案について中国からの連絡がなかった。同年、突如、鍋島直紹全国農業会議所会長、小倉武一元農林事務次官、宮脇の三人の招待があった。しかし、宮脇は断食中であったことなどから、断念した。七四年に再び、政府を通じて訪中の打診があり、あまり行かないのも、国際信義に反するので、招待を受けることになった。中国側はごく少数でというので、全中、全農、全共連、農林中金の代表者による構成になった。経費も中国側が「国のお客さんであるから、費用は全部負担する」というので、それに従うことになった。

当時、米価決定の混乱にともなう農政活動のあり方の検討、相次ぐ配合飼料価格の値上げ、金利引き上げ問題などが山積の中での出発だった。帰国後の多忙日程を前に、「訪中団の目的は、こちらからの話ではないから、十分敬意を表し、日本の実情を話し、相互理解と親善を深めてきたい」と語っており、「のんびり、ゆっくりしたい」という見方もあった。しかし、九月七日から二一日の二週間はハードスケジュールであった。この旅行の帰国後、体調を崩し、全中会長引退の引き金にもなった。

宮脇は九月六日に香港に向け出発した。七日に香港から汽車で広州を経由して北京に入った。「車窓から眺めた農村風景は、まことに印象的だった。水田は区画整理され、丘という丘は〝耕して天にいたる〟という形容そのままに余すところなく耕されていた。よく生長したトウモロコシ畑では畝間には大豆が植えてあり、桑畑では多少日陰でも育つ作物が植えてある。このムダのない、きめ細かい作付けが隅々までされている光景をみて、〝獅子は目覚めたり〟という感慨を持った。」(『地上』一九七五年二月号)と最初の印象を記している。

北京での馬凌ら農学会幹部メンバーとの日中両国の農業事情の紹介、沙風農林部長や李先念副首相との会見のほか、北京郊外の紅星人民公社、四季青人民公社、山西省の大寨人民公社などを視察して、二一日、香港経由で帰国した。

❖李副首相「腹一杯国民に飯を食わすことが基本」

訪中団のハイライトは九月一五日に北京で行われた李先念副首相との会談だった。

訪中時の一九七四年は文化大革命後期で毛沢東主席は病床に、周恩来首相は二度にわたるガンの手術のため病室で執務を行っていた。李先念は副首相だったが、国を代表する実質的な責任者でもあった。李は四五歳で副首相に就任したが、一時、文化大革命で追放され、一九六九年に復帰。宮脇と会った時は六五歳だった。のちに一九八三年から八八年まで国家主席を歴任した実力者である。

会談は食料問題、貿易問題などさまざまなテーマで話し合った。

同行した吉田和雄全中常務によると「当初、四〇分の予定だったが、一時間四〇分になり、それでも、まだ李副首相が語り足りない空気だった。田中首相の訪中の際も通訳した張女史は、こんなことはめずらしく、中身の濃い話し合いだったと言っていた」という。宮脇も「私は、遠慮なく、そうとう言いたいことを、はっきり言ったが、李副首相は、どんな質問でも明確に答え、たいしたものだ。日本人が小粒にみえるくらい、大人という感じがした」という。吉田の記録によると、会談の主な内容は次の通り。

李　日本の農民はわが国の農業に脅威を感じていると聞いているが、わが国は日本の農業、農民に脅威を与えたり、迷惑をかけたり、圧迫するような農産物の輸出をする考えは毛頭ない。

宮脇　ただ、脅威を与えないと言うだけでは納得できない。中国が日本の将来にとって脅威たり得ると、一番心配したのは私だ。米国が前門のトラなら中国が後門のオオカミだと公然と言ってきた。なぜならば、戦後の日本は、経済合理主義、経済成長第一主義の道を突っ走り政府は工業に対して金融、財政、税制の面で優遇してきた。資源が乏しいから原料を買って加工し、その製品を輸出するという方式をとっているが、輸出先は米国が主要市場で、工業製品輸出の見返りとして米国から農産物を輸入してきた。このため、五〇〇万トン生産していた麦類は全滅状態である。大豆、ナタネ、ソバもなくなり、ただ一つ自給率一〇〇パーセントを維持している米でも、作付け制限をしている。日中国交回復で日本の経済界は、今なだれを打って中国に押し寄せ、工業製品を輸出しようとしている。工業製品を輸出すればバーター貿易で農産物輸入は必至であると考え、私は脅威を感じた。輸入農産物でいじめにいじめられてきた日本の農民は、被害者意識を持って中国を見ている。

李　蒋介石政権の時、「春窮」といって春が来ると食料の端境期で一、〇〇〇万人くらいの貧乏人が飢えて亡くなった。それでも、当時の政府は救済の手を差しのべなかった。しかし、現在は、ともかく、うまいまずいは別にして腹一杯国民に飯を食わすことが基本だ。国民は腹を満たして、初めて治安や防衛が考えられる。

　本当のことをいうと、日本から食料を買いたいと言ってきたら困ると思っていた。中国に輸出の余力はない。なぜなら、中国は今四、〇〇〇万トンの食料備蓄をしているからだ。なぜ、日本は自給率を四〇パーセントまで下げ、米国から大量の穀物を輸入し、米国のご機嫌をとるのか、理解できない。

宮脇　中国は何のために大量の備蓄するのか。

李　備蓄は災害と戦争に備えるものだ。北に社会帝国主義のソ連がある。ソ連は中国に矛先を向けているというが、最近はどうやら中近東とヨーロッパに向かっている。しかし、国防というのは、日夜怠るわけにいかない。米中が仲良くなったからといって、資本主義国というのは、どこで攻めてくるかわからない。日本だって同じで、全面戦争でなくとも地域戦争をしかけてくるかもしれない。

宮脇 日本は憲法九条で国際紛争の解決に武力を使わないと定め、平和国家として生きることを宣言している。日本が中国に戦争を仕掛けるようなことは断じてない。心配は無用だ。

李 しかし、岸信介のように、わが国の領土である台湾を手先にしておる奴がいるではないか。彼は軍国主義者だ。

宮脇 もう一回、岸が天下を取るなどということは考えられないから、心配する必要はない。四、〇〇〇万トンの備蓄があれば、国の安全と防衛が達成するのか。

李 そうではない。正直いうと、八、〇〇〇万トンの備蓄が必要だ。

宮脇 中国は八、〇〇〇万トンの備蓄が完了すれば、日本への輸出が可能か。

李 そうはいかない。中国は八億の人民が着るシャツ、木綿の服に必要な綿布が五〇〇万トンだが、綿は二五〇万トンしか生産されていないし、麻も不足している。砂糖も不足している。中国はカネがない。これらを自力で達成しようとしているところだ。

宮脇 この前、日本は中国から大豆を輸入したが……。

李 日本は米国の大豆輸出禁止で、豆腐も食えないので困っている、大豆を少し売ってくれないかという要望があったからだ。八億人の民が一口ずつ食うのを減らせば、三〇万トンなり、五〇万トンくらいの輸出はできるので、日本が困っているというので送った。日本が必要でないものを無理矢理に押しつけたり、農民が困ることは絶対するつもりはない。

宮脇 理屈はよく理解できた。中国を後門のオオカミと言ってきたが、認識を改めなければならない。中国の農業と日本の農業が友好的に共存できることが確認できた。

❖土づくりを基にした自然循環農法の回帰を

当時、中国はどこに行っても人民服、人民帽、布靴の姿であった。「日本はなぜ食料を一〇〇パーセント自給をしないのか」と各地で質問を受けた。

宮脇は「食料は八億人の命であり、コストが高い安いの問題ではない。日本は食料を国際商品と考え、外国で生産した食料で国民の命をつなごうとしているところが、根本的に違うことを中国でしみじみ感じた。食料の自給、さらに備蓄に基礎をおいた国づくりに邁進している姿であった。食料は命の綱であり、その自給自足は経済の基礎となっている。食料を商品とは見ておらず、いわんや農業の国際分業論を唱えるような馬鹿者は一人もいなかった」と帰国後、記者会見で語っていた。

七四年一〇月二三日、中央協同組合学園で「中国に行って私は多くのことを学んだ」と題して、次のような講話を行っている。

「第一は、八億人の国民が新中国の建設に向かって進んでいる。どこに行っても共通して彼らが言うのは、農業を基として、工業を導き手とすることで、その精神がくまなく浸透していた。特に男女の青年の目は輝いており、躍進する国だと感じた。第二は、人民公社は農協のようなものと思っていたが、全然異質のものであることがわかった。農業生産だけでなく戸籍などの行政機関、人民軍窓口、教育、医療、治安など多くの役割を担っている。第三は、農の基本である土づくりが全国的に展開されていた。肥料は自給肥料が中心で、大正一〇年から昭和初期の日本に似ている。豚、牛、アヒル、ロバなどを飼っているが、肥料をとるために飼うと言っていた。人間が食べるもの以外の植物、穀物はすべて豚や牛などの飼料に利用しており、自然循環型農法である。大地から生まれたものをもって動物を養い、排泄物などを土に返している。これが農業の本来の姿であるが、わが国は高度経済成長の中で忘れられてしまった。農の根源である土の偉大さを知り、土を大事にする精神に立ち戻り、そこから出直さなければならない。『土健やかにして食健やか、食健やかにして民健やか、民健やかにして国健やか』の〝四健主義〟が着実に実行されていた」

しかし、一方では、「社会主義も優れた点もあれば欠点もある」とさめた目で客観的に見ていた。特に「官尊民卑」に違和感を持っていた。

「旅行中に気付いたことは、官が民よりも優位に立っているという印象が、随所で見受けられた。私が乗せられた国賓用の「紅旗」という乗用車は官の権威の象徴であるらしく、傍若無人に、人と自転車や、自動車を押しのけるように疾駆したが、それは感じのよいものではなかった」と権威に対する反骨精神からも、抵抗を感じていたのであろう。

4 波乱の農産物自由化反対闘争

❖米国から次々と強い圧力

宮脇が全中会長になるのを待っていたかのように、六八年頃から農産物自由化攻勢の嵐が吹き始めた。在任七年間のうち、後半は世界的食料危機があったが、前半の六八年から七三年までは、貿易黒字是正対策として米国から自由化が強く迫られ、それに反対する闘いでもあった。

「農産物自由化を阻止のため、ねじり鉢巻きを締めてやっているもんですから、このごろ鉢巻きといえば、子ども達まで『宮脇』といっているそうです。年中、私がテレビニュースなどで鉢巻きを締めて出ているものだから…」（一九七一年九月の中央協同組合学園講話）と笑わせるほどであった。

農産物の自由化攻勢が強まった背景は、次の三点である。

第一は、高度経済成長が軌道に乗り、一九六八年は国民総生産（ＧＮＰ）が自由世界で第二位になるなど貿易黒字が拡大したことである。六九年度の外貨準備高は三九億ドルに達し、輸入自由化、関税引き下げに対する諸外国からの圧力が強まった。

第二は、世界的に農産物需給が緩和して米国などでは過剰問題が深刻化し、わが国に農産物の門戸開放を迫る圧力になった。

第三は、内圧である。更なる経済成長を目指す経済界は農産物の自由化とひきかえに、工業製品のいっそうの輸出拡大を図ろうとした。

米国は六八年一一月に日本との二国間交渉で「日本の残存輸入制限の一二一品目は西洋諸国に比べ著しく多い。ただちに削減すべし」と要求してきた。米国側の関心品目三八品目で、うち一五品目が農林水産物だった。これを受け、わが国は六八年一二月に自由化基本方針を決め、七一年末までに五五品目の完全自由化、一二品目の部分自由化を行うことを決定した。

これまで系統農協の農産物自由化の基本方針は「国内農業生産の生産性の向上を図りながら自由化に対応すべき」との抽象的な表現だったが、個別品目の自由化が具体化したため、自由化阻止運動に本格的に取り組むことになった。

六九年九月に「農畜産物自由化阻止に関する要請」を決め、関係方面に働きかけた。しかし、同一〇月六日～九日までの四日間にわたって行われた残存制限品目撤廃に関する日米交渉が行われ、豚肉、グレープフルーツの自由化も取り上げられ、畜産農家やミカン農家に大きな不安を与えた。

グレープフルーツの自由化問題は温州ミカン価格が暴落していたために、危機感が強く、系統農協と日園連は大規模な反対運動を展開した。しかし、政府は参議院選挙が終わった直後の七一年六月二九日の閣議で、抜き打ち的に自由化を強行した。

宮脇は「政府は総合農政の名のもとに米を押さえて、園芸、畜産の生産拡大に強力なパイプをつくると言いながら、その主体となるかんきつ類に重大な影響を与えるグレープフルーツの自由化を一方的に強行した。工業ばかり手厚い保護を加え、農業を素っ裸にする政府のやりかたは許せない」と抗議した。

七一年から七二年にかけて米国の農産物自由化を迫る圧力はすさまじいものがあった。米国はベトナム戦争に巨額な資金を投入し、七一年の貿易収支は七八年振りに赤字に転落した。しかし、日本は七一年の輸出額は前年対比二四パーセント増で、貿易黒字の拡大は海外から批判の対象になっていた。

七一年九月にワシントンで日米貿易経済合同委員会の開催を控え、八月二四日、わが国は八項目の「円切り上げ回避策」として輸入自由化の推進方針を決定した。この中に残存輸入制限品目四〇品目のうち、農産物を中心に一〇品目程度を自由化する内容が含まれていた。宮脇は、ただちに政府・与党首脳に「政府は農産物の自由化を白紙に還元し、日米貿易経済合同委員会において、これを議題にすべきでない」と申し入れた。要請後の記者会見で「円切り上げと自由化は次元の違う問題でありながら、それを結びつけて農産物自由化によって農業にしわ寄せしようとしている。工業製品を輸出して大企業がもうけ、外貨を貯めてきた。米国の一方的な圧力というだけで、その尻ぬぐいを農業に持ってくるのは納得できない」と語気を強めていた。

系統農協は八月三一日に東京・日比谷公会堂に二、〇〇〇人の生産者を集め牛肉等自由化反対全国生産者大会を開催した。

主催者挨拶で宮脇は「為替の変動相場制、円切り上げで農産物を圧迫しようとしている。農産物を自由化すれば、農業は壊滅しかねない。これ以上、米国から農産物を輸出してもらう筋もない。日米貿易経済合同委員会で政府は、これ以上農産物自由化はできないと断言すべきだ」と日米交渉に臨む政府をけん制した。

同委員会で牛肉、オレンジ、果汁の自由化は阻止したが、農産物ではトマトピューレ、ハム・ベーコン、配合飼料、トマト・ペーストなど四品目の自由化が決定した。

しかし、米国は一二月に再び日米通商協議で牛肉、オレンジ、果汁などの自由化を要求してきた。このため、系統農協は、一二月二四日にオレンジ、果汁、牛肉、雑豆等自由化阻止全国生産者大会を開いた。

宮脇は「米国のやることはユダヤ的手段だ。何か言われるとフラフラするのは日本政府の足もとをみられているからだ。農産物は米国に迷惑をかけていない。むしろ、こちらがお客さんだ。飼料にしろ、小麦にしろ、大量に輸入している。輸入枠拡大や関税引き下げは大阪城の外堀が埋められ、豊臣家が滅亡した落城物語と同じだ。もし、来春早々の日米首脳会議で日本政府が米国のイエスマンになりさがったら、私どもは少なくとも現政権の本質を見極めなければならない。米国からの輸入飼料原料の縮小か、輸入先の変更をもってこたえるしかない」と呼びかけた。

記者会見でも「グレープフルーツで痛い目に合っているので、農家は政府に不信感が強く、信用していない」と語っていた。

米国をけん制するため、宮脇の指示で全農は「牛肉、オレンジなどの輸入拡大で農家の被害が出れば、米国から買い付けている飼料原料を他国に転換する」との特別決議を行った。これを受け宮脇はロジャース国務長官ら米国政府首脳に「米国が農産物の自由化を強要するなら、米国から買い付けている飼料原料の買い付けを中止する」と抗議電報を打った。在日外国通信社はビッグニュースとして打電し、大きな波紋を投げかけた。

❖再三、田中首相に厳しく直談判

七二年一月の佐藤・ニクソン首脳会談で「通商交渉一年休戦」を約束したが、日本の外貨準備高がさらに増加したため、米国は日米貿易不均衡の改善を求め、オレンジ、果汁、牛肉の自由化を迫ってきた。しかし、温州ミカンの収穫量は七二年、三五六万トンと初めて三〇〇万トン台を記録し、価格は前年比四三パーセント減と暴落した。このため、日園連は五月に日本武道館で一万人を集め、オレンジ・果汁自由化阻止全国生産者大会を開くなど、危機感を強めていた。

事務レベルの日米通商協議を七二年七月二五日から箱根で開くことになった。これに先だって民間人による日米経済協議会と日米経済関係諮問委員会の合同総会が東京のホテルオークラで六月一五日から三日間、開かれた。この会議で農産物問題も重要テーマになることが予想されていたので、農業団体として初めて、宮脇、三橋全農会長が出席した。

宮脇は「農業が工業側の取引材料にされたのでは、たまったものではない。日本の農業問題を米国に知らせる絶好機会になる」との腹づもりで臨んだ。

会議の冒頭、ハラピー・日米経済関係諮問委員会会長は「対日貿易赤字は七一年三〇億ドルであったが、今年はすでに四〇億ドルになった。貿易不均衡是正のため、農産物の輸入拡大などの対策をただちに実施すべきだ」と迫った。

これに対して宮脇は、次のように発言した。

「日本は現在、米国にとって農産物の世界最大の顧客で七〇年は一一億六、〇〇〇万ドルを米国から輸入している。これに対して農産物の対米輸出は四、〇〇〇万ドルにすぎず、米国側の大幅な出超だ。日本は米国の主要な輸出農産物をほぼ限界まで輸入している。輸入制限の農産物は、わが国農業から見て輸入自由化がきわめて難しい少数品目に限られる。米国のように高能率産業ではなく、平均三エーカー（一・二ヘクタール）の小規模経営であるが、現在経営合理化のために最善の努力をしている。しかし、地価が高く、土地面積が狭いなどの制約があり、農業をやめて転職しようと思っても容易ではないような中高年齢層が多い。さらに自由化を進めれば、農業だけでなく、農民の生活まで破壊する」と農業事情を詳しく説明し、反論した。

分科会などを含め三日間にわたって開かれた討論の中でも宮脇は「これ以上の拡大は応じられない」と応酬して米国の要求をしりぞけた。宮脇が参加することによって、これまで米国の主張に押され放しだった農業問題を互角に議論展開することができ、大きい効果を発揮した。

田中内閣が七二年七月七日に発足し、九月一日にハワイで田中・ニクソンの日米首脳会議が開催されることになった。米国は秋に大統領選挙を抱えているだけにオレンジ、果汁、牛肉の自由化を要求してくることが予想された。

宮脇は八月二四日、首相官邸で田中首相を訪ね「日米首脳会談で農産物自由化・枠拡大を約束しないよう」と強く申し入れた。

田中首相は「私なりに日本農業の実態をつかんでいるつもりだ。果汁を自由化しても米国だけが得するわけではない。その辺を十分説明したい。日本の農家を無視するようなことはしない」と答えている。

首脳会談では、ニクソン大統領から自由化促進など黒字減らしが迫られ、武器や航空機の購入問題が大きなテーマで、農業問題は多く取り上げられなかった。航空機購入問題はのちにロッキード事件の引き金になった。

政府は七二年一〇月に第三次円対策を完全に実施するため、対外経済政策推進閣僚懇談会で輸入の自由化、関税の引き下げの推進などを決め、「残存輸入制限品目の一層の自由化を計画的に推進する」との方針を決め、雑豆、麦芽、落花生、コンニャクなど一〇品目の輸入自由化の検討を始めた。

宮脇はただちに、田中首相に会い「残された二四品目の農産物を自由化することは、総選挙の公約に反するもので、日本農業の基盤を危うくする。自民党批判の空気が一層強くなる。農産物自由化を拡大すべきでない。農産物一品目自由化するごとに自民党議員が三人ずつ落選する。一〇品目自由化したら三〇人は落選する」と迫った。首相は「難しい問題だ」と確答を避けた。

しかし、七三年に入り、国際的食料情勢は需給がひっ迫し、世界の穀物価格価格が高騰、先進国各国とも、農産物の輸出規制や国内自給の強化をはかる政策をとるようになった。このため、日米農産物貿易戦争は、一時、休戦状態に入った。

第V章

国際農産物価格高騰と畜産対策

1 異常気象と世界的な食料危機

七二年は世界的な異常気象で農産物が減産して、ソ連などの大量買い付けなどもあって、六〇年代の過剰基調から一転して需給がひっ迫し、年末には国際穀物価格が急騰した。七〇年代前半は石油ショックと重なり、資源不足の顕在化、インフレ、不況が進行、一種の終末論的な危機感が世界的に広まった。

宮脇は八か月前から世界的な異常気象と食料危機を感じ取っていた。中央協同組合学園の講話（一九七二年一〇月一八日）で次のように語っている。

※異変に察知したモスクワの空

七二年二月一一日からＩＣＡの会議に出席のため、モスクワ経由でロンドンに行ったが、モスクワは意外に暖かかった。この時期はマイナス二〇度くらいなければならないが、マイナス四度で、雪も薄化粧程度だった。冬のシャツを着込んでいれば、オーバーコートを着なくても寒さを感じなかった。雪は春先に溶けて灌漑用水となる〝天然のダム〟だから、北半球の冬に雪がないのは、南半球にダムがあって水がないのと同じだ。「これは不作だ」と直感した。ロンドンでソ連のセントロソユーズ議長のミスター・クリマフに会ったので「今年は不作ではないか」と聞いたら、「心配している」との答えだった。帰りにポーランドの国営農場を視察したが、ソ連が不作だからジャガイモを緊急輸送して欲しいとの要請があったという。

宮脇は帰国後、すぐ香川県経済連に「飼料穀物が秋口から値上げするから今から手当が必要だ」と伝えたが、当時はまだ過剰問題が話題になっている時なので経済連の飼料担当部長は「今どんどん飼料価格が下がっているのに秋口から価格が上がるといわれても、信じられない」と言って対応してくれなかったという。

しかし、七二年末にソ連、中国が合計三、〇〇〇万トンの穀物をカナダ、米国から買い付けたことが判明し、世界的な食料危機の引き金になった。豪州の小麦も作況指数五〇と半作のうえ、南アフリカ、アルゼンチンも不作だった。また、ペルー沖のアンチョビーの不漁で大豆粕の代替え需要が増大した。このため、小麦、大豆、トウモロコシの価格は一年前に比べ三～四倍になった。船賃も、メキシコ湾のガルフ港から日本まで一トン三・五ドルだったものが、一二・五〇ドルと三倍強の値上げになった。冷戦時代で、ソ連など共産圏は事前に食料情報が公開されていないこともあり、大量買い付けが明らかになった時は衝撃的だった。

❖バッツ米国農務長官に直接要請

農林省は世界的な穀物価格の高騰をうけ七三年一月に「飼料作物の増産」の異例な通達を出した。

宮脇も七三年一月の全中理事会後の記者会見で「世界の穀物需給状況から食料不足が心配だ。飼料原料穀物が急速に不足する恐れがある。農林省に対して休耕田を含め、休耕地に飼料になるものをすべて植え付けを指導するようお願いした。全中としても系統を通じて同様な連絡を徹底する。全農に対しても商社系の工場会と対立せず、協力して、なるべく一本化を行うように指示した」と語っていた。

世界食料危機に対して、宮脇は国内対策を求めるだけでなく、米国に対して再三にわたって直接働きかけている。

七三年二月下旬、ニューヨークで開かれたＩＣＡの執行委員会に出席したあと、ワシントンでバッツ農務長官を訪ね、「日本は米国農産物の上得意なのだから、もっと便利をはかってもらいたい」と申し入れた。これに対してバッツ長官は「ソ連に大量の小麦、大豆を売る約束をしたが、運送の手だてが三か月遅れている。また肥料の供給期に入ったので、貨車などの輸送事情が悪く、メキシコ湾のガルフ港一帯が混乱し、日本への輸送が遅れている。八、九月になれば正常に戻る」と答えている。

穀物価格の高騰で全農は配合飼料価格を七三年一月からトン当たり三、二〇〇円、三月から四、八〇〇円に値上げした。さらに四月以降二、〇〇〇円の値上げが必要な原料価格情勢だった。これを避けるため、安い価格で政府備蓄米と麦類の払い下げが必要だった。宮脇は三月に田中首相に会い、米国の食料事情を伝えるとともに、飼料緊急対策として古々米などを半額で払い下げするように要請した。首相は「その趣旨はわかった」と応じ、農相に指示した。

宮脇は「われわれの要求によって古々米五〇万トン、政府操作飼料二五万トンを四月から払い下げてもらうことになった。これで当面、配合飼料価格は現行水準で維持できる」と記者会見で語っていたように、四～八月間の値上げは抑制された。

さらに六月に再訪米して農務省に要請している。今回の訪米は経済界で構成した日米経済協議会の会合のためで、前年の日米経済人会議に次ぐ二回目の出席である。日本から岩佐凱実富士銀行会長をはじめ、新日鐵の藤井丙午、永野重雄、東芝の土光敏夫、小松製作所の河合良一らが参加した。農業側から宮脇と片柳真吉中金理事長が参加した。しかし、農産物の貿易問題はほとんど取り上げられず、会議の中心テーマは資源問題だった。

❖お札では腹の足しにならない

会議終了後、宮脇は農務省を訪問した。米国議会は六月一三日に大統領が農産物輸出を制限できる権限を与えた。飼料穀物の輸入が止まれば、わが国の畜産は大きな打撃を受けるため、輸出規制をしないように要請するためである。当時、わが国の輸入農産物の国別の割合では、米国のシェアが大豆で九〇パーセント、トウモロコシで七八パーセントと圧倒的に高かった。

バッツ農務長官の日程がとれなかったため、農務省のブラントヘーパー次官、アイオアネス次官補、ミード局長と会い、二時間にわたって会談した。農務省の説明では、米国の穀物をソ連、インドがどちらとも一億二、〇〇〇万ブッシェル買い付け、中国も一億ブッシェル程度のものを近く買い付ける。米国は四、〇〇〇万エーカーの生産調整を止め、すべての農地を復活させたが、需要にまかないきれない。しかも、国内で穀物価格の高騰で、パン、牛肉、牛乳、鶏卵が値上がりして政治問題に発展している。これを抑えるため、大統領に輸出規制の権限を与えた。大統領は市場の取引自体には介入できないが、船積みなどの輸送は抑えることができるとのことだった。

宮脇は「伝統的な一番のお得意先である日本に十分供給できないのは困る。何とか対応して欲しい」と要望した。米国側は「なんとか配慮する。日本は早急に手を打ちなさい」とすすめられ、帰国早々、全農に飼料穀物の買い付けを指示した。

しかし、帰国した翌日の六月二七日、ニクソン大統領は「米国人の食卓を犠牲して他国民を養うことはできない」として輸出管理法に基づき大豆、大豆粕、綿実、綿実粕の輸出を一時禁止した。七月二日、輸出禁止を輸出規制に切り替えたが、大豆は九月一五日まで契約数量の五〇パーセント、大豆粕は一〇月一五日まで契約数量の四〇パーセントに規制された。このため、わが国は大豆が高騰し「豆腐や納豆が食べられない」と大騒動になった。

宮脇は帰国後の会見で「今回の輸出規制は大豆などに限られ、われわれが最も恐れたトウモロコシやマイロの規制は免れた。しかし、日本の弱みは畜産飼料原料の多くを米国に依存していることだ。それによって米国は日本の首根っこを握っている。わが国は素晴らしい生産能力を持っているのに、経済合理主義者は、日本で栽培すると割高になるので、国内で生産しなくても、安いものはドルで買えばよいと言ってきた。カネさえ儲ければ、何でも買える、日本でそんなものを作る必要がないといって締め出してきた。いいかげんな太鼓を叩いて日本の農業を潰すことを一生懸命だった。しかし、超大国米国さえ輸出制限に踏み切り、蓄えを増やそうとしている。無資源国日本がカネだけで解決しようとしているが、相手はそうやすやすと売ってくれない時代に入った。お札では腹の足しにはならないというのが、率直な感想だ」と国内自給の重要性を強調していた。

2 戦後最悪の畜産危機

七四年を迎えても、国際価格の高騰はやまず、飼料問題はさらに深刻になっていった。配合飼料価格は一トン当たり七四年二月一一、〇〇〇円、七四年三月六〇〇〇円と大幅に引き上げざるを得なかった。系統農協は基金への特別助成を要求して、七四年二月一四日、九段会館で一、五〇〇人集め、畜産危機突破緊急全国農協代表者大会を開催した。東京・大手町の農協ビルに座り込んでいた茨城県や神奈川県などの農民も「飼料価格の構成を公開せよ」との横断幕を掲げ、かけつけた。

宮脇は主催者挨拶で「今度の闘争はわが国畜産の存亡にかけた戦いだ。畜産経営のコストアップは国が負担するか、消費者の理解の上に価格吸収させるしかない。政府は政策を転換して畜産の壊滅を防ぐ義務を持っている。食料輸入がストップすると、わが国民の栄養は一日、一、五〇〇カロリーでまかなわなければならない。人は食をもって命とする。政府は農業、畜産農民を守る義務がある」と強調。「固い団結を持って前進しよう」と結ぶと会場は賛同の拍手でわいた。

たび重なる値上げにより政府は飼料価格の補てんは行わず、二月～七月分の飼料代の一部に低利資金を融通する措置にとどまった。このため、生産者は三月末に決定する七四年度政策価格引き上げに期待が高まり、要求運動は「わが国の畜産業の存亡をかけた戦い」となった。七四年三月一四日、米価闘争並みに日本武道館で五、五〇〇人集まって畜産危機突破全国農協代表者大会を開催した。

宮脇は「エサが七割上がり、農業生産資材が三割以上上がり、農業は土俵ぎわに追い込まれた。政府はエサの値上げ分は補給すべきだ。全国畜産農家は団結して火の玉となって頑張り抜こう」と呼びかけた。

翌日、宮脇は畜産農家七〇万人の署名を持って倉石農相を訪ねた。「二、三月の飼料値上げだけで三三九億円になる。これをまず補てんして欲しい」と迫ったが、農相の態度がはっきりしないため、「価格引き上げるため（農相の）尻押しはわれわれがする。（農協側には）どなり込んだり、暴れ込んだりするものもいるのだから、大臣は先頭に立ってもらわないと困る」とハッパをかけた。

七四年三月二七日に田中首相に会い「畜産危機打開には、畜産価格を引き上げて生産費の上昇を吸収するか、また、畜産農家への政策的な援助措置かの二つの道しかない。政府はこの点を十分考量して加工原料乳、豚肉などの政策価格を決定して欲しい」と要請した。

田中首相は「エサは外国だけに頼っているわけにいかない。国内対策を進めなければならない。たとえば田植えを早くして早く収穫すれば、また芽が出て米ができるが、これは食料にならないので、エサにすればよい。食料問題は世界的な問題であり、農林省でなく、国民食糧庁にすべきだ。国有地の高度利用、放牧、牧草地などを利用する必要がある」と答えている。

七四年度の畜産物政策価格は加工原料乳保証価格は前年比四四・三パーセント、豚肉の安定基準価格は三三・三パーセントと過去最高の大幅な引き上げで決定した。

宮脇は「われわれの要求はほぼ達成した」と胸をなでおろした。

3 大きく変わった農業を取り巻く環境

当時、食料問題だけでなく、石油ショック（七三年一〇月）により、電力の値上げ、公共料金の見直しなど狂乱インフレに陥り、株価暴落、物不足、買い占めなど、昭和恐慌の再現する恐れのある戦後最悪の経済危機に直面した。田中内閣の経済政策は高度成長から低成長にいかにスムーズに軟着陸させるかであったが、七四年の経済成長率は実質マイナス〇・二パーセントと戦後初のマイナス成長を記録した。

また、ローマ・クラブは七二年に「成長の限界」を発表し、現在のまま人口増、工業化が進んだ場合、地球の有限な天然資源は枯渇して、一〇〇年以内に成長は限界点に達する。このため、人口増、経済成長を抑制して、持続可能な安定成長を勧告し、大きな反響を巻き起こしていた。

このような中で、わが国でも農業を取り巻く環境が大きな変化した。

宮脇は七四年一月三〇日の中央協同組合学園での講話で、「先週、日本テレビから出演依頼があって、局に行ったら漫画家の近藤日出造、加藤芳郎、朝日新聞論説委員の荒垣秀雄、評論家の草柳大蔵さんたちが待ち受けていた。口の悪いやつに取り囲まれ、これは農協の悪口など言われ、私をサカナにして楽しまれるのではないかと、まな板に乗った鯉の心境で出演したところ、本番になると、彼らが何を言うかと思ったら、『石油が少々なくても、寒さぐらいなら何とかしのげる。シャツを多く着込んだり、オーバーを着たりすれば、寒さは防げる。しかし、腹が減ったらどうにもならん。食料は大丈夫か』と、言ってきたんです。これまで、私たちの主張に耳を貸さなかった人たちが、油絶ち程度なら、まだいいけれど、兵糧攻めにあったら大変だと、みんなが心配しだした。私はざまあみやがれと思いました」と風向きの変化をユーモアをまじえて語っていた。

第Ⅵ章

農協教育と組織整備

1 中央協同組合学園の創設

❖教育は協同組合運動を支える筋金

中央協同組合学園創設について、今でも思い出すのは、六九年九月三〇日朝のことである。私は、いつものように東京・大手町の農協ビル四階にある農協記者クラブに行くと、全中役員室から「柳田久常務が来て欲しいと言っています」との連絡を受け、役員室に入ると、当日の日本農業新聞を手に持って、「須田さん、この新聞の扱いは何ですか。宮脇会長も怒っています」と手を振るわせながら、大声で怒っていた。いつもニコニコと取材に応じている柳田常務から想像もできない形相だった。

三〇日付けの日本農業新聞は前日行われた中央協同組合学園の開校・入学式の記事が社会面下段に「デモの中で〝うぶ声〟」と三段見出しで掲載。写真は「中央協同組合学園粉砕を叫ぶ全農協労連の代表たち」という学園前でデモをしているものである。記事にも「入学式には、かねてから協同組合短大廃止に反対している全農協労連加盟の組合員ら約三〇〇人が同学園設立反対の集会・デモを行い、入学式は赤旗をなびかせ、『農民を忘れた教育反対』のシュプレヒコールが飛びかう中で開会された」とある。開校式の内容もふれているが扱いが小さく、農協労連の学園周辺のデモ行進が目立つ紙面となっていた。

中央協同組合学園の設立に全力をあげ、反対者を説得し、悪戦苦闘しながら、なんとか開校式にこぎつけた柳田常務からすれば、系統農協の機関紙である日本農業新聞が、入学式そのものよりも、反対するグループを大きく扱った記事に我慢ならなかったに違いない。後日、宮脇に会う機会があったが、その記事に触れることも、叱責するようなこともなかった。宮脇が本当に、その記事について怒っていたのか、柳田常務が会長の名前を使っただけなのか、確認する機会がなかったが、中央協同組合学園創設にかけた宮脇の強い意気込みからすれば、多分、当日の紙面の扱いに柳田常務と同じように憤慨していたに違いない。

中央協同組合学園設立の契機は、協同組合短期大学の敷地問題からである。全国段階の教育機関として、二六年（大正一五年）に産業組合付属産業組合学校として創立され、戦後は協同組合学校と改名し、五五年に学校法人協同組合短期大学になった。

東京都の都市計画によって、世田谷区船橋町にある短大の敷地五、四〇〇坪のうち、約一、〇〇〇坪が道路建設用地となり、学寮や校舎の移転が迫られた。学校当局は、このような事態に対処するため、校地の全面的移転を含めて種々の検討を行ったが、意見の対立などで結論が出なかった。このため、宮部一郎学長は整備拡充方策を全中理事会に一任した。森八三一全中会長は六七年五月の全中理事会に会長の諮問機関として「農協教育機関整備対策委員会」を提案した。しかし、理事会はこの問題で紛糾した。

当時のいきさつについて全中組織教育部長だった手島福一は「宮脇朝男理事から『委員会名の〝教育機関〟とは短大のことをさすのか、もしそうだとすれば、それは短大理事会で審議すべきもの、全中理事会が口出しすべき筋ではあるまい』ということで、理事会の審議がストップしてしまった。森会長は短大理事長を兼務している関係で、この件は短大理事会では無理なので、全中理事会で審議してもらいたいと説明を繰り返した。しかし、同意がえられず、理事会が一時休憩する一幕があり、再開の理事会で議題の柱の「農協教育機関整備対策委員会」の「機関」は削除して、「農協教育整備対策委員会」という名称でかろうじて理事会の決定になった。従って委員会の審議内容は全くと言っていいほど違うものになった」（『さつき』五号）としている。

つまり、農協教育整備対策委員会は「一短大の問題だけを討議するのでなく、中央・地方の農協教育のあり方を審議するために委員会」になった。この直後、全中副会長に就任した宮脇が同委員会の委員長に選任された。

宮脇は農協教育に非常に危機感を持っていた。教育は協同組合運動を支える筋金だが、それを手抜かりしてきたのではないかと、教育の重要性を次のように語っている。

「戦後二三年の今日まで、協同組合活動で一番大事な教育問題を忘れてきたのではないか。活発な効果的な教育活動があったとするならば、それは農協労働組合の諸君の学習活動であり、労働組合教育だと思う。われわれは、農協教育に、まことに怠慢であった。教育は協同組合運動を支える筋金になるものであり、大切なものです。教育事業はカネがかかるが、無形な蓄積であり、その蓄積されたエネルギーから農協の進むべき方向が出てきます。今まで物に頼りすぎました。事業分量の拡大が、それだけで前進のエネルギーと思い込みすぎました。協同組合原則に沿って、あくまでも教育という無形のエネルギーの蓄積があって、それに並行して事業量が拡大されなければならない」（協同組合経営研究所の六七年度研究総会の挨拶）

❖たった二か月の異例の早い農協教育答申

当時、農協界では協同組合短大の「偏向教育」が指摘されていた。

「農協幹部や周辺から『アカい先生が多く、農協批判の教育だ。卒業生も農協に入って労組の旗を振りすぎる』との声が強くなった」（『農協労働運動の試練―短大闘争が残した課題―』）とみられていた。また、東大の安田講堂が占拠されるなど全国的に大学紛争が荒れていた。新しい学園づくりは短大廃止につながるだけに、宮脇は早くから大学紛争の激化を見越していた。それだけに短大問題で足を引っ張られれば新しい学園の建設は困難であり、早期に結論を出すことが必要と考えていた。

このため、農協教育整備対策委員会の第一回委員会（六七年六月二〇日）で宮脇は、集中的に審議して三、四回で結論を出したいと提案。次回の日程も、その場で各自が手帳を見ながら決める手法をとった。

第四回（八月二一日、二二日）まで、たった二か月で、「農協教育整備対策について」をまとめて全中会長に答申した。異例の早さである。

これを受け全中は一一月一日、三年に一回開かれる第一一回全国農協大会に「役職員教育振興に関する決議案」を提出し、可決された。

一二月の全中総会で会長に選出された宮脇は、六八年一月九日に自ら委員長になる中央協同組合学園設立委員会を設置し、学園施設、教育内容、資金対策、校地の選定などにスピード感をもって取り組んだ。

協同組合短大の廃止に反対する短大労組は、全国農協労連に加盟した。全農協労連は六七年五月の全国大会で「短大廃止反対闘争方針」を決定、百万人の反対署名運動などを展開する一方、短大理事会や全中に対して短大廃止反対の申し入れ、再三にわたって団体交渉を行った。

歴代の全中会長は短大理事長を兼務していたが、宮脇は「中央協同組合学園の設立に専念したい」として理事長就任を断り、「短大のあり方は短大理事会で決定すべきだ」と一貫した考えで突っぱねた。もし理事長を引き受けたら、労働組合の団体交渉に多くの時間をとられ、新しい農協教育構想が暗礁に乗り上げる恐れがあったからだ。

このため、滝沢敏・短大副理事長（全共連会長）は理事長を代行することになり、短大廃止にともなう責任者として労務対策などで矢面に立った。

滝沢は「相手側（労組）は東京の住居へは無論、長野の自宅までも押しかけてきて面会を強要し、団交は夜を徹し、トイレに行くのも見張られる日が幾日も続いた。幸い、紛争は六年半もの年月を要したが、解決をみた。宮脇さんの代わりを努めて解決したのだから、今度冥土で会ったら貸しを返してもらおうと思っている」（『宮脇朝男追悼集』）と語っているほど、厳しい交渉だった。

また短大理事として紛争処理に当たった宮城孝治・元共栄火災海上保険相互会社社長は、全中側が短大について突き放した態度に大きなショックを受け、腹にすえかねて宮脇に次のような直談判している。

「短大と中央会は別組織であるが、今までは組織挙げての支援もあり、財政的援助もあった。ちょうど短大は全中の出城（でじろ）のようなものだ。ところが今やその出城が敵（労組）に囲まれ、本体である本城からは見放されて孤立無援である。これを預かる城主であるわれわれは何ら本城からの支援のないまま、城を枕に討ち死にをしなければならない羽目に陥っている有様だ」と。

これに対して宮脇は「話はわかった。すぐ柳田常務を中心として中央会内部の意思統一を図り、全組織をあげての短大措置支援の体制を確立させよう」と答え、支援体制を整備した。中央協同組合学園は計画通り六九年九月二九日に開校したが、短大問題は宮脇が「誠意をもって努力する」という約束通り、七三年四月に短大労使の間で和解が成立、教職員のうち転職希望者を全員全国機関で受け入れることで短大問題は終結した。

❖協同組合運動の灯を絶えず燃え続けさせる教育を

九月二九日午後二時から行われた中央協同組合学園の入学式は宮脇にとって感慨深いものであったに違いない。

会長挨拶で「一期生の諸君は全国の農協の皆さんの血と汗でつくった、この立派な施設で教育を受けることになるが、この学園は秀才を養成しようと考えているものではない。吉田松陰は『義は勇に因りて行われ、勇は義に因りて長ずる』（士規七則）と言っている。私は、この学園から運動家として千万人といえどもわれ往かんという勇気の湧き出る、しかも単なる口頭禅でなく、実践の中に突き進んでいけるような、そういう多くの同志が輩出してもらいたい」と新入生三六名に対して熱く語りかけた。

「協同組合運動は常に後から続く者に、自ら教育することによって協同組合運動の灯を絶えず燃え続けさせ、運動の発展の基礎を常時築いていくことである」と訴えてきただけに、次世代の農協運動者への期待を強くにじませていた。

開校式が九月になったのは、廃校が決まった協同組合短大が六九年度学生募集を中止したため、協同組合教育の継続性などから六九年度中に開校しなければならなかったからだ。しかし、第一期工事途中であり、学園の施設も十分にととのっていない中での開校であった。

第一期生だった中家徹（現・全中会長）は「本館の玄関に着くと、あちこちに工事用の道具があり、まだ工事中だった。本館と食堂、そして第一寮だけが建っていた」（『中央協同組合学園創立二〇周年記念号』）と記している。第一期工事がすべて完了したのは翌年七月であった。

初代の学園長は森晋が就任した。短大廃止にともなう混乱が続いている中だけに、学園長が果たす役割は大きい。森は産業組合学校の第一期生で、全購連常務のあと株式会社組合貿易社長に就任していた。協同組合短大ＯＢ会の校友会会長を務め、短大の理事でもあった。

六八年一二月に「短大問題に関する私の所見」として「産業組合学校以来今日までの四〇余年にわたって協同組合教育に貢献してきた母校の伝統と業績は、当然、新たな中央協同組合学園に継承されるべきものであり、成長の脱皮として理解する」との見解を明らかにして中央協同組合創設に尽力してきた。

学園長就任のいきさつについて『農協運動先達に学ぶ3』によると、「宮脇から「キミでないと学園長はおさまらない」と説得された。しかし、短大廃止騒動で荒れており、森は好んでやりたいとは思わなかった。当時、組合貿易の社長で、仕事も軌道に乗ってきて、これを仕上げたい気持ちが強かったため、「私は教育のベテランではない」と断っている。すると宮脇は「キミがどうしてもやらないというのなら、俺は全中会長を辞める。中央会長が学園をつくったのだから、それが実現できないというのならば、会長を辞めざるをえない」と迫られ、「死んだつもりで、やるか」と腹をきめた」という。

農協界のリーダーには産業組合学校や協同組合短期大学の卒業生が多いだけに、一期生で校友会会長の森が学園長に就任したことで、組織内では「宮脇さんはよいところに目を付けた」と評価が高かった。宮脇は学園の運営に口出すことはなく、森にすべて一任していた。森は六年間務め、学園の体制基盤を確立した。宮脇が全中会長を引退すると「宮脇さんに学長を頼まれたので、私の役割も終わった」として辞任している。

❖大きな感動を与えた早朝講話

宮脇は学園で毎月一回、全校の学生に対して早朝講話を実施していたが、これは森が持ちかけたものだった。宮脇は全中会長として多忙なため、最初は断っていた。森は、講話の事前準備をしないこと、宮脇のこれまでの人生をそのまま話してもらいたいと説得したという。講話は午前七時三〇分から、一時間半である。宮脇は明治神宮近くの宿泊所を午前五時に出発して、七時前には学園に着き、食堂で学生と朝食をとってから、講演が始まる。約束した日時は一回の遅刻も欠講もなかった。講話が終わると直ちに、大手町の全中に取って返すハードスケジュールだった。

議題は宮脇がその都度決めるが、第一回は七〇年九月一二日に「私の履歴書」として幼少の頃を中心に講話をしている。当初は月一回の予定だったが、忙しい会長の日程で計画通りにはならず、七四年一〇月に東京逓信病院に入院するまで、二〇回にわたって行った。宮脇は執筆した文書として残っているものが少ないだけに、同講話は宮脇の考え方を知る上で、貴重な資料である。

森は「講話の内容はまことに異色で、実に面白かった。宮脇さんの履歴書あり、身辺雑話、時事問題あり、話は縦横にとび、彼独特の話術で、教訓、警告、たとえ話を交えての一時間半、満場を魅了し堪能させた。学生、教職員に大きな感動を与えた」と語っていた。

当時、同学園の教務職員であった有賀文昭も「〝人を見て法を説く〟宮脇会長の講話はまさにそれであった。全寮制の中で夜ふかしが常態の学園生が講話の間中ほとんど居眠りしなかった。講話は会長の生い立ちから、農協問題、政治・経済問題など多岐にわたったが、私には断食道場から出てこられた後の講話が妙に印象に残っている。断食によって身体中の細胞が生きのびようと、能力いっぱいにがんばる様子が実感できた、というような内容だった。私を含め、あの講話を聴いた者の中に、宮脇会長は今でも生きていると思う」（一七回忌追悼集）と記している。

私の手元に早朝講話のカセットテープをコピーしたものが七回分ある。さらに全中資料センターに保管してあるテープを聞いてみると、学生に対して今後の協同組合運動の期待がよくわかる。たとえば、七一年一二月六日の講話では弾圧の厳しかった戦前の農民運動にかかわっていた頃の様子をユーモアを交えながら紹介したあと、最後に次のように語っている。

「農協の最終的な目標は農民の社会的経済的地位の向上である。農協運動者は自分の地位向上を求めるのでなく、農民のために何ができるか、自分の信念をもとに命をかけて活動することだ。この学校は運動者を育てることにある。強い情熱と誇りを持って協同組合運動に取り組めるよう学んで欲しい」と呼びかけている。

都道府県段階では当時、県営の農協講習所が大部分だったが、各県では、中央協同組合学園に見習って、中央会経営の研修教育施設を新設する動きが強まった。宮脇の地元、香川県農協中央会は「わが県でも農協教育施設をつくろう」と六八年二月に農協教育基本要綱と教育基金造成計画大綱を決定、六九年に学園建設に着手し、七〇年四月に開校した。

香川県農協学園建設を担当した尾池源次郎は著書『虹と泥濘』の中で、宮脇は「学校をつくるんではないぞ。農協運動のための運動者養成機関をつくるんだ」と何回も強調していた。その動機について「文部省の役人に『戦後大学を創った人は多いが、大学をつぶしたのは宮脇一人だ』と言われた時に、決心したんだ。戦後の大学が、それほど立派か。名前や建物が粗末でも、学者がいなくても、大学がやらない人間教育、職業教育をやるところを必ずつくってみせると。小さいものには小さいものの良さがあるはずだ。学校の値打ちは校舎でなく学風だ」と語っていた。吉田松陰の松下村塾のようなものを理想としていたという。

また、宮脇は「おれは理屈でかなわない時でも、そんならおれの県へ来て実例を見てみろ、という強みがある」と言っていたから、香川県の農協学園が全国のモデルになることを期待していたのではないかと尾池は記している。宮脇は学園生に対して社会人の第一歩として①三〇分早く出勤しなさい、②呼ばれたら起立して返事しなさい、③一日一時間読書をしなさい、④収入の二〇パーセントを貯金しなさいと、具体的に指導している。

中央協同組合学園は草創期から一九八〇年代中頃までは五〇名の定員に三倍から四倍の応募者があったが、九〇年頃から応募者も大きく低迷した。このため、学園のあり方が検討され、九二年に四年制の「協同大学（仮称）」を新設することになり、設立委員会を設置して検討してきたが、財政上の問題などから九四年に大学設立を断念した。農協職員の再教育はJA教育センターのマスターコースで行うことになった。このため、学園は二〇〇〇年三月、第二九期生をもって、卒業生合計一、三〇〇名を送り出して幕を閉じた。卒業生の多くは農協運動者として全国で活躍している。

2 全農の誕生

❖販売、購買の一体的運営の強化を推進

購買事業を扱う全購連、販売事業を扱う全販連が合併した七二年三月は宮脇にとって格別の感慨深い月であったに違いない。「めでたい発足だ。この合併に努力してきた者として生涯を通じて忘れられない感激となろう」（同年三月三〇日の全農創立総会の挨拶）と〝産婆役〟としての喜びをかみしていた。

宮脇は若い頃、全販連専務を経験し、その後も全購連理事と常に全購連・全販連の役員であり、両連の事業内容に精通していた。両連の組織体、経営体の弱さについて、かねてから焦燥感を持ち、両連合併の積極的推進論者であった。全購連と全販連の合併が系統農協の組織問題として論議が始まったのは一九五六年である。同年八月に関東・東北・北海道地区経済連会長会議で両連合併の方向付けが決議され、五七年四月の全購連臨時総会で「全購連・全販連の合併を促進する」と決議。全国経済連会長協議会に「全購・全販合併問題調査委員会」が設けられ、協議したが、六三年三月、「今すぐ結論とせず、今後とも引き続き努力する」ことになり、一時棚上げになっていた。

宮脇は六九年七月に全中会長に再選されると、販売、購買の一体的運営を強化するため、合併を急がなければならないとの危機感から八月に全中の総合審議会を開催し、両連の合併を取り上げた。

その背景の第一は米の生産調整、自主流通米の登場などから経済事業の体質の強化が迫られていた。第二は畜産インテグレーションにみられるような大手商社、独占資本の農業進出が目立ち、巨大な商社資本の攻勢を食い止める必要があった。第三は大規模農協が事業の二段階性、全国連直接加入を主張する動き

が活発化し、系統農協の態度が迫られていたからである。

経営の厳しい全販連と、毎年多くの黒字を出す全購連では合併に対する意見の食い違いがあった。全販連は合併に積極的だが、全購連は「合併によるメリットが出るかどうか疑問」と消極的だった。宮脇は両連の幹部職員からも信望が厚かったが、組織統合の難しさは十分に熟知していた。香川県で農協の合併、総合農協と専門連の統合など多くの組織整備に取り組んできたが、尾池源次郎よれば、方針決定までに地区別組合長会議など何回も開催して「進め方は実に慎重であった」という。両連の合併の経過をみると同じことがいえよう。

❖両連役職員間で合併に大きな意見の差

当時、全購連と全販連の事業で、包装資材や動物医薬品などの重複が顕著になっていた。このため、「畜産・飼料事業五ヵ年計画」のように両連の共同推進を試みたが、十分な効果が発揮できなかった。

総合審議会は七〇年四月に「全購連・全販連の合併について総審だけの審議でなく、当事者である両連が各会長の責任において内部検討を進める」との方針を決めた。

終了後の記者会見で宮脇は「全購連・全販連の合併は一〇月の全国農協大会の決議案として提出するので、八月中に方向づけを出したい。この問題は過去にも経験しているように総合審議会でいくら決めても、当事者である両連がやらなければならない。両連がまず十分に検討することが先決だ」とし、合併の必要性を次のように語っていた。

一、全国段階で経済事業を行う全国連が分立していることは、販売、購買事業の間で技術指導、営農対策などに間隙、重複があり、会員の期待に応えられないところがある。特に販売事業は収支が難しいこともあって全国連の購買、販売事業は必ずしも並行して進んでいない。

一、貿易、資本自由化の進展のなかで、企業的、専業的農業の育成に対応できる事業体制の整備が必要だ。畜産、青果部門のインテグレーションに対抗するには基礎的生産資材、供給、加工、販売施設の拡充など販・購機能を集中した一貫事業体制が必要だ。

一、系統各段階の経営収支は楽観を許さない。このため、全国連においては計画生産、出荷調整、販路拡大、農畜産物、資材、貿易対策など機能の飛躍的拡大をはからなければならないが、これには組織力、資本力の結集が必要だ。

しかし、合併について両連の役員間でも大きな意識の差があった。

三橋会長は「合併すれば人の面で事業が停滞する。人事交流で足踏みしていればメーカーや商社に対抗できなくなる。だから当面は両者の事業調整をやりながら進めていくべきで、合併はすぐというわけにいかない」と消極的である。

これに対して宮脇は「県の販売連と購買連が一緒になって経済連が発足した時、ごたごたするだろうという危惧はあったが、問題なく今日に至っている。世間は非常に早いスピードで進んでいることを考えて対処しなければならない。両事業が有機的に連携しあって、一体的な力強い姿で農民に機能発揮していける体制にしてもらいたい」と説得している。

当時、全購連のある常務は私に「日本農業新聞は〝全購連・全販連の合併へ〟との記事を書いているが、本当に合併できると思っているのか。米の部長をしていたものが、肥料の部長ができるのか。仕事の内容が全然違う。合併論者は現場の実態を知らなすぎる」と言ってきたことがある。宮脇会長に、そのことを話すと「まだ、そんなことを言っているのか」と憤慨していた。

全購連、全販連は同年六月に両連の合併問題について経済連会長ブロック会議を開いた。合併反対論はなかったが、「早期合併」には慎重論が多く、合併論者が多い九州地区でも「合併を前提に慎重に検討されたい」というものであった。このままでは合併は棚上げされる恐れが強いため、宮脇は、同年七月九日に宮脇、三橋、関口の三会長と専務ら幹部の首脳会議を開いた。宮脇が自ら鉛筆をなめ、「合併を前提として検討する」という原案を提示したが、最終的には「両連合併について前向きにその具体的内容を慎重に検討する」との意見集約になった。

この「合意」を足がかりに、宮脇は、間髪を入れず、ただちに地区別中央会・経済連会長合同会議を開き、「合併すべきである」との了解を得て、八月に開かれた総合審議会で「全購販の合併」を答申した。九月の両連理事会で合併を確認し、同年一〇月の全国農協大会で「全購連・全販連は組織会員の期待する合併を行い、総合力の発揮できる体制を確立し、新連合会の発足を速やか行うべきである」と決議した。

同年一一月に合併準備委員会が開かれ、事業運営、機構、財務、合併手続きなどを決めた。このように、宮脇の強力な指導力のもとに合併が進められた。

ただ、全販連の戸田橋集配センター、種畜場などを分離、株式会社にするかどうかの「所場問題」で暗礁に乗り上げた。全購連は株式会社方式、全販連は直営方式を採っていたからである。結局、「所場問題は新連合において検討の上、措置すべきこと」になり、合併に当たり、現状のまま引き継ぐことになった。

七一年一二月に合併契約調印、七二年一月に両連の合併承認総会、三月三〇日に設立総会が開かれ、全農の設立登記が完了した。

名称について「全国経済連」「全国購販連」「全国販購連」などの案があったが、宮脇は総合農協だけでなく、将来、青果、畜産の専門農協の合併も想定して「全国農業協同組合連合会」（全農）を提案した。

全購連・全販連合併事務局長をしていた阿部玄は「『おい、どうだ』と私に宮脇さんから渡された一枚の短冊型の紙には墨痕あざやかに全国農業協同組合連合会と書かれてあった。それは昭和四六年一一月上旬のある日の朝であった。当時、県連合会のほとんどが経済連であり、全国連になっても事業内容から『経済連』の名称が入ると思っていた。私はウーンと唸った。宮脇さんの新連合会に対するの思い入れの程を知った。また、略称は『全農』にするとも言われた。今でこそ、誰もが当然のことのように全農と言うが、当時はしばらくの間、『全農連』との声をしばしば耳にした。全農という略称も宮脇さんの識見だった」（一七回忌追悼集）と記している。

これらの合併までの一連の手際よい進行は宮脇でなければ、実現不可能であったろう。

3 単協の全国連直接加入

❖「あぶら汗を流して得た答えは、まちがいなく一歩前進になる」

元全中専務の山口巌は、農政運動の闘士として知られているが、宮脇が会長でなければ山口の活躍は考えられない。山口は神奈川県指導農協連に四九年入会、農協青年部の組織化、豚屋の収奪から農民を守る肉豚闘争を指導した。五五年、全国農民連盟に転職、活動の舞台を中央に移し、「一〇円牛乳運動」などを展開した。六二年に全中嘱託で新しく発足した中央酪農会議の事務局長として飲用乳価交渉などに取り組んだ。山口を全国的に有名にしたのは「自然はおいしい」「成分無調整」をキャッチフレーズと「農協牛乳」の取り組みである。

山口の活動を高く評価していた宮脇は一九七四年、全中常務に抜擢した。全中職員で部長の経験もなく、いきなり常務というのは異例のことだった。その後、全中の常務、専務として一五年間にわたり、八九年に引退するまで四人の会長につかえ、農協界の多くの難問を解決してきた。

就任の時、宮脇から言われたのは「お前は神出鬼没でなく、神没鬼没だ。電話してもいたためしがない。全中に来たら朝九時までに出勤しろ」だったと言う。

山口が全中時代、一番印象に残った仕事は意外にも単協の全国連加入問題だった。

山口の自伝「緑の旗の下に」で次のように書いている。

「農協牛乳も軌道に乗り、やれやれと思っていたら宮脇会長から『全中に戻ってこい』と言われた。宮脇さんがなぜ戻ってこいと言ったのか、あとでわかったことだが、当時、大きくクローズアップされていた単協の全国連直接加入問題の仕事をやれということだった。一九七四年三月に常務に選出され最初に手がけたのが、この問題だった。宮脇さんは、この問題の重大さを強く感じていたのだろう。私に『山口君、俺と一緒にドロ舟に乗ってくれ』という。幸いにして、この単協の直接加入問題は一三年ぶりにケリがついた。宮脇会長が辞められる時、このことでほめられ、感謝もしていただいた。ドロ舟は沈まないですんだ」

宮脇は単協の全国連直接加入問題は、山口に指摘したようにドロ沼にもなりかねないとの危機感があった。「組織は外から潰そうと思っても潰れるものではないが、内なる矛盾の拡大によって、もろくも崩れる」と常に語っていたように、組織問題は、対応を間違えると崩壊につながりかねないからだ。

全国連直接加入問題は「古くて新しいテーマ」で、宮脇が全中会長になる前からの懸案事項であった。農協合併助成法の制定などから、農協合併が進んだが、合併農協は組合員に約束した「合併の効果」の実現に苦慮していた。特に広域合併の場合、新設の本所段階で従来の連合会機能を肩代わりすることから、合併効果を阻害する要因は系統三段階制にあるのではないかという疑問が出始めた。

六三年に島根県出雲市で中国地区大規模農協研究会が結成され、翌年に中国四国地区大規模農協協議会に発展し、「単協の全国連加入」が決議された。全中は総合審議会で検討、六五年に「系統組織としては三段階制をとるが、事業については簡素化をはかるため、業種によっては二段階制を認める」という組織三段階、事業二段階制を打ち出し、単協の全国連加入の道を開いた。このため、中国四国地区大規模農協協議会は六六年二月に全購連と全販連に加入申し込み書を提出した。これに対して両連は加入申し込み書を全中に預け、受け取らなかった。

全中は六七年に系統事業研究会を発足し、段階別機能のあり方の検討をはじめ、その結論が出るまでは直接加入問題を先延ばしした。

❖沈まなかったドロ沼

このため、中国四国地区大規模農協協議会は全国の大規模農協に呼びかけ全国大会を開き、全国大規模農協協議会を発足、さらに単協の全国連直接加入運動を強化した。宮脇は全中副会長の時、高松で開かれた中国四国地区大規模農協協議会の会議の際、代表者と会談している。

代表者から「購買事業は全購連が集中購買で仕入れると、手数料乗っけて県連に。県連は、規定手数料を乗っけて、単協につけかえる。単協はそれを組合員ところに届ける。そうなると、ことごとく厳しい市価との競争にさらされる。単協は手数料がとれなくて、結局、血が出る。販売事業も全販連を通じて鶏卵を販売すると、全販連、経済連はそれぞれ規定の手数料をとるが、単協は卵を買い取る商人と、村で値段を競争する。そうなると単協は高く買わなければならないので、血が出てしまう。系統外、系統内との三段階の流通経費について疑問だ」との意見が多かった。

宮脇は「どうやら、二人しか寝られない布団に三人寝て、あっちに尻が出て、こっちに頭が出て、引っ張り合いしているような、そんな感じだった。私は、こいつはやっぱり避けて通れない、一つの機能統一をやらなければならない。お尻が出て風邪を引きそうであれば、布団の大きさを考えなければならない。

一般流通の問屋組織、小売り組織なりと、こちらの三段階制での価格に差があるなら、不合理があり、ロスがあるのだから、やっぱり詰めなければならない」(『経営研究月報』一九六八年五月号)と語っている。

大規模農協協議会は、事態が進展しないため、単協独自に政府に米を売り渡し、肥料・飼料なども共同仕入れして全国連とたもとを分かつことも辞さないとの強行決議を行っていた。また、農林省に対して「法律・定款に照らして加入は認められるべきものであり、行政指導によって、その措置をとるべきだ」と要請していた。

一方、県連を中心に連合会側に根強い反対があった。単協が全国連に直接加入した場合、県連機能が単協と全国連に両極分解して、存在意義がなくなること、全国連も当時、六、〇〇〇近い単協を直接、統括することは難しく、県連だけを会員にしておいた方が組織対策として楽であるなどから、現状維持を主張していた。

宮脇は「(県連は)必要としている農協も多く、生きているものだから、ただちにぶちこわすわけにいかない。また大規模農協だけを入れ、小規模を除外することは、協同組合の本来の趣旨からいってもできない」と系統組織の再編の難しさに苦慮していた。

❖組織の簡素化で事業メリットを実現

大規模農協協議会に対して宮脇は「単協の経営は厳しくなるから、つい県連の手数料を、自分の所にそっくり入ったら、もう少し経営が楽になると思う気持ちは、もっとものことだ。しかし、本来、単協は第一段階で機能が完結することが好ましい。そこでできるものはそこで片付ける。単協でできないものは県連で、県連でできないものは全国連と機能分担されているので、機能分担のあり方を明確にする必要がある。農協は農民のために存在し、単協の機能補完のために連合会活動がある。断じて全国連のために県連があり、県連の道具として単協があり、単協の道具として組合員があってはならない」と説得している。

決着をつけるため、宮脇は一九六九年八月に総合審議会に農協の直接加入をどう扱うか諮問し、七〇年二月に「加入は拒み得ない」と中間報告を受け、直接、大規模農協協議会と全国連との調整に乗り出した。

宮脇は「組織の三段階制は堅持しながら、単協の意思反映として直接加入を認めるべき」という提案をもとに説得した。「事業の二段階制のすみやかな実現」を目標にしてきた大規模農協協議会は、説得に応じ、方針を転換した。この背景には、当時、組合員五〇〇人以下の小規模農協が多く存在して、全国的に組織的合意が得にくいとの事情もあったからだ。

七一年一一月に全中・全国連会長と大規模協議会正・副会長の合同会議を開き「農協の全国連加入は系統三段階制の堅持を前提としており、単協の全国連への意思反映によって組織強化を期すものである。また、農協の全国連加入は県連の省略を意図するものでなく、系統各段階間の機能分担の明確化によって、系統間の業務の簡素化および事業メリットの適正化をはかるものである」と申し合わせた。

これらをもとに七三年一〇月の第一三回全国農協大会で「昭和五〇年三月を目途に加入実現のための検討を行い、すみやかに結論を得る」との報告が了承された。

同年一二月の総合審議会を再開、組織討議案として①加入目的は意思疎通の緊密化を図る②当分の間、事業利用は原則として行わない、などとなった。宮脇提案の「系統三段階を前提とする」は貫かれた。七四年八月から一一月にかけて組織討議を行った。

この結果、組織討議案は「時期尚早」(九県)、「反対」(四都道県)はあったが、他は賛成のため、七五年二月、総審は「賛成が大勢を占めた」として全中会長に答申した。

七五年三月全中理事会で全単協の全国連直接加入を認め、全農と全共連に「会員構成にあらたに農協を加えること」を指示、六六年八月、大規模農協協議会から全購連・全販連・全共連に出されていた加入申し込み書を返還した。

宮脇は「地味な結論だが、農協の民主性保持の上での意味は大きい」「農協組織の問題は一刀両断、胸のすくような答えはない。あぶら汗を流して得た答えは、たいてい地味なものだが、まちがいなく一歩ずつ前進になる」と語っていた。

このように、紆余曲折はあったが、宮脇の指導力によって単協の全国連直接加入が実現した。

4 第一二回全国農協大会

❖協同組合精神の初心に立ち返れ

三年に一回、開く全国農協大会は、全国の組合長が参加し、今後三年間の指針を決めるだけに全中会長として最も重要な大会であるとともに、マンモス組織の一体化を演出する〝晴れの舞台〟でもある。宮脇は在任中、七〇年の第一二回と七三年の第一三回の二回の全国大会を指揮している。

第一二回全国農協大会について、宮脇は早くから事務局に「大会が単なる農協のセレモニー（式典）であってはならない。大会の性格について、三年ごとに開かれる総会であるという考え方で準備するよう」と指示していた。開催期間はこれまで一日だけだったが、参加者が議論して民主的運営ができるよう三日間とした。

特に第一二回大会は七〇年代の初頭に迎えるだけに、たんに前大会の決議の経過報告と農協の当面する諸課題を報告するだけでは不十分であり、より長期の展望を踏まえて転機に立っている農協運動の今後の基本方向と課題を明らかにする必要があった。高度経済成長のもと、日本経済は大きく変化し、六九年は国民総生産で世界第二位に躍進した。しかし、農業生産は他産業との格差が拡大して兼業農家が増大していた。

系統農協では、農業生産活動について前回の第一一回大会で決議した農業基本構想を軸とする営農団地を推進する一方、兼業化の増大、混住化社会の進展などから、組合員の生活を守るため、新たな生活基本構想を掲げ、「農協イデオロギー、農協理念というものを中心において、両面をもって、両足のごとくしていこうというのが、今回の大会の課題」として「総合三ヵ年計画」を提案。これを実現するために宮脇の持論である自主建設と総合力の発揮を全面に出している。

❖内部矛盾をえぐり出し、総合力発揮へ

大会を前に宮脇は「今度の大会は従来と本質的に違うのは、農協組織の内側の矛盾をえぐり出して、それをどう克服するかに焦点を合わさなければならない時期にきたということだ。このまま矛盾を放置すると、組織三段階の理念の断絶ができてしまう。不平不満のはき捨て場も必要だが、問題は前進しない。農協は、まず生産農民ありきであり、個々の弱い農民ではどうにもならないような問題を有利に解決するため組合活動があり、連合会があり、全国連がある。この考え方、認識が両方ぴったり噛み合わなければならない。この組合理念の確認は七〇年代にやらないと、今の経済成長は急速であるので、量的拡大が中心になって、精神的なもの、教育的なものが失われてしまう。これらを絶えず、訴え、補完していかないと、今後の難局を切り抜けられない。総合三ヵ年計画はそういうことが、骨子になり、バックボーンになっている。もちろんこれは、私どもが命令するのでなく、みんなで議論をつくし、理解し、意識を結集して欲しい」(『農業協同組合』一九七〇年一〇月号)と呼びかけている。

第一二回全国農協大会は一〇月二七日、日比谷公会堂で開かれた。宮脇は一時間にわたって「今後の農協運動の基本方向～一九七〇年代の自主建設路線」との基調報告を行った。これまで常務が担当してきた情勢報告を変更したもので、会長が行うのは初めてである。基調報告は、原稿を見ることもなく、アドリブを効かせ迫力あるものだった。

「巨大農協といわれながらも内部で解決しなければならない問題が多い。また、寡占、独占の中で、自らの道を切り開かなければならない。農協運動は協同組合理念という心が絶えず鼓動を打ちながら、組合員が組合を利用するという血液が絶えず、体内を循環しなければ組合の生命は続かない。そういう意味で協同組合精神の高揚ということを、経済事業活動の活発化と合わせて取り上げるべきところにきている。総合力発揮とは系統農協が有すべき力の総和を最大限に高め、間隙のない仕事を進めていくことである。安易な政治依存を排して自立、互助の精神に徹しながら、しかも農協組織のタテ、ヨコの連携を強め、組織の協同の力をもって当たってこそ重大な危機を乗り切ることができる。われわれは農民の社会的・経済的地位向上という原点に立ち返って七〇年代における農協運動の発展をなしとげなければならない」と力説した。

翌日の一〇月二八日は八会場に分かれ、農産物の生産・販売、生活活動などテーマごとに分科会が行われた。二九日は会場を再び日比谷公会堂に移し、午前中は分科会審議経過報告、午後から意見開陳、決議案採決が行われた。

意見開陳では「単協は赤字で苦しんでいるのに全国連は黒字だ。これでは系統農協の総合力発揮ができなくなる」「大会は討議する場であるのに、全国連ベースで進められている。単協代表の意見をもっと聴くべきだ」など全国連批判もあったが、宮脇は壇上の主催者席で白いバラを胸に腕を組んで、弁解することなく「本音が言い合える、血の通った大会らしいものになった」と満足していた。

大会の感想について、伊東勇夫・佐賀大助教授は「三日間の大会の持ち方は成功だった。のびのびと生産点である単協から意見が出たことは、今までの大会でなかったことである」(『農業協同組合』一九七〇年一二月号)と評価していた。

宮脇の考えは大会決議の「今後の農協運動の基本方向」の中で「安易な政治依存を排し、自主・自立・互助の精神に徹し、今後、厳しい内外の環境変化に対して農協として主体性を持って対処していく」に反映されている。また、宮脇の提唱する自主建設路線は高度経済成長の過程で事業量の拡大に走り、協同組合の原点を忘れがちだった農協運動者に、大きな刺激を与え、農協の原点復帰の整風運動として多くの農協運動者の共感を呼んだ。

5 第一三回全国農協大会

❖国際化に対応できる営農団地構想

第一三回全国農協大会は前回と同じように七三年一〇月三日~五日の三日間にわたって開かれた。当初、全国大会は前回より一か月早く九月二五日~二七日に決定していた。しかし、国労・動労がスト処分者の発表に抗議して、九月二〇日からスト体制に入り、二七日をヤマ場に設定していたため、急きょ日程を変更して一〇月になった。

大会は議案審議に十分に時間をとるようにとの宮脇の指示で、第一日と第二日を分科会とし、本大会は第三日目にした。本大会は一〇月五日、緑の森に包まれた東京の明治神宮会館で午前一〇時から約二、〇〇〇人の農協代表者が集まり開かれた。来賓の挨拶の後、基調報告として宮脇会長は一時間にわたって原稿を見ることなく、熱弁をふるった。

基調報告は宮脇の農業観がよく現れている。大きく分けて二つの点を強調した。一つは、日本農業のあり方である。もう一つは資源の無駄使いをなくす「落ち穂拾いの精神」である。

前段の日本農業のあり方は、零細小農経営からの脱却である。

宮脇は農産物自由化の進展などグローバリズムの中で農業に強い危機感を持っていた。しかし、この対応策として、国際的な広い視野から客観的に現状を捉え、農業の未来を切り開いていこうとしているのがわかる。「五反歩や一町歩で文化的生活を営めるほどのものを農業だけで補償ができるはずがない」から、農業の共同化、集団化による規模拡大をめざす考えであり、営農団地構想の実現だ。営農団地構想は宮脇が会長になる前から系統農協の基本戦略であった。六〇年頃から農業共同化が盛んになったが、それは生産過程の共同化であって、流通過程を含めたものではなかった。このため、農協指導で、生産販売一貫体制を確立するものとして営農団地構想が提唱された。六一年の畜産団地に始まり、六七年の第一一回全国農協大会決議した「農業基本構想」の中核に位置付けていた。

しかし、第一二回大会で決議した第一次三ヵ年計画でも策定した農協は六割で足並みがそろっていなかった。営農団地数は全国で点の存在に過ぎず、面としていかに拡大していくが課題になっていた。

基調報告では「政府の農政の基盤は農業基本法による自立経営農家の育成だ。しかし、自立経営農家は全農家の四・四パーセント（一九七一年）にすぎない。残りの九五・六パーセントは自立できない農家で、二種兼業農家への道を急速に早めている。土地需要が熾烈で世界一の高地価のため、所有権の流動化を前提とした経営拡大は到底、困難である。私どもはいちはやくこの問題を取り上げ、用益権、耕作の集約化などで、営農団地体制を確認してきた。赤城農林大臣が、農協のあとを追って、農業団地を打ち出した。

中身は営農団地とそう変わっていない」と七二年度からの農林省が農業団地の育成事業をスタートさせたことに、農協路線に政府が近づいてきたと歓迎していた。

❖「落ち穂拾いの精神」を呼びかけ

宮脇が基調報告で、もう一つ強調した柱が環境を重視した農法のあり方とくらしの見直しである。

「私どもは地球の資源を人類として守り、環境破壊を防がなければならない。このためにどうあるべきか。農協としても、根本の生活信条、くらしの哲学に対して、もう一度振り返ってみる必要がある。私どもは祖父、あるいは両親から教わってきた一粒の米、一粒の麦、いわゆる落ち穂拾いの精神、つまり、そまつにすることは罪悪であるという信条と、くらしの哲学を再確認しなければならない」と耐乏生活のすすめである。

しかし、翌日の七三年一〇月六日に中東産油国から世界に対して石油の輸出大幅削減が突如として発表され、原油価格は一バレル三ドルだったものが一一ドルと短期間に三倍以上の値上げとなった。わが国は大きな打撃を受け、減量経営の徹底などの政策転換が迫られた。

「別に私は翌日、石油危機の発表があるなどと考えていたわけではありませんが、何だかおかしいという勘だけで言ったのです」（一九七四年一月三〇日の中央協同組合学園での講話）と語っていたが、時代を読む、するどい勘を持っていたのではなかろうか。

6 下放運動

高度経済成長の中で農協の貯金や共済が大きく伸張し、経済事業も購買を中心に着実に増加し、マンモス農協として注目されるようになった。しかし、農民との接点である営農・販売事業では多くの問題を抱えていた。

宮脇は、中央協同組合学園での講話（一九七四年四月二日）でも次のように語っている。

「私どもが今までやってきたことを反省しなければならない。それは何かというと、協同組合が協同組合らしい生産体制、高能率、高所得の生産体制というものが、いろいろ試行錯誤でやってきたが、いまだに確立していないことだ。それは農地が少ない、地価が高い、農外所得確保の道がいくらでもある、こういう問題が入り混じって、いまだに、展開されていない。これをどうするかが、今大きな課題である」と農協の現状に危機感を強めていた。

❖千の論議より一つの行動が必要

また、その対策として農家と農協職員の意識の共有化の必要性を農政ジャーナリストの会の研究会で、次のように語っている。「全国連、県連は第一歩のところから仕切り直さなければならない。タテの単協―県連―全国連に危険が生じる。ヨコの関係も農民、農家の立場からとらえなければならない。組織が巨大になればなるほど、それ自体が別個のものとして動きだし、遠心力が大きく働く。今は論理の期間でも論議の期間でもない。足を動かすしかない。協同組合の議論はみんな知っている。表現がうまいか、へたかの違いだ。わからないのは第一線の苦労だ。理論と実践の弁証法的統一ができていない。実践を通して理屈が間違っていないかどうか、確かめなければならない。間違っていれば、虚心に直し、正しければ確信を持って進めばよい。相互不信をなくすためには、お互いに身体を寄せ合い、苦労を共にして握った手の暖かみの中で足並みをそろえることだ。そのためには、各連の部長以上は単協へ、営農団地へ出ていってもらう。まず、私も行くつもりだ。一回でダメなら五回でも、一〇回でも。場合によっては北海道でも、沖縄でも行く。農民の中に入って単協の営農指導員や販購買の主任、実際に営農団地をやっている農家の人々と身体をすり寄せて、場合によっては自分で豚にエサもやりながら、職員と共に苦労してみる。そうした実践を通じて肌身で、彼らの言うことを聞き取っていきたい」(『日本農業の動き』三二号)と系統農協の上部組織職員の現場体験の必要性を強調していた。

宮脇の考えに共鳴した森晋全中常務(中央協同組合学園長)が「下放運動」と名付け、松村正治常務を中心に構想を具体化した。

この運動の第一弾として茨城県稲敷郡東村(現在の稲敷市)の農事組合法人「新平須協同農場」を選んだ。同農場は一九四八年にスタートした一五戸の共同経営体で水稲、酪農、養豚を経営し、年間一億円以上の粗収入をあげていた。戦後、各地に誕生した共同経営は経済の高度成長の過程で崩壊していったが、新平須協同農場は生き残った数少ない共同経営の一つである。系統農協が推進している営農団地とは、形態こそ違うが、営農団地が到達すべきサンプルとして、この新平須農場を農協中央機関でも高く評価していた。

❖中央機関首脳が新平須協同農場を視察

視察したのは七四年一月二三日の寒い日であった。宮脇をはじめ、滝沢全共連会長、片柳農林中金理事長、大島同副理事長、藤田全中理事(高知県農協中央会会長)、森、松村、吉田ら全中常務、高橋家の光専務、永沼新聞連専務、永松全農飼料畜産部総合室長ら一三人。一行は車で東京・大手町を午前八時に出発して、一〇時過ぎに現地に到着した。代表理事の上野満は戦後、自立経営農家育成の農政に真っ向から反対し、協同化を主張してきた。しかし、協同化の考えが認められなかったため、実践によって自ら協同化を作り上げた。二メートルの土盛りをして土地改良をしたが、国の補助金は一銭も貰わなかった。上野の案内で、農場、畜舎、共同施設などを視察した。

宮脇は「新平須農場はわれわれが理想としている協同経営を実践している。私はもともと農協組織の単位は、部落単位程度の農事組合法人が望ましいと考えてきた。新平須農場方式ならオール兼業化の農業から脱皮できる。今まで一番欠けていたのは競争でなく、生産の中での協同で、将来の日本農業はこの方式であれば、食料の自給度も向上し、国際競争の中でも対応力が持てる」と共鳴していた。

上野は「初め視察の話があった時は、ほんの二、三〇分間、見るだけと思っていたが、まる一日じっくり視察し、私の説明にもメモをとるといった非常に熱心なのに驚いた。中央機関のトップが直接、農家の営農を視察して、生の声を聞くことはよいことだ。私たちのやっていることは平凡なことで、農業はもともと協同をしないと成立しないものだ。国補助は一銭も貰わずに作り上げた協同農場であるということを理解してもらえたことがうれしい。宮脇会長は非常に熱心で協同経営についてのよき理解者だと思う」と語っていた。

上野は著書『協同農業四〇年』の中でも「日本の農協はますますマージン稼ぎの商事会社化して、少なくとも私たちの農業協同化運動とは長い間、最も遠い存在だった。ところが、宮脇会長自ら、全国連の会長、副会長、常務等を同伴し、私たちの農場を視察に来られた。ほとんど過半日滞在のうえ、いろいろと研究された結果は大胆にも全国農協中央会の方針として農業の協同化を打ち出され、これが全国に波及されることになった。私は千葉、青森、新潟、広島、鳥取というように、日本全国から講演を依頼されることが多くなった。それもみんな宮脇会長の決断の影響によるところが大きい」と記している。

宮脇も新平須農場から多くの感銘を受けたのか、その後の講演などでも、ときどき取り上げている。たとえば七四年二月七日の全国農協青年大会の挨拶で「これから日本農業は自立経営を目指して進むべきであり、それには協同が必要だ。新平須農場が成功し、収益をあげているのは、協同があるからだ。ようやく求め続け、こうなきゃならんと確信しておった、その実物を見つけることができた。条件はいろいろ違っても、原理原則は適応できるから、これをモデルにして、生活から生産の両方の協同化を図り、そのことによって農民の社会的、経済的地位の向上を図り、協同組合運動の狙いに対して一歩一歩積み上げていきたい」と語っている。

また、『宮脇朝男　思想・人生・運動』でも「(農業の問題点は) 土地所有形態です。土地を遊ばせておいても土地を貸さないということになっています。この解決策として、私がこれだなあと考えているものにほぼ近い姿というのは、上野満さんの新利根の農場のやり方です。あれは、わずか一〇戸程度の集団です。しかし、威力を発揮しています。だから三～四ヘクタールを一集団として団地化して、そこで営農をやれるという形になってくれれば、相当生産が上がる。土地の利用度も高くなる」と土地利用方法に感銘していた。

さらに農産物販売について農協と比較して「上野さんは販売に大変努力を払っている。これに対して農協の販売事業は弱く農民に迷惑をかけている。どうせ農家は無条件委託をするのだというように、農協はあぐらをかいていないか。農協自身が生産に対する問題と同時に販売と購買に対しても反省しないと大変なことになる」と語っている。

この中央機関トップの下放運動は新年度（一九七四年度）に入って第二次総合三ヵ年計画の推進運動として全国各地で実施する方針であった。しかし、宮脇が健康を害したこともあって、中央はもちろん、府県段階でも下放運動プランは実行不可能になった。それは都道府県中央会会長会議で「下放」という言葉に抵抗を感じるという意見も出され、「経営者特別研修会」という名称で七四年度から実施された。

七四年五月下旬から七月上旬にかけて北海道、岩手、山形、千葉、神奈川、三重、和歌山、長崎、熊本の一〇カ所の営農団地で現地研修会を開催した。この現地研修参加者が八月に伊勢市で特別研修会を開き、現地研修にもとづく相互討論を行った。これまでの研修会とは違ったものであり、参加した二〇〇名の農協、県連のトップも下放運動による新しい研修方式について高く評価していた。

7 沖縄返還

❖本土並み組織整備に魂のこもった取組みを

七二年五月一五日、第二次世界大戦で大きな傷跡を残した沖縄が二七年ぶりに本土に復帰した。宮脇が全中会長になって四年目であるが、会長就任早々から、沖縄返還問題は農業・農協界にとっても関心事だった。復帰に先立って本土の農協制度と沖縄の農協制度を一体化する必要があり、法制を含め組織・事業全般について整合すべき課題が山積していた。

全国農協機関が沖縄調査団を派遣したのは六八年七月で、宮脇が全中会長になって八か月目である。米軍の占領下で農協組織がどういう扱いを受けてきたか、山城栄徳沖縄農協中央会長らから説明を受けてきただけに、宮脇の沖縄に寄せる情熱は強く、「沖縄は第二次世界大戦で最も大きな打撃を受けた。現地の実態をつぶさに視察して、単なる実務的な対応の仕方では申し訳ない。同じ日本人であるのにもかかわらず、本土が高度成長で太平の夢をむさぼっているのに対して、沖縄は本土政府の援助も十分に届かず、同じ農民でありながら不公平な扱いを受けてきた。復興準備は魂のこもったものでなければならない」と語っていた。

調査団のメンバーは柳田全中常務を団長に各連の常勤役員一〇名で構成され、宮脇会長秘書役の市川俊次郎も団員で参加した。

市川は「当時、沖縄を渡航するのに総理府発行の身分証明書と米軍施政官名による査証（琉球渡航のビザ）が必要だったが、ビザがなかなかおりない。受け入れ側の沖縄中央会に照会してもラチがあかず、これは米軍側に調査団に対する警戒感があるためと、勘ぐらざるを得なかった」（『さつき』二二号）と記している。

宮脇が外務省と連絡をとり、出発の一〇日前にやっとビザがおりるほどだった。一行は一週間にわたり本島、宮古、石垣の農業、農協を調査した。帰国後、全国各連に沖縄対策室を新設して、本格的に沖縄対策に取り組んだ。

占領軍による農協の弾圧は厳しいものがあった。沖縄では二七年間にわたって最高権力者は現役軍人の高等弁務官だった。六一年に就任したキャラウェイは「米国の施政権下にある現在、琉球の自治権はありえない」と発言するなど、独善的な統治姿勢を示し、沖縄住民から反発を受けていた人物で、農連に対しても厳しい姿勢を示していた。

山城栄徳会長は「キャラウェイ弁務官は、協同組合は共産主義に近いと解釈して、不正防止を大義名分に弾圧してきた。当時、農連がつくった工場はいずれも利益が上がっていた。製糖工場をもう一つつくったら、一般の会社から農連の加工工場をやめさせるべきだとの反産運動が起きた。それを受けて高等弁務官は、農連は加工事業をすべきでない。もうかっている農連の工場を赤字の会社に売れという。農連から工場を切り離したら農民は大きい損失になるため、もちろん反対しました。すると米国陸軍の会計監査部が農連を抜き打ち監査するなど強硬手段に出て、最終的に農連の最大の事業である製糖工場やパイン工場も株式会社に移管せざるを得なかった。私は会長辞任に追い込まれただけでなく、犯罪捜査を受けました。一〇年かかって無罪の判決が確定したが、農協にとって暗黒の時代でした」(『農業協同組合』一九七二年八月号)と語っている。

❖農協教育センター建設に募金運動

沖縄農協対策として宮脇は「本土の県連組織と同じような組織をつくる」ことを指示した。経済事業の農連は、そのまま沖縄県経済連に変更することになった。信用事業は一九年間続いた沖縄独特の制度である農林漁業中央金庫を発展的に解消する措置がとられ、事業の大部分と財産は新設の沖縄県信連に引き継がれた。農林漁業中央金庫が県信連に衣替えするに当たり、宮脇は佐藤首相、山中貞則総理府長官に直接面談して、政府が同金庫に出資していた三五億五、〇〇〇万円を県信連二五億七、〇〇〇万円(七二・五パーセント)と県漁信連九億八、〇〇〇万円(二七・五パーセント)に超長期融資として切り替える措置を要請して、実現した。融資条件は一〇ヵ年据え置きで一五年分割償還、無利子という好条件で、信連の基盤確立に大きく貢献した。

これまで沖縄で認められていなかった農協共済は大きな課題だった。七〇年一〇月に農林省・全共連は農協共済制度指導調査を実施した。これを受け、沖縄農協中央会は農協共済事業促進委員会を設置し、全共連指導のもとに事業実施準備に着手した。

七〇年一〇月一六日、第六回沖縄県農協大会が那覇市で開かれた。二年後に迫った本土復帰に備えた態勢整備が重要な課題として取り上げられ、共済連設立問題も大きな関心事だった。宮脇は来賓挨拶を行ったが、農協共済の調査団メンバーとして参加し、大会を傍聴した全共連の赤羽喜平は次のように記している。

「『国破れて山河あり、沖縄の同胞よ、祖国日本に帰れ、沖縄農協の同志諸君、わが日本の農協運動に結集しよう』と両手を大きく広げて、愛情こもった、かつ迫力ある宮脇の呼びかけに会場は一瞬シーンと静まり、そして万雷の大拍手へと変わり、しばし鳴りやまず、私の胸にジーンときました。拍手が止むと続けて『敗戦後二〇余年、沖縄の農協事業には本土と異なっているのは、共済事業がないことです。本土復帰のあかつきには、共済事業を実施して組合員の生命と財産の保障を図る必要があります。ただ今、調査団が、共済事業開始準備のため、琉球政府、沖縄農協との交渉、調査に訪沖中です』と述べ、参加者に大きな感動を与えました」(一七回忌追悼集)

七二年五月に、わが国で最後の最も新しい県共済連が発足した。

七〇年一〇月二七日の第一二回全国農協大会では、宮脇の指示で「沖縄農協との一体的活動の促進に関する決議」が行われた。この決議をもとに、本土復帰記念事業として那覇市に建設する「沖縄県農協教育センター」の建設資金を援助することになった。沖縄では、これまで農協中央会が中心になって農協役職員の短期研修、講習会を開催してきたが、研修施設がなかった。このため、沖縄系統農協では農協運動の拠点としてセンター設立を計画していたので全中は「教育センター建設資金募金運動」として全国的に呼びかけ目標の三、六〇〇万円を達成した。

❖座して待つのでなく、自ら行動を

もう一つ、宮脇が沖縄農協対策として指示していたのは「合併を進め、本土の農協の平均的な水準にまで全体をもっていくこと」だった。当時、沖縄の農協数は七九、このうち総合農協は七四。一組合員当たり組合員数は一、三〇〇人で本土との差がない。しかし、五〇〇戸以下の組合が一六、専門農協はほとんど百戸未満であった。総合農協の取扱額は本土一〇〇とすると貯金四七、販売四六、購買三九と大きな開きがあった。沖縄の農用地面積五万三、〇〇〇ヘクタールのうち、土地改良などの基盤整備が行われているのは七パーセントにすぎないなど、農業生産の基礎的条件が本土に比べ非常に遅れていた。また、離島問題もあるため、本土と同一視できないが、弱体な基盤ではこれから時代に乗り切れず、合併など体質強化が必要であった。

本土復帰から半年後の七二年一一月一五日、那覇市民会館で新生沖縄の農協の再出発を記念する復帰記念特別農協大会が開かれた。宮脇は一時間にわたり記念講演を行い、この中で農協合併など体質改善の必要性について、ユーモアたっぷりに展開した。

「これから、みなさんに嫌なことを言わなければなりません。販売・購買をあわせて県下取り扱い金額の全額で二〇〇億円足らずなのに農協が八〇近くある。本土の合併農協は一つで二〇〇億円はザラにある。これでは組合長も職員も給料は上がりません。ともすれば農協と農民はなんでも政府にぶらさがって、ねじり鉢巻きと拳骨だけしていればいいのではないか、と間違えられてしまう。われわれはつるし柿ではありません。ぶら下がっていれば味が出るものではありません。自らやることはやる。効率的農業、国際競争力に耐えうる農業づくりをしていこうではないか。政府や県に頼るのではなく、当然の権利として要求していく。ともに闘う国会議員には党派に関係なく支持する。しかし、日本農業に尻を向ける議員には、当選させる力はないが、落選させる力はある。みんなで足を引っ張ればよいのだから…。こういうことに農協が旗を振る力を持つべきです。このためにも、農協数八〇は多すぎる。いくつとは言わないが、みんなで話し合って欲しい。座して待つのでなく、堂々と要求するものは、要求して、自らやるべきことはやらなければならない」

第Ⅶ章

病との闘いと全中会長辞任

1 断食療法

❖二五日間の療養で、減量に挑戦

頑強な体力で農協界を指導してきた宮脇が任期途中で退任に追い込まれた原因について、七三年四月の断食と七四年九月の中国訪問があげられる。

宮脇は健康に自信があった。もともと医者嫌いで、香川県では厚生農協連会長を兼ね、二つの厚生連病院を経営していたが、ほとんど健康診断も受けげず、身長は兵隊検査に測っただけだったという。

しかし、還暦を迎え体調の変化に不安を感じていた。体重が全中会長就任の六七年は八〇キログラムだったが、九〇キログラムを超えていた。

「酒を飲んで帰って布団に入ると天井がぐるぐる回るようなことがある。また、会合の席で挨拶するため、立ち上がるとくらくらすることも。母親は五二歳で亡くなっているから、ぼつぼつオレの番かなと思うが、まだやることがいっぱいあるので、病院に行こうか」と考えるようになっていた。

宮脇は以前から断食に関心を持っていた。キリスト、ソクラテス、ガンジーら先哲、世界的指導者も断食を実行し、中世の神学者であるトマス・アクィナスは「病気の多くは栄養失調からでなく、過食からくる。断食は肉体の重力を断ち、精神を神へと解放する」（神学大全）と意義を強調している。宮脇が尊敬している二宮尊徳も成田不動尊で三週間、断食したのは有名だ。

宮脇は中央協同組合学園での講話で「犬とか猫は自ら体を治している。たとえば食い過ぎると禾本科（イネ科）の草を食べ、ゲエゲエと吐きだし、病気の間、いっさい食べない。それでぴんぴんとよくなっている。断食は自ら体内にある余分なものを取り払い、あるいは眠っている機能を呼び起こすという。近代医学を勉強した人で、本来、人間の持っている生命力、自分の体内に持っているであろう自然治癒力に注目している人はいないか、関心を持っていた」と語っていた。

七二年一一月、「PCB中毒、断食療法で体外へ、ほぼ九割に効果」との見出しで、カネミ油症患者を淡路島の診療所が断食療法で完治させたという新聞記事が掲載された。これは、一九六八年起きたダイオキシンによるカネミ油症事件の治療方法が見つからなかったが、光をもたらしたのが断食だったというものである。この記事を見て、農林予算要求運動で上京していた兵庫県農協中央会の田中繁雄会長に地元の農協を通じ、その診療所を調べてもらった。

担当医は兵庫県淡路島の五色町立都志診療所の今村元雄所長であった。今村医師は九州医専卒で九州大で断食の論文で医学博士になり、断食治療四〇年のベテラン。宮脇は予算対策運動中であったため、同本部のあった全共連ビルから電話で今村医師に直接、連絡をとった。

❖苦痛乗り越え、心身とも快適に

七三年四月一日に入院した。断食前の健康診断で、身長が一七〇センチと思っていたが一六六センチだった。血圧は上が一八〇、下が一一五の高血圧症であり、目まいがするのは高血圧が原因と診断された。また、レントゲンと心電図の検査から心臓肥大も判明した。

今村は断食で体重を三〇キログラム近く減らす必要があり、一気にはムリなので、三年か四年かけて減量するよう提案した。今回は「一〇日間の断食で体重が一〇キログラムから一一キログラム減らす」計画だった。しかし、退院すれば会長としての激務が待っており、次の入院の日程がとりにくいことから、「一五キログラムくらい今回で減らしたいから、二週間の断食をやらせて欲しい」と申し出た。

「入院患者は断食を一〇日間するというと、六日間にして欲しいなど短縮を求めるのが一般的だが、逆に延長を求められたのは初めて」（今村医師）といっていた。

断食の方法は、口に入れるものが、一日、一・三リットルの水を二杯、つまり二・六リットルを飲むだけである。隔日ごとに下剤を飲む。タバコと酒は禁止。入浴は熱湯が禁止で、水浴は認めている。散歩などの外出は自由である。

「入院する時、周辺の人から断食療法は無茶だと言われ、自分も相当苦痛だろうと覚悟してきた。しかし、実際、実施しての感じは全く心配することはなかった。一番苦しいのは二日目であり、三日目になると、どうということがなく、日がたつに従い心身とも快適になってきた」（宮脇がカルテの裏に書いた断食の感想文）と記している。

ただ、テレビを見ると、妄念にとりつかれた。民放テレビのコマーシャルの八割から九割は食に関連するもの。それを見ると強烈に胃を刺激する。このため、できるだけ散歩に出ることを心がけていた。

しかし、最初は、外出しても「タンポポを見ると、きれいだなあと思いながら、このタンポポを採ってゆがいて、ごま味噌でぬたにして食うたら、うまいだろうと考えてしまう。山の際にはヤマツバキが真っ赤な花をつけている。子どもの頃、花の根っこのところに口を付けて吸うとおいしい蜜が出てきたと、すぐ食に結びつけてしまう。お前はダメな奴だと自分で叱咤激励しながら帰ってくることもあった」（一九七四年五月一五日の中央協同組合学園での講話）と述懐していた。

断食を一週間すると睡眠は三時間とれば十分で、頭はさえて明快になる。普段、読むのがおっくうだった本を二〇冊持ってきたが、一日六〇〇頁くらいは読み、頭にぐんぐん入る。散歩も近くにある魚港に行くのが日課だった。朝は底引き網などを見て、夕方は沖から帰る船をながめたり、漁協によって魚獲量などを聞いたりして、毎日四、五キロ歩いた。

体重は一日約一キログラムずつ落ち、一四日間で一一～一二キログラム減量した。ところが一定程度まで来ると今度は横ばいで推移する。血圧は上が一三〇、下が八五と健常者並みになった。

三週間食べないと胃腸は乳児のようになるといわれる。このため、元に戻すため、二日間はおもゆ、三日目で三分がゆ、五日目にやっと普通食だが、最初は茶碗の八分目くらいの量だった。

❖入院中にも地元で講演

淡路島では宮脇の入院を知って、断食中にもかかわらず、多くの講演依頼があった。断食一〇日目に津名町のロータリークラブ、断食後の二日目に洲本のロータリークラブで、それぞれ三〇分間、講演をしている。また、地元で開設したばかりの有線放送テレビで、農協組合長と一時間の対談。さらに、断食三日後に、五色町役場の管理職研修会で二時間の講演をしている。

今村医師は「農協の偉い会長さんが入院されるというので、どんな扱いをすればよいかと、大騒ぎをしたが、いざ入院されると一般の患者さんとちっとも変わらない。患者の中にすぐとけ込み、私の指示通り実に真面目な療養態度には頭が下がりました。患者懇談会の際などは、ご自分の人生体験や欧米を視察された時の体験談を話され、他の患者や看護婦などに感動を与えたものでした」と語っていた。

退院は二五日だった。

宮脇は退院後、「今後は、体重を、これ以上ふやさないようにしなければならない。私は結局、食い過ぎだった。栄養過多のために栄養バランスが崩れてしまった。もう金利、償却がすんだ人生であり、残すところ、わずかな私が、やはり天寿であれば、あと何年生きるにしろ、健全な体をできる限り維持して、与えられた仕事、天業天職を全うしたい。このため、体重の減量と食生活を考え直すことにした」と語っていた。

まず、断食療法を毎年実施して六〇キログラムまでに下げることを目標にした。入院時期は仕事の関係から時間のとれやすい五月のゴールデンウイーク前後を考え、退院時に翌年四月三〇日から五月の一〇日で申し込んだ（しかし、会長職の多忙のため、この断食計画は実現しなかった）。

私も、退院後、全中会長室で会ったが、顔色もよく元気そうだった。ただ、椅子から立ちあがり「こんな状態だ」とだぶだぶになったズボンのバンドに手をして見せる姿が印象的だった。

評論家の寺山義雄は退院直後に対談しているが、『生きている農政史』によると、次のように書いている。

宮脇は「とにかく、目方が減り、血圧も下がって正常。からだじゅうから毒気が抜けて、頭のなかがカラッとしたよ。いうなれば頭脳明晰ってやつさ。こんなに即効があるとは思わなかった」。断食診療所から出てきた時のセリフである。「三週間も断食したあと、アレのほうは？」と聞いたら、ボールペンをつまんでピンピンはねあげてみせた。

2 多忙を極めた会長職

❖時間が足りない

頑強を誇っていた宮脇は七四年を境に健康を害して〝栄光の座〟から後退を余儀なくされてしまう。宮脇は、これまでも健康に気を付けなかったわけではない。全中会長になってから生活は東京と香川が半々だった。月曜日から水曜日が東京で、木曜日から日曜日が香川を原則としていた。しかし、農政運動、要人との会談なども多く、東京在住が長くなりがちだった。東京での宿泊所は最初、第一ホテルだったが、大平夫人の志げ子の紹介で神宮前のマンションに移っている。マンション一階の「一〇二号」室で二ＤＫ

のこぢんまりした部屋だった。朝、神宮外苑に散歩するのに便利だった。

当時、全中総務部長だった鈴木昭は「会長は明治神宮のそばのマンションの一室を自ら見つけてこられ、『見ておいてくれ』とのことだった。日当たりや交通の便、静かなことなど環境は申し分ないが、ちょっと手狭だと思い、そのことを会長に申したところ『東京チョンガーだから、あれで十分だ。私はメシ炊きや下着の洗濯など、ちっとも苦にならない』と言っていた。秘書と相談して必要最小限の家具、家財を整えた。会長は『小さな漬け物桶を一つ買っておいてくれ』といわれ、浅漬けの作り方をひとしきり講釈された。『大根を適当な大きさに切って葉も一緒に刻んで塩もみをし、それをネギを薄く斜（はす）に切ったものを加えるのが、うまい浅漬けを作るコツだ』と、あの独得の人なつこい笑顔で手振りをしながら楽しそうに語っていた」（一七回忌追悼集）と記している。

私も夜、取材で部屋を訪問したことがあるが、マンションとはいえ、ベッドにもなる折りたたみ式の応接セット、本棚、洋服ダンスという質素なものだった。

マンションに引っ越してきた日に、会長の車運転手の筒井基之は宮脇の床をとるため、敷き布団を二枚重ねると宮脇は「それは困る」といって、敷き布団を一枚にし、上は毛布を使わず、冬なのに掛け布団一枚だけだった。いぶかる筒井に「人間は誰でもふかふかした布団に寝たいが、それをやっていたのでは農民のためという初心を忘れてしまう」と説明。自分に頑固なほど厳しい宮脇の性格をよく表している。

中央協同組合学園の講話でも、日常生活を次のようにふれている。

「私には時間が足りないんです。諸君も二四時間、僕にも二四時間しかないんです。会長用の時間を五時間くらい余分に貰いたいです。そうならないので結局、早く起きて遅くまで働かざる得ない」「全中会長はよほど立派なところに住まっておると思うかもしれないが、諸君の下宿と変わりません。六畳二間のアパートです。自分で洗濯もする。料理もつくる。また、毎週、東京と香川を飛行機で行き来する。県に帰ると、『おやじが戻ったぞ』といって、朝早くから夜遅くまで日程が詰まっている。このような生活は周囲に迷惑をかけることもあるが、よいところもある。東京で言ったり、やったりしたことが、末端の農家に、どういう姿で届いているのか、今農家は何を求めているのかを、生で聞くことや、感じることができる」（一九七四年四月二日）。

東京での朝食は自分で料理していた。野菜、油揚げ、コンニャク、はんぺん、がんもどき、生あげなどが好物だった。特にサトイモやニンジンなど煮付けものが好きで、自分で上手に味付けしていた。もともと、香川の自宅でも時間のある時は、台所に立っていた。

夫人の百合子によると「ご飯、味噌汁、漬け物などの料理がうまかった。味噌汁はコンブやイリコをふんだんに使うからおいしかった。料理中は、そのことに全身で集中し、『よいしょ、どっこいしょ』と合いの手を入れながら、作業も手早かった。たくあん漬けは全部、主人がしていた」というから、料理に自信があったのではなかろうか。

しかし、会長職は酒席が一晩で、ときによって四席、五席も掛け持ちすることがある。酒と一緒に食物をつまむから、カロリーが過剰になる日々が続くこともあった。

「農協ビルで好んでさぬきうどんを朝食とも昼食ともつかずに食べていた。この栄養のアンバランスがエンジンオイルを切らして走り続け、エンジントラブルを起してしまったように思えてならない。嫌われても強引に家政婦付きの舎宅に住んでもらえればと思った」（国井守正・一七回忌追悼集）というように、時間に追われ不規則な食事になっていた。

❖「いつ倒れても後悔のない人生」を心がけ

早朝の明治神宮の散歩は宮脇の健康法の一つだった。このため、起床は表参道口の柵が開く二〇分前にしていた。夏であれば午前四時三〇分に柵が開くので、四時一〇分に起床、冬ならば五時一〇分のため、四時五〇分である。ステッキを持って出かけるが、それは中国製で「青山をあまねく踏めば人老いることなし」との文字が刻まれていた。散歩は一分一〇〇メートルの強歩で始まる。代々木口から宝物殿の前を回って西神門横を通り本殿前で柏手を打ち、表参道に向かって帰るのがいつものコースで、この間約四五分。

「季節によっては明けそめた静かな神宮の森で、キジを数羽見かける。ケンケンと鳴くキジの声が朝のしじまに響く。さまざまな野鳥が鳴き始める。まことに気持ちのよい朝のひとときである」（日本経済新聞一九七二年七月九日付）と書いている。

全中会長として多忙な日々を送っていた。午前八時前に出勤し、部屋の鍵は自分で開けていた。全中役員室には朝から来客が待ち受けており、数分単位で応対しなければならなかった。また、夜は政財界関係者との会合が続いた。招待された宴会は二時間で切り上げ、招待した時は最後まで付き合うことをモットーにしていた。マスコミ関係者にも積極的に会っていた。時間のある時は、記者クラブに突然、顔を見せ、雑談して帰ることもあった。農業、農協批判する記者や評論家との会見にも、臆することなく参加して、ユーモアを混ぜながら丁寧に説明して、いつの間にか味方にしてしまう巧妙な話術を持っていた。また、農業だけでなく内外の政治、経済について大変な情報通であり、取材の申し込み者があとを断たなかった。

私は宮脇に取材の時間がとれない時は、駐車場のある農協ビル地下三階のエレベーター出口で待って、次の会場に行く間、車の中でよく話を聞いた。出口に待っていると、「戦前の特高に追われている時を思い出すよ」と語っていた。

「いつ倒れても後悔のない人生」を常に心がけ、「日曜日も祭日もほとんど休まず、一日一六時間働き続けた」超人的なハードスケシュールを消化していた。妻の百合子によると「へとへとに疲れていても出かけていきました。『細く長い人生は送れない。自分に与えられた今日という日を力いっぱい燃焼するのだ』

と言って走り続けた」という。みんなが休む日曜日と祭日も講演や結婚式の出席が多かった。

全中の吉田常務が「結婚式に出席しないで日曜日ぐらい休んではどうですか」と忠告すると「結婚式は相手にとって一生に一度のことだから、そういうわけにいかない」と答えている。

ユーモアと説得力のある講演は好評で全国各地から講演依頼が殺到した。義理堅いほど人間関係を大事にしていたし、自分を必要とするところはムリして出席していた。このため、過密ダイヤがますます過密化していた。これは東京にいるときばかりではなく、地元でも同じだった。

香川県中央会の副会長だった太田久米太郎は「全中会長時代、落ち着いて話しをする時間をとるのに苦労した。地元に帰って来ても政財界、マスコミ関係者らが待ち構えており、なかなか時間がとれない。かえって東京で会議のある時、朝八時頃、全中会議室で一時間ぐらい会うのが、一番落ち着いていた」と語っていた。このような無理な生活が宮脇の体を弱めていったといえそうだ。七四年四月頃から夜中に排尿のため、ときどき目がさめて、よく眠れない日が続いた。熟睡することで体力を回復をはかってきた宮脇にとって米価運動を前にして何とかしなければとという焦りがあった。尿が細く、出が悪いこと、放尿の後も残尿感があることなどから、前立線肥大ではないかとの疑いを強く持った。

農林中金監事の馬場穀六から東京逓信病院の土屋文雄院長を紹介してもらい、六月四日、診断を受けた。土屋院長から「前立腺肥大なので、手術すべきだ」と言われ、すぐ入院手続きをとった。

3 前立腺肥大手術で入院

前立腺肥大で東京・飯田橋の東京逓信病院に入院したのは七四年六月一四日で、参院選挙の公示日であった。選挙の宣伝カーの音が病室まで届くほどだった。宮脇にとって入院するのは前年の断食道場を除けば初めての経験で、まして手術の体験がない。前立腺肥大の手術は簡単とはいえ、不安を隠せなかった。宮脇は、豪放な性格や大きな体から想像もできないほど病気に対して神経質な一面があった。手術の日が近づけば近づくほど不安がつのり、夜中に何回も目をさましたが、医師や看護婦に対してそのような、そぶりはほとんど見せなかった。看護婦には「ありがとう」「ごくろうさん」とくり返して思いやりのある態度をとり、医師の指示には忠実に従っていた。

土屋院長は「〝農協の天皇〟とは聞いていたが、決していばらないし、文句も言わなかった。礼儀は正しく、こせこせしたところがない。人間が大きい感じだった。医師や看護婦からも慕われていた」と言っている。

手術は六月二一日に行われた。午後二時から一時間半の予定で始まったが、肥満体のためか、予想外に時間がかかり、病室に戻ったのが午後五時半を過ぎていた。この時の手術が痛かったのか、退院後に「いやあ、初めての手術で痛いのでびっくりした。おまけに体の中から卵大のしこりが三つも出てきたよ」と語っている。手術後は体力の回復も早く、一〇日目に抜糸を行った。保革伯仲した参院選挙の結果が明らかになった七月一〇日に退院した。政局は、退院した翌日、三木副首相が田中首相の政治姿勢を批判して辞任するなど、大きく動いていた。

❈退院後、休養もなく米価など激務で奮闘

米価運動は、七月一〇日に農林省三番町分庁舎で農協中央米対本部代表と農林省幹部の事前折衝が行われ、同庁舎の中庭には六〇〇人の農協代表者が見守っていた。一五日から生産者米価の米価審議会が行われるなど、手術をした体には〝悪い環境〟の中で、第一線に立たざるを得なかった。米審は狂乱物価の中で連日、荒れた審議となり、宮脇は生産者委員として奮闘した。答申作成は徹夜態勢になり、五日目の

一九日未明に答申するほどだった。退院後の体には厳しいものだった。体調を心配する周囲の意見も聞かず、米審直後から七月二二日の決定まで、早朝から夜遅くまで、要請運動の先頭に立って指揮した。これが、その後の病気の導火線になっている。

この前後のいきさつについて宮脇は七月三一日の香川県農協連理事会で「私事で恐縮でございますが、六月四日にどうも体の一部に故障を自覚いたしておりましたので、東京逓信病院の院長に診断を受けたところ、早期入院、手術を適当とするという診断でございましたので、六月一四日に入院し、二一日に開腹手術をしました。その後、療養していましたが、一切の面会謝絶し、一意専心療養に務めまして、何とか米審に出席することができました。手術後、一連の仕事が詰まっていたので、多少養生を早めに切り上げたということでございまして、無理をしたことが今頃になって、さわりまして最近も病院に通い、あちこち見てもらっている状況です。しかし、八月中には何とか元の体にいたしたいと考えています」と報告している。そして元の体に戻らないまま、宮脇は九月六日〜二二日に中国を訪問した。この中国行きが、健康面から見て、あとあとまで大きな障害になった。旅行中にいくつかの兆候が表れていた。北京飯店で片柳真吉が宮脇の部屋に行ってトイレに入ると血が残っていたので「どうしたのだ」と聞くと、「どうも調子が悪い。血尿が出る」と言っていた。また、万里の長城を登る時も、足がむくんでいたためか、通訳の人に腕を持ってもらうなど介添えを必要とするほどだった。

帰りの香港でも「下痢で一晩中眠れなかった」というように、羽田空港に着いた時は、疲労の極に達しており、帰国の記者会見はいつものような歯切れのよさがなく、やっと話している感じだった。

翌日、香川に帰ったが、乗り継ぎの大阪空港で宮脇を迎えた荻野種夫三興社社長は「会長のやつれている姿を見て驚きました。顔がふくれている感じで、歩く後ろ姿が一線上を歩くのではなく、風に吹かれ体がふわふわ揺れているように見えた」と述懐していた。

4 死を覚悟したほどの心臓発作

全中会長は一一月二三日の勤労感謝の日に、明治神宮社殿で行われる新嘗祭に出席する習わしだった。宮脇は前夜からほとんど眠れず、体も重かった。前日の二二日は農協法公布二五周年のため、農協ビルで農協中央機関職員に対して一時間半にわたり記念講演を行い、引き続いて行われた記念パーティーで、少し酒を飲み過ぎたのが原因なのだろうかと、いろいろ思いを巡らせながら、車に乗り込んだ。

この日はあいにくの曇り空で、底冷えする天候だった。午前九時から始まった新嘗祭の式典は、倉石農相と一緒に参加した。明治神宮は木に覆われているため、寒さは一段と厳しかった。宮脇は立ち上がろうとすると足がふらふらして重心が定まらなかった。「これは、どうもおかしい。ただごとではない」と思いながら、日本農林漁業振興会主催の農業祭行事の一つである明治神宮会館での天皇杯受賞者などの表彰式に出席。さらにパレード用デコレーションカーが並ぶ中での中央アーチのクス玉割りに参加した。ここからオープンカーに乗り、パレードする予定だったが、体の調子が極端に悪く、とてもそんな気持ちになれず辞退した。帰りに運転手の筒井に「どうも疲れたなあ」と言っている。少しぐらい悪くても口に出さず、我慢強い宮脇の性格をよく知っているだけに、「これは通常でない」と筒井は思った。

その日の夜中、宮脇はかってないほど強い心臓発作に襲われた。胸が締め付けられるような苦しみのほか、胸の動悸、息切れがして、このまま死ぬのではないかとの恐怖にさらされた。全身汗で濡れ、顔は青ざめた。発作の時間は二、三分だが、非常に長く感じられた。その後も数回の発作があり、ほとんど眠れないで朝を迎えた。

一一月二四日は運悪く日曜日。病院は休みだが、心臓発作がいつ起きるかもしれない。連絡を受けた日本農村情報システム協会の坂尾彰は知り合いの医師に宮脇の症状を説明すると「狭心症ではないか」といってニトログリセリンを飲むようにすすめた。坂尾は千葉大付属病院からニトログリセリンをもらい、原宿のマンションに駆けつけると、宮脇は「これで助かった」といって喜んだ。

二五日に東京逓信病院に行き、土屋院長から循環器科の花岡和一郎医師を紹介された。「狭心症だからすぐ入院したほうがよい」と診断され、ベッドの空くのを待って、一一月二八日から入院した。全中は一一月二五日、「会長は過労のため、当面、休養することになった」と発表している。

狭心症の発作の症状は人によって違うが、宮脇の場合は、睡眠してから夜中に起きることが多かった。入院後も連日のように発作に襲われた。たび重なる心臓発作で宮脇は入院当時、かなり死を意識した。付添人に菊池寛の「我在る時に死来らず、死来る時に我在らず、我と死と遂に相会わず。我何ぞ死を怖れんや」との文章を書き、「おれの心境はこうだ」とも言っている。

あとで宮脇は当時のことを『宮脇朝男　思想・人・運動』の中で、次のように語っている。

「心臓病というのは、とにかく朝起きた時に、ああ、今日も生きておるなと感じるんですよ。発作が来ると、もうキューッと締められ、息が吹きも、吸いもならないですよ。心臓発作というのは、それがちょくちょくきて、その時には、ことによると今日でわしの人生しまうかもしれんぞ、ということで、非常に深刻にものを考えました。翌朝を迎えますと今日も生かされたな、今日も一日とにかく生きておらないかんなと思います」

「心臓発作で、今日おれの人生しまいかなということを考えましたが、その時にはあとで混乱の起きないように、家内と弟を呼んで、ことによるとダメになるかもしれんが、その場合は後を頼むぞ。経済的な債務というものは何もない。保証債務はこういうものがあるから、その保証債務の履行を求められた場合は、務めて果たさなければならんぞと、そういうことだけはきちっと整理して言い渡しました。それで一日一日与えられたままの命を大事にしなければしょうがないという腹を決めました」

❖繰り返される死の恐怖との闘い

七四年一二月九日に田中内閣総辞職、三木内閣が発足するなど政局は大きく動いたが、宮脇は病床で死の恐怖との闘いを続けていた。しかし、治療の効果もあり発作はだんだん治まってきた。七五年一月に入ると階段を上り下りして心臓にどのような変化が起きるかの試験も行われるようになり、回復に向かっていった。一月二三日に一時的な退院が許された。血圧は入院時は上が一四〇、下が八〇だったが、退院時は上が一一〇、下が七〇になっていた。宮脇の退院の報に、会長職の復帰が間近になったと農協界は安堵していた。

一月二六日の記者会見で松村全中常務は「会長は、これまで朝八時に出勤して、それから延々夜中の一一時まで仕事をしていた。無茶な仕事ぶりを私どもが、いくらたしなめても、聞き入れてくれなかった。今回の入院は会長にとって良い薬になった」とホッとしていた。

当時、日本農業新聞のコラムにも「かつて八七キログラムもあったのが、七三キログラムへと体重減らしも成功して体調は上々とかで、『もうかなりよくなった』と自信たっぷりとのことである。しかし全中会長職は名だたる激務職、まして米価を控えているだけに体力完全復帰までは周囲は抑えにかかっており、〝仕事の鬼〟宮脇会長もまだ当分はじっとがまんの季節」と楽観的に伝えている。

だが、一時退院した理由は、周囲の安堵感とは違った理由があった。宮脇は「絶対安静の療養を命じられていたが、多くの面会人、あるいは見舞電話がかかり、病院側が困るので一度、退院していた」と語っている。入院を知って病気見舞客が多く、特に政治家は多忙のため、面会時間以外でも来院する。病院側に迷惑をかけていたため、見舞客をけん制する狙いもあった。原宿のマンションに戻ったものの、心臓発作の不安もあり、良く眠れなかった。

一月二六日の夜中に、心配していたように強い発作に襲われ、一月二八日には再入院をせざるを得なかった。

宮脇は、全中会長の辞任をいつ頃から固めたのかは、明らかでないが、狭心症はそう簡単に治らないことを自覚した一九七五年一月頃ではなかろうか。

一月下旬、尾池・香川県中央会参事が見舞うと「ひと通りの病状説明のあと『全中会長を辞めようと思うが、どうか』と切り出した」（『虹と泥濘』）という。また、二月上旬、親しい見舞客に対して、全中会長の辞意をほのめかしている。これに対して友人は「病気は回復に向かっている。全中会長を続けたらどうか」と言うと、「体を悪くして、なんで農民のための仕事ができるのか。農民の稼いだ汗と油の結晶である金をもらうのはしのびない」と語っていた。潔癖症の宮脇にとって会長の任務が十分に果たせないのに報酬を受け取るのは耐えられなかったにちがいない。また、花岡医師にも「みんなに迷惑をかけるから全中会長をやめたい」と相談している。花岡医師は「かえって仕事がなくなると体と心のバランスがとれなくなる。現状のまま仕事を続けたらどうか。体は私にまかせなさい」と慰留した。

入院中でも必要に応じて外出していた。二月二六日、東京で初めて開かれたICA執行委員会に出席し、歓迎の挨拶をしているが、夜の農相招待のレスプションは欠席している。

三月七日の全中総会には出席し、会長挨拶で「総資源節約、経済の安定成長という時代になった。われわれは災を転じて、どう福となすかに傾注すべきだ。単協も、連合会も人件費、一般経費の増大で、苦しくなっており、収益の拡大は期待できないだけに、あやまちのない経営、組織防衛的な経営に徹する必要がある」と訴え、第二次総合三ヵ年計画、単協の全国連直接加入の推進などについて言及している。

当日は午後三時からの全国都道府県農協中央会連合会会長合同会議にも出席、冒頭挨拶のあと、司会をしている。

5 全中会長の辞意表明

❖兼務職の切り離しなど慰留工作に全力

退院前日の三月一七日に松村、吉田両全中常務を呼び、全中会長の辞表を渡した。両常務とも驚き、当初は外部に漏れないようにして、慰留に全力をあげた。

経済の低成長時代を迎え、農協も難局に直面しようとしていた。当時は昭和恐慌の再現するおそれすらあるという戦後最大の経済危機を迎え、農協運動はまさに正念場に立たされていた。「企業の寡占化が進行するなかで、農協のみが旧来の零細な組織・事業方式を固守しつつ経営を維持することは許されないであろう」（『農業協同組合』一九七五年一月号）という情勢だった。

これらの局面を乗り切り、カジをとれるのは宮脇以外にいない。年齢六二歳の働き盛りであり、誰もが、七〇歳近くまで全中会長として農協界をリードするだろうと思っていた。

それだけに、宮脇の辞意を知って驚くものが多かった。農協中央機関首脳は宮脇の仕事の量を減らし、全中会長を続けてもらうよう慰留に腐心した。たとえ長く病院に入っていても、必要な時だけ判断を下してもらえればよいという意見もあった。全中会長は兼務職が多いので、まず中央酪農会議会長を片柳真吉・中金理事長が引き受け、五月に入ったら他の兼務職も交代させる準備を進めていた。しかし、宮脇の辞意は堅かった。一度言い出したらなかなか引き下がらない性格からみて慰留工作は絶望に近かった。

四月二三日の理事会で辞意を表明することを知った農協中央機関首脳（片柳中金理事長、真崎全農会長、滝沢全共連会長、岩持全中副会長）は前日の二二日午後、慰留に努めたが、席上、宮脇は「米価運動が間近に迫っている。全中会長として職責をまっとうするのに健康に自信がない。これ以上、組織に迷惑をかけたくないので辞任したい」と語った。

米価運動は全中会長の大きな仕事である。宮脇の任期は七月二五日までだが、米価運動たけなわの時に辞意を表明したら大きなマイナスになる。米価審議会をみても一晩徹夜態勢になることが多い。米審委員二五名のうち生産者側委員はわずか四名。「私が休めば四分の一が欠けることになる。米審に出られないことがわかっていながら、ほおかぶりしているわけにいかない」と訴えた。

これに対して中央機関首脳は「任期は七月二五日まであと三か月もある。その間に健康回復に努力して欲しい」「四月～六月の季節は病人の健康回復によい時期だ。辞意は撤回して欲しい」と慰留に努めた。この結果、宮脇の辞意表明は内外に与える影響が大きいため、四月二三日の理事会では行わないことでほぼまとまった。

ところが、この会談の内容が報道機関に知れ渡り二三日の各紙朝刊で「宮脇会長が辞意」と報道した。NHKも朝のニュースでそのことを大きく報じた。報道された以上、辞意を明らかにしないわけにいかなくなり、宮脇は理事会で辞意を表明して、退席した。しかし、理事会は六月一七日の役員推薦会議まで健康回復に努力してもらい、慰留に努めるとの態度を決め、辞表を受け取らなかった。辞意表明は農協界に大きな波紋を投げかけ、各地で慰留運動が起きた。

当時の経過と心境について宮脇は五月六日、香川県農協会館で記者会見を行い、次のように語っている（『四国新聞』五月七日付）。

一、昨年以来、病院生活が二回、五か月にわたり、狭心症という医師の診断もあって、健康に自信が持てなくなったため、全中会長の職を辞任する意志を固めた。四月二八日に真崎全中副会長（全農会長兼務）に担当常務を通じて辞表を出している。だが、私の意志通り処理されていないので、もう一人の副会長（岩持氏）に手紙で「五月二一日の理事会で辞任を認めてくれるよう」申し入れた。

一、会長任期は今年七月二五日で満了する。しかし、それまで在任していると米価をはじめ農政などの政府関係の委員の仕事も始まってしまう。そうした仕事を手がけていながら、中途で交代するというのも不格好なので、任期を待たず即刻やめさせてもらいたいというのが私の気持ちだ。もう一つの理由は、六月一七日に次期役員の推薦委員会が開かれることだ。その時になって辞意を申し出たのでは、組織を混乱させかねない。

一、過去八年近く、東京の仕事が主になって地元での不義理も重なっている。その意味でも、健康上の問題は〝天の配剤〟といえ、今後はこれまで盛り立ててくれた地元のお役に立ちたい。

❖軍旗は常に翻っていなければならない

宮脇会長辞任の扱いについて七五年五月一四日午後、片柳中金理事長、真崎全農会長（全中副会長兼務）、滝沢全共連会長、岩持全中副会長による首脳会議が開かれた。宮脇は香川に帰ってからも発作が二回あるなど、全中会長が精神的重荷になって健康回復の障害になっていること、米価シーズンを控え、今のような空白状態が続くのはよくないので職務執行者をはっきりさせ、米価運動に混乱がおきないようにするなどを協議した。

この結果、①五月二一日の理事会で辞表を受理する、②新会長が決まるまでは職務執行代行は真崎が当たることを決めた。一九日に真崎、岩持両全中副会長が香川に行き、首脳会議の協議内容を宮脇に伝えた。

岩持は「香川県の各連副会長さんらとも話し合ったが、『宮脇さんを一時預けるが、健康の回復を待って、また全中会長に返り咲いてもらいたい』と挨拶してきた」と辞任を認めるものの全中会長として再度復帰を期待していた。

五月二一日の全中理事会で真崎から「高松市で会長と懇談したが、宮脇さんの辞意は堅く、体の具合もよくなく、この上、無理させては病状が悪化するばかりなので、正式に辞意を認めたい」と提案した。各理事から「残念だが健康の理由では仕方がない」との発言で、やむなく、会長の辞意を正式に決定した。宮脇のこれまでの実績を高く評価して全中顧問としてとどまってもらうことになった。

私は、五月二二日、高松市の農協会館で宮脇にインタビューをした。昨年一一月の入院時に比べ一六キログラムやせて、顔色はいくぶん黒ずみ、これまでのような肌のつやはなかった。

「まだ、ときどき心臓発作に襲われる。つまり、ときどきエンストを起こす単発の飛行機に乗っているような冒険をしている感じだ。エンジントラブルが少し長くなれば、私の人生は一巻の終わり。責任ある重要な全中会長を続けることは、私の肉体、精神の限界を超えている。全中会長職は強じんな精神力と頑強な肉体がなければやっていけない。たとえば、米価運動は表面化する前に、その見通しを固めておかなければならない。今年の運動をどう展開するか、それに対する農協以外の考え方はどうか。政府、言論界の動き、与野党の政治的動向、財界・労働界のわれわれの要求に対する理解の仕方など、これらの情報・情勢をキャッチするには、本を読んでいれば良いというものではない。生きた情報をとらえなければならない。それらの人たちと触れるチャンスをつくるには、相手が忙しい人たちだから、昼間のこともあるが、夜になることも多い。これらの情報を総合的に判断して、きたるべき運動をどう展開するか決めておかねばならない。その時の行き当たりばったりの出たとこ勝負では闘いにならない。〝行け行けどんどん〟では無責任態勢になってしまう。全中会長は多くの批判を浴びながらも、屈辱とか栄光というのでなく、ひたむきに運動を進める役割がある。それには強じんな精神力と頑強な肉体が必要だ。私は医師から『緊張の連続、ストレス、疲労の蓄積は絶対いけない』と勧告されている」と辞意の理由を語っていた。

宮脇は辞任にともなう各界の挨拶を兼ねて五月二七日、上京した。午後四時から東京・大手町の農協ビル四階で全中職員に対して最後の挨拶を行った。私も会場で取材していたが、いつもと違い、緊張した雰囲気の中で、百数十人の全中役職員の拍手に迎えられた。薄いブルーにストライプの入ったワイシャツ、赤い水玉のネクタイ、紺のスーツで現れた。水を一口飲んだあと、ゆっくりと話し始めた。

「昭和四二年会長に就任以来、みなさんが一丸となって、本当によく働いてくれました。あれだけもみあげた短大問題を片づけて、学園をスタートさせ、農協教育の土台ができました。全購販連の合併も多くの人たちの支援と理解があったればこそ実現できました。名称も販が先か、購が先かでもめましたが、私はどちらが先になろうと、そんなものにこだわっているから大同団結ができないと、販も講もとって全国農業協同組合連合会としました。また、単協の全国連直接加入の道が一〇年を経て、ようやく来年から動き出すことになりました。みなさんが、一体になって農民の立場に立って、旗を振り抜き、本当によく働いてくれました。私は幸せであり、お礼を申し上げたい。農協運動は法律などで処理すべきことでなく、どうすることが農民のために一番利益があり、どうすれば農業の前進のために寄与するかであり、資本の独占や寡占化に対抗して農民の総力を結集して、推進することができました。販売だ、購買だ、信用だ、共済だという垣根を外して、全農協の中における同志先輩方の深い理解があったからこそ、うまくいったのです。このことは、死ぬまで忘れられないでしょう」とまず、職員に感謝した。

続いて自分の健康問題に触れ「私は少年時代を除いて病気らしい病気をせず、健康に恵まれてきました。頑強な肉体をいいことに無理を重ねてきました。私が健康に衰えを感じたのは三年前、体重が九〇キログラムになったときです。体重を減らすため断食をし、タバコを止めました。しかし、今にして思えば、すでに遅しの感がありました。『年を経て、糸の乱れの苦しさに、衣のたて（経）はほころびにけり』という歌（『古今著聞集』）がありますが、まったく『年を経て、糸の乱れの苦しさ』です。全中会長は強じんな精神力と頑健な肉体を持たなければ勤まらない、ということを七年余りの会長経験でよく知りました。全中会長は例えて言えば、戦場の軍旗のようなもので、いつの場合でも前線で翻ることで士気を鼓舞し、闘いの姿勢を崩さずに進めなければなりません。軍旗がかげをひそめると、もはや全軍の指揮はふるえません。現在の私の健康状態では、とても軍旗たり得ない。まことに残念ですが、人間は、暦の年と肉体の年、精神の年は違うものです。暦の年よりも肉体年齢の方が少し年を取りすぎてしまいました。全中会長は辞めますが、健康に多少の自信を得るようになれば、全国の農協運動、連合活動の驥尾（きび）にふんして進んでいこうと思っています。息の続く限り、生命のある限り、農協マンとして精神だけは持ち続けていきたい」と宮脇はしんみり別れの挨拶をし、深々と一礼した。

森晋常務の音頭で「健康回復と農協ビルに再び雄姿を現すため」と万歳が三唱される間も、頭を下げていた。

❖消えた「ヨッシャ！」という力強い声

宮脇は全職員から慕われていただけに、職員は、挨拶を聞きながら、それぞれ思いを抱きながら、深い寂しさを味わっていたにちがいない。

出版課長だった佐賀郁朗は『農業協同組合』（一九七五年六月号）の編集後記で「宮脇会長が辞任された。『ヨッシャ！』という力強い声は会長室では聞かれない。『俺に任せておけ』というときも、『全力を尽くしてやってみよう』というときも、会長の口から出る言葉は『ヨッシャ！』の一声だけだった。『ヨッシャ！』という声に甘えて、われわれが会長に過重な負担をおかけしたことが、健康を損なわれた一因ではないか、深く自責の念にかられる。会長が好んで揮毫された『思無邪』という言葉を座右の銘とし、一日も早く健康を回復されるよう祈りたい」と記している。

社会党の国会議員であった足鹿覚は、宮脇がかつて全販連専務の時に同連副会長でもあり、その後も交友関係が続いてきたが、「あれほど農民のために尽くしてきた男はいない。地元に帰って一日も早く元気になって欲しい。宮脇君が立派だっただけに、後に誰が全中会長になっても大変だ。宮脇のあとに宮脇なしだ」（『日本農業新聞』一九七五年五月一八日付）と語っていた。

七年六か月の間、農協の地位を内外にわたり高めた功績は大きい。独特な個性と鋭い勘でその力をいかんなく発揮され、名実ともに農協界に君臨して、天皇的な存在であった。政治的にも、自民党から各野党まで幅広い交友関係がある上、国際、財界にも顔が広かった。演説の話術にすぐれ、タレント性があるため、農協界だけでなく、米国の雑誌に日本の実力者五人の一人として扱われるほどだった。

当時、六二歳の年齢だけに、健康が回復すれば、本人が好むと好まざるとにかかわらず、宮脇の再登場を要請する時期が来るのではないかとの空気が強かった。

6 故郷に帰る

❖余生を郷里の農協・農業発展のためにつくしたい

宮脇が全中会長を辞めたのは、健康上の理由であるが、その背景には、当時、いろいろな見方があった。その一つが米価全国大会で農民からツバを吐きかけられ、「組合員は必ず自分を信頼してくれる」という自信のぐらつきではないかというものである。しかし、私は雑誌『用水と営農』（一九七五年八月号）に「宮脇全中会長辞任の真因」として「やるべきものはやったという達成感があったのではないか」として、次のように記述している。

「人の上に立つものの出処進退ほど難しいものはない。どの組織でも最高幹部になれば取り巻きの人たちは本人が喜ぶようなことで機嫌をうかがうし、その席に長くいればいるほど自信がつき、うぬぼれも強くなる。『自分がいなくなれば、この組織はダメになる』と思い込む。それだけに進退の機会を見失いがちである。しかし、これを誤れば、今までの名声も消えるだけでなく、石を持って追われることにもなりかねない。私はこれまで農協界においても、そのような事例を多く見てきた。前農林中金理事長の楠見義男氏は共和製糖事件の責任をとって辞任したが、同事件が起きる前は名理事長と言われた。マスコミにも、米価審議会会長などを兼ねていたため、記者会見も多く、記者仲間でも、わかりやすい説明で、発言がそのまま記事になると評判が良かった。楠見氏は二期目で辞める予定だったが、ぜひもう一期続けて欲しいと要請され、引き受けたのが、つまずきのもとだった。三期目になって共和製糖事件が発覚。国会での追及が続き、楠見氏の記者会見は一転して〝罪人〟を追及するような光景になってしまった。また最近の例でも全農の三橋誠会長が全購連、全販連の合併を機会に引退して、後進に道を譲っていたら、全農の黒い霧事件で満身創痍で辞任に追い込まれないですんだろう。これらのケースからすると、宮脇氏の辞任は健康上の理由といえ、すがすがしい。四月二三日の理事会で辞意を表明した時は各界に大きな波紋を投げかけ、農協界では異例の慰留工作が全国的に展開された。また、これほど多くの農民に惜しまれて引退する人も珍しい。宮脇氏は一つの役職に固執するような人でなく、かえって蛋白なため、慰留を拒否できたのではなかろうか。辞任の背景は、病気が一番大きいが、多分、全中会長としてやるべきものをやってしまったからではないか。森前会長から引き継いだ協同組合短大問題にケリをつけ、全購連と全販連の合併をなしとげ、一〇年来の単協の全国連加入問題も解決した。対外的には全中の権威を、かってないほど名実とも高いものに押し上げた。宮脇氏が当初、考えていたことはほぼなしとげたといえよう。辞任は突然のことよりも、本人が辞めようと思った時期が病気によって、わずか早まったと見るべきだろう」。
かつて尾池源次郎に「全中会長を六年やった。わしはもう登りつめた階段を一つずつ降りて、郷里のために働く歳だと思うんだ」と発言していることからも、読み取れるのではなかろうか。

❖「休養すれば長生きするというものではない」

宮脇が全中会長の辞意を固め、香川に帰ったのは東京逓信病院を退院した翌日の七五年三月一九日だった。「地元に帰ってきた時は退院直後のためか、歩くとふらふらしており、どうなるものかとみんな心配していた」(香川県農協連役員室)というように、すっかり痩せ、声も小さく、かつてのような迫力はなかった。しかし、地元農協界は、宮脇の帰郷をあたたかく迎えた。

「〝父帰る〟という感じだった」という。心臓障害に寒さはよくないので、午前中だけの出勤にして、会長が陣頭指揮をとらないで、会議もできるだけ出席しない方針を県農協連では決めた。

宮脇はこれらの配慮に感謝し、次のように語っている。

「〝ふるさとは、ありがたきかな〟で、地元は住みよい。全中にいると年中八方ににらみで気の休まる暇がない。どこから何が切り込んでくるやら、闇夜に鉄砲だ。どこの県中央会長からどう言われるやら、与野党、農民団体から何を持ち込まれるか、わからない。それに比べ、郷里はありがたい。『県によく戻ってきてくれた』『丈夫でいてくれれば、結構だから、これから先は健康を養って、気分の良いときに出てきてくれればよい』と涙の出るような理解を示してくれる。同志の気持ちに甘えるのはどうかと思ったが、せっかくの好意をことわるのも悪いと思い、引き受けることにした。自分の病気が早く良くなるよう気を付けて、余生を農業発展のために郷里で、農民、農協とともに努力していきたい」

宮脇の香川での生活は、これまでと違い、午前一〇時までに県農協会館に出勤、午後二~三時頃に帰宅する生活が当初、しばらく続いた。狭心症という時限爆弾を抱え、いつ心臓発作が起きるかもしれないという不安を持ちながらの生活だった。

妻の百合子は「帰ってきた時は、やせて体が弱っていました。しかし、全中会長という大きな荷物を降ろしたという安堵感とともに、気力は充実しているようでした。静養するように言ったのですが、翌日から出かけて行きました。ふらふらになっても休んで寝ていることはなく、仕事の虫のような人でした。『少し休んだら』というと、『オレは農協のために、死ぬんだ。人間は休養すれば長生きするというものではない。寿命は決まっているんだよ』といっていました」と心配していた。

起床は元気の頃は午前四時過ぎだったが、病気後は六時頃になり、朝の散歩も、遠方ではなく、自宅の裏山から人通りの少ない道を通って、三〇分ぐらいで帰ってくることが多くなった。朝食後、新聞を丹念に見てから出かけていた。早く帰った時は庭を掃いたり、ハサミを持って庭木を切ったりしていた。夜もテレビで午後七時のニュースを見て、九時頃には床に入っていた。

一九日に帰郷してから三月の宮脇の日程をみると会議の連続である。二〇日県農協連理事会、二二日農協協同組合学園卒業式、二四日組合長会議、二五日県農業会議会議、二六日県農業基本対策審議会、二八日県農協連総会などが続いている。夜の宴会は始めの挨拶だけで、酒を飲まないで帰った。

第VIII章
全中会長辞任後の活動

1 全中顧問

健康を害して香川に帰っているとはいえ、来客は多く途絶えることはなかった。農業関係者だけでなく、県行政、政財界の人たち、全国各地から全中会長当時には遠慮していた人も訪ねてくるなどハードスケジュールは相変わらずだった。役職も県単位の「農」の付く組織のほとんどの会長はそのまま引き受けているうえ、四国電力監査役も兼ねていた。

❖相変わらずハードスケジュール

全中会長を辞めてからも、よく上京していた。七五年九月までは月一回のペースだったが、同年一〇月以降は健康に自信がついたためか、月二、三回、多い時は四回も上京している。上京の理由は東京逓信病院で月一回、花岡医師から診察を受けることだった。しかし、それ以外でも東京での生活は多忙をきわめた。全中会長を辞めたといえ、全国機関の主な役職は全中顧問のほか、日本協同組合連絡協議会会長、全共連理事、NHK経営委員、国際協同組合同盟（ICA）中央執行委員などである。

全中顧問として宮脇は「顧問はあまり妙な口を出し過ぎてはいけない。しかし、ほっておいて世間からサマが悪いと案じられる時は『こうしたほうがよい』と会長に申し上げる。顧問は自分から行くものではない。会長は長く務めたから、行けば当然、役職員が寄ってくる、大会などでは国会議員も挨拶に来る。そうしたら、現職の会長はやりづらくなる。顧問は〝来るな〟という意味だ」というように、当初は全中に立ち寄ることを控えていた。しかし、役職員から会長時代と同じように相談を受けること、対外的な交友関係の広い宮脇だけに、全中の難事業についての処理を頼まれることもあった。このように農政問題をはじめ、陰に陽に藤田会長をバックアップしていた。

江草猛共同放映社長宛の手紙でも「藤田全中会長は全くご苦労様です。田舎で小山の大将をやっているのと違って、あの職は地方、中央、組織の内外、全体に対し、ひとときも気を緩めているわけにはいかないですから、芯の疲れる仕事です。肉体的にも重労働だから本当に気の毒に思います。みんなして協力してあげて下さい」と書いている。

❖パリのICA大会に団長で出席

日本協同組合連絡協議会会長としては、七六年九月のICA定期大会に日本側の団長として出席している。三年前の訪中が病気の引き金だっただけに、パリ行きに不安があった。会議はパリのユネスコ本部で開かれ、わが国から農協、生協、漁協など二九人が出席した。

主要テーマは「協同組合間協同」で、宮脇は、わが国の取り組み状況を報告した。中央執行委員会を含め八日間にわたる大会であった。健康回復後の〝試運転〟であったが、無事、任務を果たしてホッとしていた。同大会の最終日に執行委員選出の選挙が行われ、加盟七〇ヵ国で一三名の定数に対して一九名の立候補者があり、宮脇はイギリス、スイス、米国に次いで四番目で再選され、今後四年間運営の責任者として担うことになった。しかし、七八年に死去したため、四年間の任期はまっとうすることができなかった。

帰国後の記者会見でも疲れた表情を見せず、「日本の協同組合間協同は各国とも関心が高かった。これを機会に、さらに農協、生協、漁協、森協の提携を強める必要がある」と語っていた。

また、七六年八月二〇日に東日本営農指導員体験交流集会で「農協運動の先駆者たれ」と題して記念講演をしている。「農協運動の先覚者になるのは、なにも一〇歩先を歩むのではなく、一歩先でよい。農家自らの要求する営農、生活活動でなければならない。営農指導事業は農協と組合員のパイプとして極めて重要だ」と強調した。

❖松村正治常務の他界

全中顧問時代、宮脇が大きな衝撃を受けたのは七五年八月二五日に全中常務の松村正治が入院先の東京・元赤坂の前田外科病院で急性肺炎のため他界したことである。六二歳の若さだった。宮脇と松村の出会いは全販連専務時代からである。松村は一九三六年に東大卒業のあと、全販連に入会、一時、満州国興農合作社中央会、戦後、農業復興会議に所属していたが、全販連に復帰している。宮脇が全中会長になると全販連から松村を参事で招き、のち常務として宮脇体制を支える〝参謀役〟を果たした。誰にでも〝温かい心と冷静な頭脳〟で接し、組織内外から信頼され、営農団地構想の中心的指導者だった。

宮脇は松村について「彼は一言で言うと誠実そのもので、嘘のない人物だった。細心な注意力と短気な面を兼ね備えていたが、短気な面は理性で抑えていた。自らに対して厳しい人だったが、私にもずけずけ注文を付けていた。しかし、勘にさわることはなかった。彼は全販連時代から病弱で、しばしば休むことがあったが、全中に来てから、そのようなこともなく、元気で本人も健康に気を付けていたのに誠に残念だ」と語っていた。

追悼文でも「重病だった私が助かって、さほどでないと感じていた彼が先に死ぬなんて夢にも考えなかっただけに、私は彼の死がこたえた。私は今でも彼が生きているように思えてならない。信義と友情に厚く、農協運動を通して、日本農業の前進と農民に忠実な姿勢を死ぬまで貫いた彼が、あまり得意でなかった労務を担当させたりしたことが、彼の死の遠因だったのではなかろうか」(『松村正治追悼集』)と記している。

全共連の理事は七五年七月から就任している。全共連はこのころ副会長問題で結論が出ず、こう着状態が続いていた。宮脇は就任早々、副会長問題で〝行司役〟を引き受け、全役員を個別に呼んで意見を聞き、解決した。このように理事会では、まとめ役に徹し、滝沢会長をバックアップした。時には鋭い指摘も多かった。「共済は零細少額契約をキャンセルさせて新型・大型を押しつけ、契約額さえ上げればいいということで、組合員に犠牲を強要することになっていないか」。

また、全共連の役職員が「新商品開発」という言葉を使っていたが、宮脇は「共済と保険は違う。協同組合で〝商品〟という言葉を使うのはおかしい。そういう発想自体に問題がある」と発言して、全共連は「商品開発」という言葉には使わないことになった。

2 NHK経営委員

NHK経営委員は全中会長時代の七四年八月に就任している。一三名で構成されている経営委員会は放送法に基づき、協会の経営方針、業務の運営に関する重要事項を決定する権限を持っている。もともとNHKのつながりは、一九五九年五月から七四年八月まで日本放送協会四国地方放送番組審議会委員をしていた。

経営委員は秘書を連れてくることが多いが、宮脇は一人で来たため、NHKの職員が質問すると「私は秘書を家来のように連れて歩くのは好まない。だいいち、百姓に秘書はいらない」と答えている。また全中会長を辞任後、香川から上京するため、NHKが羽田空港に自動車をまわそうとすると「車を待たせるのは運転手に気の毒だから、いらない」と断わっている。

経営委員会での宮脇は、事前に送付した会議資料によく目を通していて、つぼを心得て発言していた。何か決定する場合は他の委員をリードしていた。それもけして意見の違う委員の発言を押しつぶすのでなく、その人の立場を十分に尊重しながら、結論を導き出す巧みな話術を発揮していた。たとえば受信料値上げの時も、消費者代表の委員の反対意見に同情しながら、生産者米価の例も取り上げ、大切な公共放送を守るために値上げせざるを得ないと誘導していたという。

経営委員長の工藤信一良は「宮脇さんは口八丁手八丁で、頭の回転の鋭い、元気なご意見は委員会の決定の原動力であった。宮脇さんの口癖のように『公共放送の大切なことが、NHKの経営委員をやってよくわかった。これを健全に育てなければならん。私が身代わりになってもNHKをつぶさない』と言われたことが、私の耳から消えません」と弔辞（香川県農協連葬一九七八年五月）を述べている。

3 香川県で組合長らと膝をつき合わせ経営指導

健康が回復するにつれ、宮脇の仕事への情熱はますます高まるばかりだった。

当時の日本経済は石油・資源危機などから異常な物価高騰が続き、七四年の実質経済成長率マイナス〇・二パーセントと、戦後初のマイナス成長を記録するなど深刻な不況に見舞われた。七五年も成長率はゼロに等しく、低経済成長時代に突入した。

農業を巡る環境も七三年、七四年の世界的穀物不作にともなう食料危機から食料安全保障が叫ばれたが、七五年以降は各国の増産運動によって穀物需給は緩和し、米国などでは農産物の過剰問題が再浮上していた。わが国でも個人消費の低迷などから食料需要の伸びが鈍化し、過剰化傾向は米だけでなく、ミカン、鶏卵など、かつて農業基本法路線で選択的拡大作目として奨励しきたものにも表面化していた。輸入農産物の増大、農産物価格の伸び悩みなどから、農協経営の見通しがつけにくく、多くの指導者は苦悩していた。

宮脇は「減速経済では今までのようにいかない。農業は本来のところに戻るよりほかはない。農協も堅実経営に戻さなければならない。堅実経営というのは原点に帰ることだ。原点とは協同組合原則を固く守ることだ」(『日本農業新聞』一九七五年一一月二〇日付)と次のように語っている。

「昭和五〇年上半期の農協の仮決算は預金の伸び悩みが現れている。購買事業は赤字に転落しているところが多く、経営は相当苦しい。今までのように土地代金が入ってくるということはない。これまでは事業の伸びで賃金上昇を吸収してきた。しかし、昨年度決算をみると事業の伸びで賃金の伸びを吸収していない。もう一つ見落としてはならないのは農協の自己資本比率が低下していることだ。これは他人の資本を使っていることだ。これでは、健全な経営ではない。今までは高度経済成長の中でのおこぼれで、なんとかやりくりしてきた。夢よもう一度といっても、この夢は再び見られないと考えるべきだ。農協の事業の中に、一時的な高度経済成長のあだ花がいたるところに狂い咲きしている。農協は組合員の営農と生活を守り、社会的地位向上と真っ正面から取り組み、農民のために存在するという原則が少し薄れ、組合員との結び付きが弱まっている。早く手を打たないと再建整備の二の舞いになる心配もある。農協は『寄り足は遅い』『逃げ足は遅い』体質を持っている。たとえば、土地も一般に売れなくなってから農協が土地を買い、処分に困っているところもある。その不動産が小さくて売れなければ、農協が共同してそれらを集めて、区画整理して売り出す工夫も必要だ。今までのアカを一日も早く落として新しい状況に対応させることだ。このため、農協経営は今までのように華やかなものをやってもダメなので、勤倹、つつましく働いて力を蓄えることだ。昔のようなやり方をせよというのではないが、気持ちとしては『入りをはかって出ずるを制する』以外にない。つまり二宮金次郎の精神が必要だ」

また、「購買事業でも農家に押し売り的傾向があり、それが組合への反発となっている。農機具を買いたいと組合員が言ってきても『まだ前の農機具が使えるではないか』とかえって説得することも必要だ。

前のものが使えるのに農機具を買うようにすすめるのはあべこべだ。これは売らんかなの営業主義だ。農家の目になって農家が必要以上にぜいたくになったら、それではいけないと注意する。農機具も『集落の仲間と一緒に使え。五反歩くらいに新しい機械が必要か』と言ってやる。つまり指導教育購買でなければならない。この際姿勢を改める必要がある」

❖不動産会社を早期に売却

これらの考えをもとに香川県農協中央会では農協経営強化策を七五年一〇月に打ち出し、①組合員の立場に立った経営姿勢、②組合員との結び付きの強化、③ムダのない資本の運用などに取り組んだ。県下の農協の経営内容をA、B、Cの三つにランク付けして、経営の悪いCランクの農協については組合長、専務、管理部長らを呼んで、宮脇が直接、指導している。また、それらの農協に中央会の職員を貼り付けて、数量管理を徹底させ、役員会へ全部報告するなどで経営の健全化を図った。

宮脇は増資計画、購買在庫の解消、未収金の回収などを一つ一つチェックして、健全経営にするための努力をする意志があれば協力するが、ぶざまな経営を組合員に隠していこうというならば、総代会を招集して実態を明らかにするぞ、というところまで追い詰めた。

「単協での不動産の買いかぶりは将来、値が出てうまく売れれば別として、組合員にあまり正体を知られないうちに何とか格好をつけようと、うろちょろしているから仕事ができない。私は困っている組合長を呼んで、うろうろしても不動産は動きはしないのだから、それに必要な支払い利息や経費分を、本来の事業に力を入れるなりして稼ぎ、経営に影響しないようにして持ちこたえ、チャンスを見て売るしか手はないと激励している」(『農業協同組合』一九七六年三月号)と語っている。

このように会長自ら膝をつき合わせ、親身になって農協の相談相手を務めた。

尾池源次郎は著書『農協運動リーダーの条件』で「宮脇朝男は晩年、毎年の経営分析結果の検討をうけて、憂慮すべき単協について、宮脇自身が直接組合長に面接して腹を割った指導を行い、めざましく改善した時期があった。その時つくづく思い知らされたのは組織の意識水準自体を決定するものはリーダーの資質とモラルであるということだ」と記している。つまり、危機の時ほどリーダーの役割が大きく、「リーダーの個人的資質やモラルを超えた指導というものはあり得ない」と宮脇の卓越した経営感覚を賞賛している。

七六年四月、交通ゼネスト中、東京に滞在していた宮脇が農協記者クラブに顔を見せ、私と雑談したことがあるが、この時、「経済変動の激しい時、地元香川県で農協の経営のカジをとれるのは幸せだ。これからは雨が降ろうが、風が吹こうが、それに耐える全天候型経営を確立することだ」と全天候型経営を語っていたのが印象的だった。

※不振組合対策に二〇億円の基金造成

毎月、香川県農協連理事会での宮脇の挨拶は、情勢報告を兼ね、国内外の政治、経済の動向など幅広いもので、出席者全員が楽しみにしていた。それだけに、理事会は趣旨徹底をはかるのに良い機会でもあった。七五年以降は、宮脇は日本経済が大きく転換してもとに戻らないことを早く身をもって理解してくれるよう繰り返し訴えている。もう一度、高度経済成長になるという幻想があるかぎり、農協経営の取り組みが甘くなってしまうからである。

「落ち着いた体制が減速経済、安定成長と言われるものでございますから、やがて暖かい太陽が登る、朝が来るんだと考えておりますと、いつまでたっても朝が来ないで、ねをあげることになります。私どもはそのあたりの基本認識を新たにし、今後の農協経営、第一線における努力なり、私ども連合会に対しての考え方の基本にしなければならない」（県農協連理事会一九七五年一一月一七日）、「現在の不況の継続の中につぶされないように、死なないようにしなければなりません。だから平穏な安定した順風満帆の明日が来るなんて考えずに、激動と暴風圏内に更に突っ込んでいくであろう、全天候航海型の体制を敷く以外、私は経営者として方法がないです」（同理事会一九七六年一月一六日）と呼びかけている。

たとえ現在、経営がよくとも、いつどうなるかわからない。お互いに助け合い、落ちこぼれのないようにしなければならない。このため、経営安定対策として、香川県農協経営振興基金の造成を、七七年一一月一九日の県農協三〇周年記念大会で決議した。基金は一〇か年計画で、造成額二〇億円。その果実で不振組合の助成を行う。毎年二億円ずつ造成するが、単協が七割、県連が三割を負担する。

また、県連として自らも姿勢を正すため、県連の別会社で不動産業務をしている同栄社の処分を、全中会長を辞任して地元に帰ってくるやいなや太田副会長に指示した。同栄社は赤字会社ではなかったが、土地問題が「高度経済成長のあだ花」であったことや、今後、農協経営の足を引っ張る要因になりかねないことから、同栄社が所有していた土地を、信連、共済連、経済連にそれぞれ肩代わりさせ、解散させている。

4　一県一農協構想

❖組織整備に強烈なリーダーシップを発揮

一県一農協は現在、奈良県、佐賀県、島根県など多くの県で実現して、さらに準備中の県もあり、けして珍しいものではない。しかし、七一年、香川県が最初に構想を発表した時、実力者として高く評価されていた宮脇全中会長のお膝元とはいえ、農協界では違和感をもって受け止められていた。いつの時代でも先端を走るものは抵抗を受けるものである。当時は、まだ、行政単位の単協合併が推進中であり、「行政区域を越えた大型農協は組合員との結び付きが弱くなって、農協の利用率が低下するのではないか」などと議論されている時期でもあった。また、単協の全国連直接加入も認められていなかった。

一県一農協構想については政府も否定的な態度だった。農林省の内村良英経済局長は「農協は組合員の団結と相互扶助が眼目であり、見ず知らずの数万の組合員が農協精神を高めるとは考えられず、はっきりいって好ましくない」(読売新聞一九七一年一二月二三日付)と反対しているほどだった。

「協同組合の民主的運営の原則から逸脱している」「実質は県連の単協吸収だ」「事業面ではうまくいくかもしれないが、全県一農協ではもはや農協とはいえない」と批判的な論評が多かった。

香川県は宮脇の強烈なリーダーシップにより他県に先駆けて農協組織整備を着実に実行していた。六三年の県連共通役員制を皮切りに、経済地帯別の単協合併、園芸と畜産組織の統一などを実現して、六八年に当初計画していた組織整備計画がほぼ完了した。第二段階として七一年四月に県農協組織強化審議会に宮脇から「現下農協の機構・事業その他諸般の現状を考えて最も望ましい協同組合組織のあり方」が諮問され、その中で一県一農協構想が検討されることになった。

単協が合併しても、県連、全国連が事業別専門連のため、経済行為が分割化され、極めて少量多品目構成となり、同種企業に比べ見劣りしていた。

「組合員に最大の奉仕をするためには可能な限り事業の経済合理性と近代的経営管理が要求され、農協の基盤確立が必要である。農協の事業はそれぞれ独立して行うのでなく、相互に緊密の連携を保ち、総合的に運営されてこそ最大の機能発揮ができる」として、一県一農協に集約されていった。

❖組織は簡素強力なものがよい

宮脇は「農協は一段階で機能完結することが理想だ。機能完結できないから連合組織で補完するが、組織はなるべく簡素強力なものがよい」と語っていた。「専門機能を持った総合農協」と事業三段階の最大の欠陥を克服した「機能の自己完結」する農協組織は何か、この答えとして宮脇が描き出したものが一県一農協構想であった。

同構想作成の事務局長的役割を果たした尾池源次郎によると、七一年六月に宮脇と同構想についてじっくり話し合ったことが以下のように記述されている。

「宮脇は普段、仕事の計画でも報告でも、長い説明が嫌いなほうである。かなり大きい計画の決裁をもらうときでも、かねて宮脇の知っている仕事なら計画の大要と問題点だけを説明し、あとは宮脇の質問に答えていた。彼が詳しく聞きたいときは、そこへ座れよ、と言って応接用のソファーを指さす。『一県一農協基本構想』の時も、宮脇はソファーに座って私を待っていて、詳細にわたって話し合って、その骨格が固まった」(『虹と泥濘』)。

同構想の裏付け情報収集のため、尾池に米国カリフォルニア州の果実専門農協のサンキスト社や組合員二〇万人の神戸灘生協などの視察を命じている。

七一年一二月に一県一農協基本構想試案を決定した。それによると①組合は県下に現存する単協、連合会のすべてを統合する、②組合の形態は総合農協とする、③組合はその主要機能について自己完結の能力をもつものとする、となっている。香川県にある四七の単協と経済連、信連など六つの連合会を解散して、新たに企画管理本部、信用事業本部、共済事業本部など一一の事業本部を中心とした単一農協を設立するという大胆な組織機構である。正・准組合員一二万人、役員総数は三〇人、総代数五、〇〇〇人を想定。

これまでの単協に代わるものとして二五～三〇か所の総合支所、一八〇か所の支所を設け、その中に地区運営、農協運営の各委員会や作物別の生産組織もつくり、末端組合員の意見を取り入れて運営していこうというものである。当時、この構想は組織内に中間決定試案として各地で説明会を開き、周知徹底した。

同構想発表の記者会見で宮脇は「農協が生まれて四半世紀にもなり、改善、合理化が必要になっている。地域的条件にも左右されるが、県下の場合、一県一農協のほかには進む道がない。今後、細目にわたってさらに煮詰めたい」（『四国新聞』一九七一年一二月二三日付）と語っていた。

❖「批判勢力もたぬ組織は必ず脱落する」

同構想実現のため、審議会は六つの専門部会を設け細部の検討を行った。二三にのぼる検討課題を設定し、それぞれに分科会を設け、事業の予測、合理的な内部機構、法律的な問題点を詳細に分析した。七二年一二月に「香川県単一農協基本構想」「構想実施のための諸対策」を決定、全県組合長会、地区別会議で説明。七三年四月、県下四七の単協で一斉に総会、総代会が始まり、一県一農協の経過報告が行われた。

また、農協法や税制など法制度上の解決しなければならない課題があった。一つは県連合会の精算所得課税問題である。当時の税制で課税すると概算一〇億円の税負担になり、財務に打撃を与える。このため、宮脇が大蔵省と直接、折衝して課税されないように解決した。

反対していた農林省の内村局長に対して「ああいうまじめな官僚が賛成してくれるようでないと一県一農協は本物にならない」と、宮脇が直接、説得して、農林省は最終的に「この構想は香川県の特殊事情から生まれたもので、現行法制度上は例外的に認める」となった。

宮脇は同構想の批判にも耳を傾けていた。一県一農協は巨大組織になるため、農民から遠くなること、権利の集中、経済効率の偏重などの短所が指摘されていた。「組織的な批判勢力を持たぬ組織は必ず脱落する。一県一農協に対して一定の発言権のある組織が必要であり、発足までにどういう組織がよいか、別に考えて欲しい」と指示していた。

宮脇は農政ジャーナリストの会研究会で「一県一農協構想は三年かかった。農協の役職員は何らかの形で討議に参加させた。その結果、論理の上ではこれしかないという結論が出た。県連も単協も一つにしてしまう。それが一番農民のために正しい、ということになった」（『日本農業の動き』三二号）と語っていた。

設立目途を七五年三月として組織的、事務的にも着実に進行し、実現は間違いないと確信していた。しかし、七三年一〇月、第四次中東戦争をきっかけにオイルショックが発生。石油の確保、トイレットペーパーの買い占め騒動など日本経済は混乱に陥り、一県一農協構想どころではなくなってしまった。同年一〇月の県農協組織強化審議会は「県単一農協構想は情勢の成熟を待って、これの実現をはかられたい」となり、棚上げやむを得ないということになった。

宮脇は決してあきらめたわけではない。石油ショックが終息して、この混乱が落ち着けば実施できると思っていた。

「一県一農協をいつにするか、しばらく様子をみようじゃないかと潮時をはかっているところです。なかなか息の長い仕事で、私が生きている間に具体的に手がつくかどうかわからない」（『宮脇朝男　思想・人生・運動』）とも語っていた。しかし、宮脇の入院、死去によって結局、生前中は日の目を見ることがなかった。

宮脇は四八年四月に郷里の高篠農協理事、同八月に県販売農協連会長になったが、単協の組合長の経験がない。若い時、左翼活動をしていた経歴から「あの男は荒っぽいことをやるかもしれないから、組合長にしてはいけない」と警戒されたためと言われる。「私は今でも夢見るのは単協の組合長です」（中央協同組合学園の講話・一九七一年一二月六日）と語っていたが、組合長の夢はついに幻になってしまった。

なお、香川県の一県一農協構想は二〇〇〇年四月に四五ＪＡのうち四三ＪＡが合併して発足。さらにＪＡ高松は二〇〇三年四月に、ＪＡ香川豊南は二〇一三年四月に合併し、完全な一農協が誕生した。

5 特別養護老人ホームの建設

❖楽しい老後を送る施設対策に執念

宮脇が地元に専念するようになって力を入れたもう一つは、農協の福祉事業である。

当時は、高度経済成長の反省から、環境破壊を防止し、自然を守り、人間優先の社会経済のあり方が求められていた。「福祉なくして成長なし」と言われ、福祉優先の思潮が国民的世論になろうとしていた。特に高齢化社会の移行にともない、老人福祉の見直しが迫られていた。

時代の動きに動物的感覚を持つ宮脇は「農協は転換期にさしかかっている。今までの生き方ではダメだ。これからは高齢化社会に向かうから、生活環境問題や福祉について、もっと本格的に取り組まなければならない」と太田久米太郎副会長に語っていた。

また、「農協は〝ゆりかごから墓場まで〟といわれるが、営農、生活、貯金、共済と数字の上がるもののみで、その他さまざまな事業を個々にやっている。しかし大切なものは、組合員の健康を守る健康管理事業と老人福祉だと思う。病人のための病院は充分でなく、まだまだ近代化や改善拡充しなければならず、老人のための対策は何もないに等しい。産婦人科は厚生連病院にあるが、人間の終着駅の対策がない。共済に加入していれば、なんら心配なく入って暮らせる老人ホーム、不自由になったとき世話をしてくれる養護老人ホーム、農繁期などに老人を一時預かる施設などはどうしても必要だ。さらに冠婚葬祭の事業にしても冠婚については施設があるが、葬祭施設が必ずしも十分でない。さらに墓場というか、霊園というか、そのようなことも事業として考えなければならない」と強調していた。

❖長谷川保の社会福祉事業に共鳴

特に自身も病気をしてから老人福祉の必要性を痛感したのではなかろうか。宮脇が理想としていた福祉事業は静岡県浜松市の聖隷福祉事業団の活動である。この創設者の長谷川保は熱心なキリスト教徒で、三〇年に浜松市に家族から見放された結核患者のための病舎を建て無償で受け入れたのをはじめ、賀川豊彦らの影響で消費組合を結成。戦後、法律に先駆けて六〇年に特別養護老人ホームを、また末期ガンに苦しむ人たちのためにホスピス（緩和ケア病棟）を、それぞれ日本で初めて創設している。さらに、六二年に聖隷浜松病院を開業、看護婦養成として聖隷学園浜松衛生短期大学を設立。精神薄弱者厚生施設、未熟児センターなども設立している。すぐれた先見性と行動力で社会事業を自力で切り開いてきた。宮脇とはかつての社会党時代の仲間である。

長谷川は四六年の戦後第一回の衆議院議員選挙に社会党から出馬して当選、以後七期務めた。生涯私的財産を持たないというポリシーを貫き、病院敷地内のバラック小屋に住み続けた社会福祉事業家である。

宮脇は、ここを何度か視察して、老人ホーム、病院などの医療や福祉事業の取り組みについて深い感銘を受けていた。香川県では県農協連役員研修旅行として聖隷福祉事業団を視察している。

尾池源次郎は「宮脇のすすめで県連役員のほとんどと県連幹部職員の多くが参加して聖隷福祉事業団の視察が行われた。視察から帰って白川実・県連共通参事は『聖隷の仕事があれほどの成功をおさめた秘密は創立者の長谷川先生にある。あれだけの事業を主宰しながら、長谷川先生が今でも旧兵舎で質素に暮らしていることを見ればよくわかる』と言っていた。キリスト教精神に貫かれた聖隷の真似が、はたして農協にできるかという不安はあった」（『虹と泥濘』）と記している。

宮脇の老人福祉についての考え方は、尾池源次郎との以下の会話から読み取ることができる。

尾池「会長、葬儀場、火葬場など不景気なことばかり考えていますなあ」

宮脇「それを不景気なものでなく、ひとつ楽しいものにせんか」

尾池「火葬場の後に墓場をつくるというのでは一層、不景気ですよ」

宮脇「墓場だって、つくりようによっては楽しいものもできる。わしがドイツのハンブルグに行って一番、感銘したのは墓地だ。船乗りの墓は船の形をしていたり、酒飲みはボトル状になっており、きれいな芝生があり、花があり、非常に楽しい。下手な公園をつくるのだったら、墓場にしたほうがよい。墓場というのは、美しく、楽しいものだというものをつくろうではないか。老人ホームだって、周りで鶏を飼ったり、特別に良いバラの花園をつくったり、老人が野菜や花を栽培できるものにすれば、楽しいものになる」

尾池「しかし、組織が納得してくれるでしょうか」

宮脇「よその共済連はホテルをつくったりした。わが県でも『保養センターをつくれ』という要望があったが、『温泉宿をつくって何が福祉だ。組織のカネを注ぎ込んで、へたなことをしてはいかんぞ』と言って、わしがつくらせなかった。それが結果的によかったと思う。共済事業は必ずカネが余る。ほっといたら、何かやらかすかわからん。それなら福祉事業をやったほうが、組織に喜ばれるのではないか」

宮脇は福祉事業を検討するよう指示して七六年五月の県連常勤理事会で福祉事業開発プロジェクトチームを立ち上げた。

プロジェクトチームは①老人福祉に関する事業、②葬儀場に関する事業、③これらに付帯する事業などを検討して、七六年一一月に老人福祉事業についての報告を行った。第一段階としては特別養護老人ホームを設置し、第二段階で地域社会との結びつきを持った、その他の老人福祉施設を設置して、段階的に老人福祉施設の充実をはかることになった。

当時、老人福祉法に規定されている老人福祉施設は、養護老人ホーム、特別養護老人ホーム、軽費老人ホーム、老人福祉センターの四種類にわかれていた。

宮脇は「肢体不自由の人か、寝たきり老人など、よう外に出られない人を入れる施設をつくってはどうか」と指示して、特別養護老人ホームを建設することになった。このため、特別養護老人ホームの建設には周囲の人が驚くほど熱心だった。プロジェクトチームが順調に進行していることを報告すると非常に喜んだ。国の認可や助成などの手続きについても、みずから上京して、当時の厚生大臣だった渡辺美智雄に直接、会って要請した。また県知事、副知事などの了解があっても、部長、課長クラスで議会対策などから手続きが遅れていると報告すると、いらいらしていた。

❖墓地建設など幅広い事業の夢も

特別養護老人ホームの名称を「楽々苑」として、七七年四月に社会福祉法人「共済会」を設立した。楽々苑は県厚生連滝宮病院の構内と一部隣接地を含めた三、五四二㎡に鉄筋コンクリート三階建、八〇人収容できる施設として建設された。これは宮脇の最後の仕事になるが、あたかも死を予期していたかのように建設を急いでいた。

太田副会長は「会長は民主的にものごとを決める人だったが、楽々苑については自分でさっさと決めて指示していた。ほかのことではこういうことがなかった」と語っていた。たとえば、楽々苑の役員について二分の一は農協関係者以外から選任しなければならないが、宮脇は、理事はあれとあれにせよ、監事はあれだと、せっせと決めていた。このため、周囲から「会長は自分で老人ホームに入るつもりではないか」とからかわれたほどだった。楽々苑は宮脇が他界する一か月前の七八年四月にオープンした。宮脇は起工式には立ち会ったが、完成式に出席できず、病院で報告を受けた。

第Ⅸ章

最後の時

1 九州へ最後の講演旅行

宮脇は七七年六月一日、二日、熊本県と鹿児島県に行っているが、これが最後の講演旅行になるとは夢にも思わなかったにちがいない。

全中会長を辞めてからも、全国から依頼が絶えなかった。体調の関係から最初は極力断っていたが、体に自信がつくにしたがい、再び講演を引き受けていた。

九州の旅は参議院選挙の応援演説だった。七七年七月の参議院選挙は保革逆転が予想されるなど緊迫した政治情勢だった。農林関係では多くの新人候補が名乗りをあげていた。すべて地方区の自民党候補だが、農協系は北修二北海道農協中央会副会長、鈴木正一（福島県の農協組合長）、降矢敬雄山梨県農協中央会長、坂元親男宮崎県農協連会長、田原武雄鹿児島県経済連会長の五人。農林省OBでは亀長友義（徳島）、桧垣徳太郎（愛媛）、三善信二（熊本）の三人だった。このうち宮脇は三善の東京での後援会長を引き受けていた。

❖たとえ倒れても約束は守らなければならない

九州に出発する前から、体の変調を訴えていた。この年の初め頃から、喉に痛みを感じていた。一月二八日に香川県厚生連の屋島総合病院でレントゲンを撮っているが、異常は認められなかった。五月三〇日に血痰を吐いて、翌三一日に屋島総合病院で再度、検診を行った。

北出公俊医院長はレントゲン写真を見て驚いた。右側のリンパ腺がはれている。よく見ると右の循環器に異常がみられた。ガンの症状である。「一過性のものであればよいが…」と北出は「会長、一度精密検査を受けたらどうでしょうか」とすすめた。

宮脇は「明日は九州に行かねばならない」と言い、北出が「九州行きはやめたほうがよい」と説得したが、「これはどうしても行かなければならないんだ。最近、声が枯れてきたので、声変わりして、かえって若返って良い声になるよ」と冗談をいうなど、不治の病にかかっているとは知るよしもなかった。

体が弱っていることは、妻の百合子が最もよくわかっていた。その夜、百合子は「そんな無理しないで、断ったら」とすすめている。これに対して「他の多くの講演は断ったが、これだけは断れないんだ。自分が行かなければならない」と答えている。責任感の強い宮脇は、たとえ倒れても、約束を守らなければならない、苦しくとも歩けるうちは、責任を果たそうとする義務感にかられていた。

六月一日早朝、高松空港から大阪空港経由で熊本に着いた。熊本市内で開かれた県農協米価対策本部主催の一万人の米価大会に出席した。この大会のあとに引き続き三善信二を励ます会があった。各来賓の挨拶の最後に宮脇は登壇した。主催者の考えでは最後に元気の良い宮脇節でしめてもらおうとしたのである。

聴衆に向かい、いつものように首を右から左にゆっくり回しながら話し始めた。演説の内容はエネルギー、世界の食料事情、人口問題から入り、農業情勢の厳しいことを強調、最後に農業のよくわかる人を国政に、そのためには三善の当選をと訴えた。しかし、いつもの宮脇の演説とくらべると声に張りがなく、迫力がなかった。

宮脇は、この夜、熊本市内のホテルで血痰をはき、喉がからからになり、胸が締め付けられるような苦しみに襲われた。血痰の量も多く、イチゴゼリーのようにべっとりと洗面器にはりついた。「どうも、これまでの狭心症とちがう」と苦しみの中に、不安が高まるばかりだった。

翌日朝、鹿児島市に着き、市内の「鶴家」で森県農協中央会長、田原県経済連会長、井上参議院議員と昼食を共にするが、食欲がなく、酒寿司に少し箸を付けただけだった。午後一時過ぎから県医師会館で農協役職員大会のあとに開かれた田原武雄を励ます会に出席した。そこで七〇〇人を前にして約一時間にわたって講演した。

講演は、世界経済、日本の農政問題にふれたあと、「農協の役職員は協同活動の建前だけをかざすのでなく、実践がともなわなければならない」と声は小さかったが、内容は充分、相手に感動を与えるものであった。

2 岡山大病院に入院

❖「肺真菌症」と疑わず

宮脇は矢島総合病院の紹介で六月八日、岡山大付属病院に入院した。岡大病院を選んだのは矢島総合病院の医師が岡大系であること、岡山市と高松市は距離的にも近く、多忙な宮脇にとって便利であると考えた。入院は「精密検査をしてくるだけだ」と気軽に思っていた。宮脇の病状をよく知らない人は「参議院選挙中、各党から応援演説を頼まれるので、病院に逃げ込んだのではないか」とうがった見方もあるほどだった。

岡山大付属病院の木村郁郎教授は北出から宮脇の病状の報告を受けた時、肺ガンではないかと直感した。レントゲンの断層撮影を撮ると肺に影が認められ、右側のリンパ腺を切って細胞を調べるとガンはすでにまん延しており悪性のものだった。場所が悪く手術は不可能で、化学療法で乗り切る以外にないと考えた。このため、抗ガン剤などを中心とした多剤併用治療が行われた。

当時、ガン患者に病名を知らせることはタブーであった。主治医になった大熨斗医師は「肺真菌症である」と宮脇に偽りの病名を伝えていた。宮脇も肺真菌症を信じ疑うことはなかった。

私が六月下旬に見舞いに行った時、ベッドから立ち上がり「肺の中にカビが入る病気だ」と肺真菌症と書いた紙を見せながら説明し、パジャマをめくって胸の切り口を見せ「このように治療したんだ」といった。

治療は放射線照射や化学療法の組み合わせで行われた。治療中は耐え難き苦しみに耐えねばならなかった。

「この治療は一か月に一週間くらい行われるが、この時は強い薬を使うため、足腰が立たないほどだ。そして髪も抜けるんだ」ともともと薄い頭に手をやりながら、治療の苦痛を説明していた。しかし、最後に「秋になれば退院できる」とつけ加え、完全に回復することを信じていた。

脱毛は抗ガン剤の副作用である。どんなガン患者でも毛が抜けることにショックを受けるといわれる。食欲がなくなることよりも、目に見える容貌は気になるからだ。看護婦によると宮脇も抜けた髪を見て、落胆していたという。このため、最初は「洗髪しましょうか」と言っても、「髪が抜けるから」と言って断っていたほどだった。

宮脇の病室は入院当時、六階の大部屋だったが、六月二〇日に個室に移った。個室といっても、ベッドと小さいテーブル、椅子が二つ入る程度の広さで、見舞客が来ると狭苦しい感じだった。ただ、枕元に市外にもかけられる電話を設置したため、外界とのパイプができるようになった。香川県農協連では宮脇の入院を秘密にしていたが、知れ渡ることになり、東京から農協関係者だけでなく、政財界の人たちが相次いで見舞いにかけつけた。見舞客に対しては、ベッドに寝ていることはなく、起きて対応していた。ただ、単なる見舞客だけでなく、仕事の相談も持ち込まれ、それを一つ一つ処理していた。このため、入院中にもかかわらず、中央の農業・農協界の動きや情報をよく掴んでおり、「東京にいる人より情報通だ」といわれたほどだった。

見舞客に返礼の手紙を投函しているが、私に対して七月二日着で「向暑の砌ご清祥の趣き賀し奉ります。さて私去る六月六日全身精密検査受検の為表記に入院し、連日検査の結果、一部治療箇所が発見確認されましたので暫くの間その治療のために時間を頂き度いと存じます。ご迷惑を掛け申し訳ございません。それにも拘わらずお心にかけて頂きご多忙の中をご厚志に接しご芳情の段万々有難くお礼申し上げます。入院不在中は万事ご厄介に相成りますが何分宜しくお願いします」と印刷文の後、万年筆による手書きで「御遠方を恐縮しました。御活躍を祈っておりいます」と添え書きしてあった。

宮脇は、早く病気を治して復帰しなければならないという気持ちを抑えながら、岡山大付属病院側にすべてをまかせていた。以前、東京逓信病院に入院していた時と同様、ここでも模範的な患者だった。

木村教授は「普通の患者はガンではないかと疑い、神経質になるものだが、一切、込み入った質問はなかった。信頼してもらい、われわれにすべてを任せてくれた。不安がる様子もないし、強い治療でも『痛い』とか『えらい』とかということもなく、われわれの指示に従い、こらえていた」と語っていた。

内科の石井看護婦長は「最初の入院の時は大部屋だったが、自分は特別だということもなく、逆に私達に特別扱いをしないで欲しい。他の患者も苦しんでいるのだから同じように扱って欲しいと言っていました。腰が低く、医療者側に献身的でした。洗濯など身の回りのものは自分でやり、食事も特別な注文はしなかった。看護婦に対しても『ありがとう』という感謝の気持ちを常に持っており、私達の内面的な苦しさもよく理解してくれ、人生観などを話してくれた。おおらかな人だった」と印象を語っていた。

化学療法の効果もあり、一〇月一八日、四か月ぶりに退院が許された。宮脇は一〇月二〇日の香川県農協連の理事会に出席して次のように挨拶している。

「私事で恐縮でございますが、さる六月六日にどうも体調が芳しくないので、屋島総合病院の勧めもあり、精密検査等を含めて岡山大学付属病院に入院しました。その後、治療、手当などで四か月余りの長期入院でありましたが、一昨日退院いたしました。この間、全役員の方々、また内部では副会長をはじめ、各専務ならびに全職員、また組織全員にご迷惑をかけましたし、ご心配をいただき、わざわざご繁忙中、お見舞いを頂戴したことに厚くお礼申し上げます。今後とも健康管理に留意をしてまいりたい」

肺真菌症であるとことを信じて疑わない宮脇にとって、これまでも退院してから元気になっていただけに、今回も退院して正常な生活に復帰できると思い込んでいた。しかし、長い病院生活の後だけに、体調を整えるため無理はできないと考えていた。周囲の人たちも、これまで以上に健康を心配した。太田副会長は「出勤は午前中だけにしてほしい」と申し出ると、宮脇は「わかった」とうなずいていたが、なかなかそのようにならず、午後までのことが多かった。

宮脇は一〇月二六日に久しぶりに上京した。入院中、東京から多くの人が見舞いに来てくれたため、そのお礼を兼ねたものだった。二七日に東京・大手町の農協ビルで全中、全農、農林中金などの役員室に立ち寄っている。私も全中役員室で会ったが、顔色が黒ずみ、頬が瘦せて、やつれた感じで、回復するまでかなり月日がかかるのではないかとの印象だった。「今日は挨拶まわりだけだ。完全に回復したらゆっくり時間をとるよ」と語り、エレベーターに乗り込む姿が印象的だった。

一〇月二八日に高松に帰っているが、太田副会長に「東京で充分、用がまわらなんざ」と言っている。つまり、上京した目的が充分達せられなかったほど疲れが激しかったことになる。宮脇にとってこれが、最後の上京になった。それから三日後の一〇月三一日から一一月七日まで検査のため、岡山大付属病院に再入院している。

3 農協三〇周年記念大会で講演

❖スタート時の混乱期を回顧

一一月一九日、香川県農業協同組合三〇周年記念大会が県農協会館ホールで開かれた。大会は午前一〇時から始まり、ひな壇には県知事、県会議長、政府の各出先機関の責任者など来賓者が並んだ。主催者代表して宮脇が登壇した。演説なれしている宮脇にとっても、多くの人の前で話すのは久しぶりのことだった。

「三〇年という歳月、昭和二三年のスタート当時、私は三五歳でございました。みなさんと共に、あの焼け野原の何もなかったこの高松で、北浜にちょぽり残った倉庫群の中で、木造二階建ての中央事務所に兵隊服に兵隊靴で、あるいは下駄履きで通ったことが昨日の出来事のように思い出されます」と三〇年前を回顧しながら、挨拶は始まった。

香川県農協の三〇年の歴史はそのまま、宮脇の農協運動の歴史でもある。若くして農協運動の指導者として第一線に立ち、今日の隆盛をもたらした最大の功労者である。それだけに三〇周年記念大会に挨拶するのは最もふさわしい人であった。宮脇が農民組合闘士から農協運動に軸足を変えたのは、小作農民の苦しさを二度と味わわないように、農協を牙城にして農家の社会的経済的地位を向上させようという理想からだ。県農業復興会議の中核メンバーとして農業会から農協設立促進に先頭に立って奮闘した。

四八年に農協の各県連合会が設立されると、初代の県販売農協連合会会長に就任した。宮脇の当時の姿は、会長になってからも、麦わら帽子、半ズボン、下駄履き、上は開襟シャツ、腰に汚れた手ぬぐいという闘士スタイルだった。どこに行くのにも、このスタイルで通したが、「会長になったからには、長ズボンをはき、背広にネクタイで来て欲しい」と役職員から注文されて、服装を改めたというエピソードがある。

三〇年前の農協は、農業会から引き継いだ大量の不良資産を抱え、赤字の累積で苦しんでいたが、宮脇は増資運動、農産加工の赤字工場売却処分、組織の再編成など、経営手腕を発揮して自力再建を達成し、他県に先駆けて数々の実績を積み上げてきた。農協発足から今日まで会長としてあらゆる事業に精通し、その発足から何らかの形で参画しているだけに、三〇周年は感慨深いものがあったに違いない。

「まだ当時、若かったみなさん方、お互い一生懸命に何もないところからスタートした思い出は非常に新たなものがあります。高度経済成長になってまいりました頃から、日本の農村の様子も随分変わってきました。学校さえ卒業すれば、金の卵、銀の卵だというので、楽団入りで桟橋から送り出した集団就職はもはや遠くかなたへかすみ去りました。農外所得がどんどん入るようになってきました。米は生産調整というような世の移り変わりが今日の状況でございます。しかし、農業協同組合はいつの時代でも自助を土台とした共助の組織です。自らを助け、自らが立っていくという決意の上に、お互いが手を握って共に助けあっていく、そこに農業協同組合の協同組合たるゆえんが存在すると思います」と改めて自主建設路線の重要性を訴えた。

大会が始まる直前に佐藤信親県信連専務が「演説は疲れるから一五分間くらいでやめたらどうですか」と申し出ているが、四〇分間の挨拶になった。声は小さく、以前と比べ迫力はなかったが、気力を振り絞ったものだった。

体が衰弱していた宮脇にとって四〇分間の挨拶はかなり重労働であった。大会が終わり階段は手すりをつかまって降り、後ろ姿の影が薄かったという。役員室に戻ると、佐藤専務に「えらかった」と疲労を訴えている。

しかし、その後も休むことなく一一月二六日まで出勤した。一一月二五日の県農協連理事会では、いつものように日本経済の内外の情勢報告を行っている。円高の問題にふれ、一ドル二〇〇円台を割り込むことを予測しながら昭和恐慌時代と比較して「この厳しい状況下を乗り切り、農民のための農協経営をしていかなければならない。系統一致団結して万全の準備体制だけはおこたりなく整えていくべきだ」と強調した。

宮脇は、これが理事会の最後の出席になろうとは知るよしもなかった。

4 岡山大病院に再入院

❖最後まで仕事への復帰を信じていた

七七年一一月二七日を境に宮脇は社会的活動に終止符を打つことになる。一〇月の退院以来、宮脇はだんだん回復に向かっていると思い込んでいた。強気の性格だけに悪くなることを考えようとはしないし、仕事に専念できる体になることを信じていた。しかし、妻の百合子からみるとだんだん弱っていった。

一一月二七日の日曜日、宮脇はゆっくり起きようとしたが、早くから目がさめた。頭が重く、肩もこっている。風邪を引いたのかもしれないと思った。ところがその夜、心臓発作に襲われ、呼吸が苦しく、息もたえだえになった。「薬を舌の下に乗せてくれ」というので、狭心症以来持参していた薬を百合子が乗せると発作が治まった。翌日も健康がすぐれず、食事をしようとするが、吐き気が生じ、絶食する。このため、県農協連合会への出勤はとりやめた。

宮脇から電話を受けた県農協連役員室の村山倫子は「会長の声が小さく、舌にからまるような感じだった」という。二九日は乳酸飲料を飲んだだけで一日中寝ていた。百合子が「医者を呼びましょうか」と聞くと、「医者は呼ばなくてもよい。自分の体は自分が一番よくわかる」と断っている。

この日も村山に電話して、二八日の福田改造内閣で中川一郎農相が誕生したため、祝電を打つように指示している。この時も声が小さく聞き取りにくく、何回か確認すると宮脇は「私のいうことが、おかしいかい」と聞き返している。

三〇日も「頭がふらふらするので、今日も休む」と連絡した。県農協連合会の役員室では会長の異変を感じ、滝宮病院の小野田医院長を往診させた。小野田の診断の結果、「そのままにしておくわけにいかない。すぐ入院させたほうがよい」ということで、一二月一日に屋島総合病院に入院した。この時は、すでにものが言いにくそうな状態だった。右肩がこって手がぶらぶらする感じで、目の反射も少し遅れていた。体全体がだるそうで、同病院六階の特別室で一日中寝ていた。

入院して三日目の朝早く宮脇は尾池参事に電話した。声が小さくて聞き取れなかったが、急用らしいので、病院に駆けつけると宮脇は「岡山（大学病院）に行けというなら、行くわ」と再入院の決意を述べ、留守中の仕事について指示した。同病院には太田久米太郎副会長も肺炎で入院していた。宮脇が岡山大付属病院に入院するため、屋島総合病院を退院する時、太田は病室から見送ったが、後ろ姿を見ると杖に力が入り、足がふらふらして、「これは病気が重い。いかん」と思った。

一二月五日に宮脇は岡山大付属病院に再入院した。この時も本人は「まもなく元気になる」と思い込んでいた。石井内科婦長は「宮脇さんは六月の入院のときの病気が治り、今回は別の病気で入院していると思っているようでした。私達に『レントゲン写真を撮ってもらったが、肺炎にならなくてよかった』と語っていました」という。頭痛を訴えていたが、表情は明るかった。

しかし、すでにガン細胞は全身に回り、脳にも転移していた。コバルト照射もすでに体力の限界にきていた。木村教授は「強力な新薬を使うが、良いかどうか」との相談を家族にしている。強力な抗ガン剤による治療は一二月一七日から始まった。点滴注射で薬が体内に浸透していくにしたがい、宮脇は苦しみ出した。激しい嘔吐があり、鮮血が洗面器を満たした。翌日から毛がぼろぼろと抜けた。激しい嘔吐は周期的に三日間続き、そのたびに死の苦しみを味わった。まさに危篤状態だった。

宮脇の生死をさまよっている姿や急変していく体の衰弱からみて、百合子は肺真菌症の病名に疑問を感じた。一二月二〇日、弟の清と一緒に木村教授を訪ねた。百合子は「私は覚悟ができています。本当のことをはっきり言ってください。余命はいくばくでしょうか」と質問した。木村教授は清に目をやりながら「この人はどなたですか」とまず聞いた。「主人の弟です」と答えると、少し間を置いてから木村教授は「実はガンです。転移性のガンで手術はできません。あと三、四か月くらいしかもちません」と肺ガンであることを初めて家族に明らかにした。

百合子は大きなショックを受け、目まいを感じ、倒れそうになるほどだった。とっさに娘に知らせなければと思い「娘はアメリカにいるのですが、知らせてもよいでしょうか」とたずねた。「すぐ知らせなさい」との答えだった。

❖帰国した最愛の娘の見舞いを喜ぶ

その夜、清は電話でアメリカの佐々木文子に「できるだけ早く帰ってくるように」と連絡した。

文子は父の病状を聞いて驚愕した。病院に入院していることは知っていたが、病気の予防程度の入院と思い込んでいた。まして父の体の不調のことも、全然知らされていなかっただけに、ショックを受けた。

文子は三人の子どもをつれて一二月二三日帰国した。死線をさまよっていた宮脇は、百合子から「文子が帰ってくる」と告げられると「それでは元気でいなければならない」と自分に言い聞かせていた。

たため、一人娘になった文子を溺愛していた。

宮脇の子どもは三八年生まれの長女文子と四三年生まれの次女勝代だが、次女は七〇日余りで亡くなったため、一人娘になった文子を溺愛していた。

文子は「父は忙しい人であったが、出かける時とか、私が庭で遊んでいる時は必ず抱き上げ、頬ずりして、だっこしてくれた。これは、背丈が同じくらいになるまで続いた。思春期になるまで父と風呂に一緒に入っていた」という。

文子は地元琴平高校のあと、国際基督教大学に入学したが、「入学試験の時は、全中会長になる前ですが、三日間毎日、キャンパスで待っていてくれた。東京に出てくる時は、私の都合を考え、必ず日曜を挟んで来てくれ、父と一緒に西部劇を見たり、銀ブラしたり、食事をしていた。私がラブレターをもらえば、それを父に見せ、ボーイフレンドはほとんど父に会わせていた」という。キリスト教の洗礼を受けた時、仏教の信仰の厚い百合子は衝撃を受けたが、宮脇は「宗教は自由だ。無宗教でいるよりいい」と励ましている。「いつも私に『みんなが右に行く時は文子は左に行きなさい』といっていたが、これは、付和雷同でなく、自分を失ってはいけないということだと思っている」と語っていた。

卒業後、同窓の佐々木幸彦と結婚して米国カリフォルニア州クレアモントに在住している。孫が生まれた時は「一人娘をやって損したような気がしたが、男の孫ができて元をとって、おつりまでもらったような気がする」と喜んだ。孫は二男一女の三人で、長男・大（ひろし）は宮脇家を継続させるため、養子縁組した。

文子は一二月二四日に対面したが、宮脇はベッドに横になりながら娘を迎えた。最もかわいがっていた大とずっと話し込み「大、無理して日本に帰ってこなくてもいいんだよ。大の好きな学校に行きなさい」と言い聞かせていた。文子が来てから、宮脇の表情はだんだん明るくなった。文子は父の寿命を知っているだけに子どもをアメリカに帰して、自分は残って看病しようと決めていたが、宮脇は「文子の勤めは子どもを立派に育てることなのだから、一緒に帰りなさい」と言い、文子は一月中旬、後ろ髪を引かれる思いでアメリカに戻った。

宮脇の病状は大きな峠を越えたような印象を与えた。「病気に勝った」と思い込んだ。そうなると仕事が気になり、「副会長が入院しているのに自分は早く帰らなければならない」との焦りもあった。尾池参事は一月一三日、常勤理事会に出席していると宮脇から「一人で病院に来てくれ」との電話があった。尾池が病院に着くと待ち受けていたように「一二月はようえらかったが、年が明けてから元気になった。これで病気に勝ったと思う」と説明し、用件を切り出した。

「今年の春は（県農協連の）役員改選がある。こんな体では組織の責任を持てない。私は会長をやめて、太田副会長に会長になってもらいたい。お前の考えはどうか」と語った。

尾池は「それはようわかるが、改選は目の前にきています。入院中にそのようなことを言ったのではうまくいきません。まず元気になって香川に戻り、会長の口から太田副会長に会長になってくれというのが、一番よいと思います。そうしないと太田副会長は受けませんよ」と言うと、宮脇は「わかった。しかし、（宮脇辞任の）相談くらいはしておいてくれよ」と念を押した。

❖「すべての役職をやめ、農民の相談相手になりたい」

一～二月ごろまで宮脇は体の回復を信じていた。気分のよい時は付き添い人の服部佐代子が懐メロのレコードをかけると「それなら歌えるよ」と大きな声にはならないが、口を開き、メロディに合わせながら楽しんでいた。

宮脇の病室である五二六号の特別室の中を歩いたり、ときどき窓越しに外の景色を眺めたりしていた。はるか南方に四国の山々がかすみ、瀬戸内海を往来する船が小さく見える。夜になると眼下の岡山大学校舎にある木村教授の研究室や看護寮の灯りがいつまでもともっているのをみながら「みんな頑張っているな」とつぶやくことも多かった。

夜、眠れない時は、多度津町の法輪寺の住職である長尾光輪から届けられた般若心経のカセットをかけると三〇分もしないうちに、いびきをかいてよく眠れるようになった。「お経のありがたさがわかった。薬よりよく効く」と喜んでいた。木村教授がこれを聞いて「宮脇さんはカセットを聞きながら寝るとは、ナガラ族だねえ」と冗談を言うと、「僕はまだ若いんだ」とおどけてみせた。

一二月の再入院からは面会謝絶になっていたため、見舞客は親しい人を除いて会わなかった。それでも見舞い品だけを届ける人も後を絶たなかった。宮脇は見舞品に花があるとすぐ看護婦室に持っていかせることが多かった。

「花は散るところが嫌だ。花の一番美しいところを見たからもういらない」と語っていた。また「花も散るように人間も死ぬのだ。生あるものはいつかは亡くなる。わしはここで死んでも悔いのない人生だった」と服部に話している。

宮脇は花の中でもコスモスが好きだった。毎年、春になると庭にコスモスが勢いよく伸び、初秋に美しい花を咲かせ、晩秋から初冬に枯れてゆく。このコスモスの一生に輪廻転生を見ていたようだ。かつて宮脇は時事通信の農林経済版に「コスモスの一生」と題して寄稿している。

この中で「芽生え育つコスモスにとっては、種子の時代が過去で花と実が未来のようである。正に種草花実の輪廻転生が無始から永遠に続いていく。この法則が自然の大法則であり、天道である。天道自然は一木一草に色と空を表現して私に教示してくれる」（一九六八年七月一三日号）としている。このように花を見ることにより死の問題に直面していたのかもしれない。

回復したかにみえた体調も、良くなることはなく、悪化していくばかりだった。ガンが喉頭にも転移し、のどが焼けるため、水を飲みたがった。水を飲むとすぐ尿に直結するため、トイレの回数も頻繁になった。ガン細胞に栄養分を吸収されるため、体は痩せ、顔色も黒ずんできた。このころから肺真菌症ではないかもしれないとの疑いを持つようになった。

屋島総合病院の北出院長が二月二一日に見舞いに行くと、宮脇は「もしガンだったら本当のことを言ってくれ。かたづけなければならない仕事がある」と問い詰めている。北出は「ガンではないし、入院もそう長くかかりません」と慰めている。

三月頃から行動が思うようにできず、人の手を借りないと動けなくなった。病状が悪化するにしたがい、病名の疑いがますます強まる。石井看護婦長に「退院して残務処理をしてきたい」と申し出ている。石井は「歩けないまま帰すわけにいきません。病気を治してからでないと大学病院の恥になります。元気になって退院して欲しい」と言うと、それ以上は言及せず、あきらめにも似た表情をみせた。

❖「独生、独死、独居、独来」に徹せ

私は三月一八日に岡山大付属病院に見舞いに行った。

エレベーターで五階で降り、第二内科の廊下を進むと一番奥の部屋に「宮脇朝男」の表示があり、その下に「面会謝絶」の赤い字の看板がさがっていた。

見舞品を持ってきたので、それだけでも渡そうと、ドアをノックすると、付添人の服部が廊下に出てきて「急用でしょうか。今寝ていますし、少し熱が出ています。誰にも会わないことになっています」と言うので、「いや、急用ではありません」と、名刺と見舞品を渡し、病状などを聞いてから帰ろうとすると、一度、部屋に戻った服部が再び出てきて「せっかく見えたので、一、二分なら会うそうです」というので、部屋に入ると、奥から「須田君、入れ」という声がした。

部屋に入るとカーテンが半分閉めてあり、ベッドの周辺は薄暗い感じだった。ベッドで寝ている宮脇を見た時、別人のように思えるほどやつれていた。

前年の六月、九月にも見舞っているが、その時は顔色もよく、つやもあり、起きて応対していた。それが寝たきりで、顔色が浅黒く疲労が現れていた。頭髪はほとんどなく、すっかり老人になっていた。見てはいけないものを見てしまったという後ろめたさを感じた。かつてのたくましい宮脇ではなく、死線をさまよう老人のように見えた。左目は動くが右目が動かないようにみえる。首まで毛布がかかっていたが、足を折り曲げているためか、普段の半分しかないように小さくみえた。ときどき足を伸ばすためか、毛布が動く。

「須田君がせっかく来てくれて会わないわけにいかない。先生に面会謝絶を言われている。一人に会うと他にも会わなければならないので、会わないことにしている」と弱々しい容体とは反対に声は大きかった。

「あとワンクールの治療がある。その時は五日間くらい足腰が立たない。六月頃は退院できると先生は言っている。すぐ東京に行くのは無理かもしれないが、今秋から来年は行けると思うので、その時に会おう」と回復を信じているようだった。

「退院したら会長などの役職はすべて辞める。宮脇事務所でもつくり、誰でも気がねなしで、農民のよき相談相手になりたい」と〝夢〟を語っていた。

長居をしてはいけないと思い、帰ろうとすると、引き留めるように「全中はどうだ」と聞いてきた。農業情勢や農協中央機関の人事にわたるまでよく知っているようだった。

全中の藤田会長、山口常務の話などがあり、「帰ったら巌さん（山口常務）に言ってくれ、全中は巌さんに頑張ってもらわなければならない。日本はソ連にも二〇〇カイリでもやられ、円高で米国、ＥＣからも追い込まれている。農業は大事な時だ。みんな団結して頑張って欲しい」などと元気な頃をほうふつさせるほど熱っぽく語っていた。

私が立ち上がろうとすると、「そうだ、江草猛君（協同放映社長）に会ったらお礼を言ってくれ。手紙を貰ったが、こんな体だから返事も書けない」と語っていた。

四月に入ると、さらに体もやせ、息苦しくなっていく。それでも四月の初めには百合子に「副会長が入院しているので、自分が早く帰らなければならない。四月末には退院したい」と語っていた。しかし、だんだん悪化する病状ややつれていく容貌に、四月中旬頃から覚悟を決めていたようだ。しっかりしていた声も細くなり、タンが多く出るようになった。

ある日、百合子に「西の窓を少し開けなさい」というので、開けると空が赤く染まり、美しい夕景色だった。宮脇は「クリスチャンではミレーの晩鐘のように西方の夕陽を礼拝するが、親鸞の教えの浄土真宗も西方を浄土という。自分はあの夕景色の美しい西方の浄土の大地に帰って行くんだよ」と言ったあと念仏をした。百合子も念仏してボロボロ涙をこぼしていると、宮脇は「私が死んだら米国の娘のところに行くのかい」と聞いてきた。百合子は「私は英語もできないし、米国に友だちもいない。米国はなにげない国だから日本にいる」というと「人間はのう、独生、独死、独居、独来、一人で生まれて一人で死ぬんだよ。一人に徹せ、一人に徹せ」と何度も百合子に言い聞かせた。

輪廻転生、独生、独死、独居、独来は宮脇の死生観である。

「母の体内から私が生まれた時から死が与えられた」と、命は仏さまからお預かりしたものであり、与えられた命を大事にして精いっぱい生きていかなければならない。信仰の厚い家に生まれ、生涯通して、この生と死を求道して燃焼しきったのではなかろうか。

また、このころ遺言めいたことを百合子に語っている。

墓石については「南無阿弥陀佛と書きなさい。墓石は父親のものより、大きく立派なものにしてはいけない。墓石の横に『農民の友、宮脇朝男、ここに眠る』と書いてくれ。葬儀は質素にし、派手にするな」と繰り返した。

❖「讃岐うどんを食べ、弥陀の懐に飛び込むか」

娘の文子は父の病状を心配して、四月上旬、米国から電話すると宮脇は「待っているよ、待っているよ、待っているよ」と三回、弱々しく応答した。

文子は取るものも取りあえず、四月一一日に帰国した。

宮脇は文子を見て心より喜んだ。もう一人では歩けず、百合子と文子の肩をつかまって室内を歩いたり、トイレに行ったりしていた。ベッドの上で洗顔、歯みがき、髭そりを「文子」と呼んで手伝わせ、満ち足りた顔で文子のなすがままに任せていた。いないと「文子は?」と周囲を探すほどだった。

宮脇は四月下旬頃から死が近づいていることを予感していた。それでも宮脇は知らないふりをして、文子に「元気になるよ。頑張るよ」とかえって励ましていた。

しかし、息苦しさがますますひどくなるにしたがい、気の強い宮脇も弱気な面を見せるようになった。苦しさに耐え、目に涙を一杯ためて、百合子に「宿業だのう、病むだけ病まなかったら、死ねないのう」と話している。死に対する覚悟はすでに決めているようで、「今まで悪い主人で、こらえてくれた。許してくれ」とあやまっている。百合子は「私こそ悪い奥さんですみません」とお互いに別れの言葉をかわしている。

文子が、「私への遺言は」と聞くと「子ども達を束縛してはいけない。大を島国の日本にムリして連れて帰ってくることはするな。子どもの生きたいように伸びたいだけ伸ばし、飛びたいだけ飛ばしてやれ。

伸びる芽を摘み取るのではないよ」と語っていた。

四月末に、夜中の三時頃、気分もよかったのか、うどんが食べたいと言った。百合子が、すぐつくると宮脇はおいしそうに食べた。「あー、うまかった。讃岐うどんを食い逃げして、さあ弥陀のふところに飛び込むか」とニコニコ笑いながら話をするので、百合子、文子もつられて大笑いになった。

この言葉について親交の深かった正信寺住職の安本一正は、香川県農協連葬の時、香語でふれて「この一言は六五年の人生を荘厳し尽くされたものである。名残り惜しかったのでありましょう。残してゆく肉親のこと、生命をかたむけて打ち込んできた農協運動のこと、その他各方面に果たしてゆかねばならない重責を思うときに『讃岐うどんを食い逃げして』の一言は、くめども尽きせぬ表現である。親鸞聖人の『名残りおしく思えども娑婆の縁尽きて力なく終わる時には彼土に参るべきなり』とのみ言葉に寸分だにも心の住み家の違いなきを知る」と解釈している。

❖家族そろっての「黄金の日々」

五月二日、朝から快晴だった。文子がつくった果実ジュースをコップに一杯飲んで、小さい声で「おいしい」と言った。文子は気候も暖かくなるので、生家の羽間に衣類を取りに行くことになり「パパ、羽間に帰ってくるからね」と言うと、宮脇は低い声で「早く帰っておいで」と言ってうなずいた。これが宮脇の最後の言葉になった。

文子が出かけると間もなく、宮脇の呼吸が荒くなり、苦しみ出した。百合子がすぐ看護婦に連絡して、大熨斗医師もかけつけた。大熨斗医師は呼吸困難から意識不明になっている宮脇をみて、百合子に「喉を切開して呼吸がしやすいようにしましょうか」と承諾を求めた。しかし、とても良くなるという息づかいでないため、「それで全快するのなら良いのですが、一時的な気休めなら結構です」と断った。

宮脇の危篤の報はただちに親族や高松の農協会館に伝えられた。文子は宇高連絡船で高松に着いたところを、待機していた県農協連役員室の村山にすぐ戻るように言われて、岡山に引き返した。当時、県信連の佐藤信親専務と県農協中央会参事の尾池は県農協会館に出勤すると同時に危篤の連絡を受け、二人ですぐフェリーに飛び乗り岡山大付属病院にかけつけた。到着したのは午前一一時だった。宮脇の兄弟ら親族の人たちはすでに集まっていた。

佐藤は「会長は左目だけが見えておられましたが、酸素吸入しておりましたので、ものが言えません。手を握って体をさすりましたら、手応えございました。奥さんが『専務さんが来られましたよ』と言いましたら、二度三度力強く握り返されました。それが会長との最後のお別れでした」（『農業協同組合』一九七八年六月号）と語っている。

佐藤は宮脇会長の下で一二年間、専務を務めた。

「会長は農民運動にかかわっていたためか、偉ぶらない、取っ付きやすい、庶民的な方だった。会議などで挨拶して下さいというと、大会や会議の内容をすぐ飲み込んで、原稿なしで筋書き通り話される。ようあれだけのことが頭に入っているなと驚くほど話題が豊富で、冗談を交えて聴衆を引きつけるんです。会長は東京から中央の金融情勢を的確に伝えてくれ、資金運用するのに、ずいぶん助かりました。地元の証券会社の人が、宮脇会長の金融・株などの先行き見通しを聞きにくるほどでした。会議でも自分の意見を通すというよりは、相手の気持ちを考えて発言していることが多かった。そうした気やすさが、結果的に命を縮めることになったのではないでしょうか」と語っていた。

宮脇は家族の見守る中で五月二日午後一時三五分、六七歳の波乱に満ちた生涯を閉じた。苦しみから解放されたように、その死顔にはほほ笑みがあった。

文子は「父と母と私の三人一緒の病院での最後の三週間、父はなごやかで、喜んでくれ、『黄金の日々』

だった」と述懐していた。

❖日本列島を駆けめぐる「巨星墜つ」の悲報

宮脇死去の報はただちに日本列島を駆けめぐった。東京・大手町の農協ビル内も大きな衝撃が走った。当日、私は農協記者クラブで原稿を書いていたが、訃報に接し、父親が亡くなったような寂しさに襲われた。全中役員室に行くと問い合わせの電話が鳴りっぱなしで、職員が応対に追われていた。

山口常務は「病気はわかっていたが、まさか、こんなことになるとは…。面会謝絶と言われたが、須田君のようにムリしても見舞いに行くべきだった」と沈痛な表情だった。政財界に大きな影響を与えていた人だけにマスコミは各界代表者にインタビューを申し入れていた。

大平正芳自民党幹事長は「宮脇君は農業界の卓越した指導者であったが、同時にスケールの大きい政治家でもあった。また、鋭い感覚と魅力ある人間味を備え、保守、革新を通して多くの友人を持ち、転換期の農政を中心に強力な指導力を発揮した。まだ六五歳でこれからという時に病に倒れたことは、農業界ばかりでなく、日本の損失である」。

成田知巳社会党委員長は「宮脇さんは戦後の社会党の結成に参加したが、そのまま政治の道に進んでいれば政治家として一方の雄になれた人だった。私が委員長の時の全中会長で社会党とのつながりも深くなり、ともすれば政府に迎合したり、与党に傾きがちな農協の農政運動でも、自民でもない、社会でもない、等距離等間隔の運動を展開された。そのことが農協運動を強くすることに役立ったのだと思う。もう、米価運動の時のような迫力の姿に再び接することはできない。香川の誇りだっただけに残念である」。

土光敏夫経団連会長は「宮脇さんとは長い付き合いで、特に経団連と農業関係者の懇談会を毎月続けてきた。宮脇さんは体が悪いと、うかがっていたので、見舞いしたいと考えていたが、突然のご悲報に接し、つつしんでお悔やみ申し上げたい。近代的な農業を日本に打ち立てるため、宮脇さんのような指導力のある方に期待するところが多い昨今、主を失って誠に残念だ」。

中川一郎農林水産大臣は「いろいろなところで付き合っていただいたが、本当に素晴らしい人だった。ハラができた、誠実な人で、総理大臣にもしたいような人だった。日本農業は狭い耕地の中で厳しい条件下にあるが、今日の日本農業をここまで持ってきた大功労者であり、農業界だけでなく、日本の経済界にとっても本当に惜しい人を失った」。

前川忠夫香川県知事は「突然の悲報に接し、悲しみに耐えない。今さらいうまでもなく、氏は一貫して生産者の立場から戦後のわが国農業を盛り立ててこられた。今、日本農業が新しい方向を模索している時、そのカジとりの役を果たされるのは氏をおいてほかにないと考えていただけに、惜しみて余りある。人間的にも中正な温情あふれる人で、私にとっては香川県農学部以来のよき師、よき友だった」など、各界代表者が、それぞれ故人を偲んでいた。

5 香川、東京で盛大な葬儀

❖通夜に参列者二、〇〇〇人

七八年五月二日、宮脇の遺体は車に乗せられ、夫人に付き添われ岡山大学付属病院を出発した。フェリーで波静かな瀬戸内海を渡り、高松港へ。思い出深い県農協会館前に着くと、全職員が舗道に出て、遺体を乗せた車を迎え、涙のうちに最後の別れを惜しんだ。自宅の満濃町羽間に着いたのは午後七時過ぎだった。

自宅前に悲報を聞いて駆けつけた地元の人々数百人が道路を埋め尽くした。同日夜行われた通夜にも多くの人が参列した。

密葬はどんより曇った五月四日午後二時から羽間の西念寺で行われた。同寺は宮脇にとって日曜学校のリーダーとして活躍した青年時代の思い出の場所であり、全中会長を辞任してからも、散歩のついでに立ち寄っていた。祭壇には宮脇の在りし日のにこやかな遺影が飾られ、各界からの供花が並ぶ。読経が続く中、焼香台の前に参列者の長い列ができた。参列者に東京から駆けつけた大平自民党幹事長、藤田全中会長、大内四国電力会長、前川香川県知事ら二、〇〇〇人を超える各界の人たちが、別れを惜しんだ。全国から寄せられた弔電だけでも三千通にのぼった。午後四時過ぎ、柩が親族によって運び出された。先頭に文子が遺影、百合子が位牌をそれぞれ持ち、その後に白い布で包まれた柩が続いた。山と麦畑の間を走る細い道路に住民たちが立ち止まり、いつまでも手を合わせて見送っていた。

桑原正信・滋賀大学長は、京大時代から親交があり、全中会長退任後の七六年に対談集『宮脇朝男　思想・人生・運動』を出版している。当日の心境を次のように記述している。

「五月二日の午後、宮脇朝男氏の訃報を聞いたとき、私は激しい衝撃を受け、しばらくその場に座り込んでいた。あの宮脇さんはこの世にはいないのか、あの野太い声、笑顔に接することはできなくなったのか、そう思うと全身から力が抜け落ちていくような寂寥感に襲われた。せめてそのご遺体に別れを告げたいという衝動をおさえることができず、私は密葬の日、急に香川に向かった。悲報が新緑の讃岐路にひろがると、香川県全体が深い悲しみに沈み、駆けつけてきた地元の人たちで道路を埋め尽くしたというが、その日も、親類、農協関係者の人たち、そして他県から参じた人々がつめかけていた。粛然と悲痛に耐えている参加者の中にまじって私は仏壇の写真を仰いでから合掌し頭をたれて冥福を祈った。新たな悲しみと同時に非凡なる人物、偉大なる指導者を失ったという実感がひしひしと胸に迫り、私の脳裏には生前の宮脇さんとのさまざまな思い出が明滅した。もう宮脇さんと語ることはできないが、瀬戸内の海を渡って、ご遺体の前に合掌することができてよかった、と私は思った」(『地上』一九七八年七月号)

香川県農協連葬は五月一八日午後一時から高松市一宮町刷塚の県経済連一宮別館で行われた。葬儀委員長の太田久米太郎は入院先の矢島総合病院から医師と看護婦に付き添われて会場に到着した。葬儀は太田を先導に喪主の百合子ら親族に見守られた遺影が参列者が整然として待つ式場に到着し、桧葉と菊の花に囲まれた祭壇に安置された。

導師の安本一正をはじめ一〇人の僧侶の着座とともに、参列者全員が合掌して黙とう。読経が流れ、式が始まった。

太田が「宮脇会長さん、太田です。生者必滅、諸行無常とはいえ、今日ここにこうしてお呼びかけなければならないとは、ついこの間まで誰が想像できたでしょうか。宮脇会長の一生はそのまま郷土香川のいや、日本の農業・農協の発展の歴史でありました」と数多くの功績をたたえる弔辞を朗読した。

会場内に宮脇の最後の講演となった七七年一一月一九日の県農協三〇周年記念大会のテープが流され、悲しみを新たにした。焼香する長い列ができ、約三千人が参加した。朝から今にも泣き出しそうな空模様だったが、式の途中から雨にかわり、雨足は次第に強くなった。

この日、全中では東京からの参加者が多いため、チャーター機を用意した。私も葬儀の出席に間に合うよう当初は前日の一七日に高松に行く予定であったが、山口全中常務から「全中が飛行機のチャーター便を手配したので、一緒に行こう」というので、それに変更した。

藤田全中会長ら農協中央機関幹部五五人は午前九時四〇分羽田発一〇五便で大阪空港に午前一一時前に到着した。大阪から一一時三〇分発の高松行きに乗り換える予定だった。しかし、大阪空港に着くと、濃霧で高松行きの飛行機は欠航とのことを知って、騒然となった。空港で航空会社と交渉するが、人命にかかわることなので出航はできませんとのことだった。同乗していた渡辺美智雄国会議員が、空港責任者と大きな声で掛け合ったが、出航の承諾を得られなかった。結局、空港待合室で藤田会長の挨拶の後、故宮脇のめい福を祈って、高松に向かって全員で黙とうをして〝葬儀〟に変えることになった。一同は昼食のあと、同機で東京に引き返した。

しかし、同行した今井勇農林政務次官は列車に乗り換えて高松に向かい、同日、宮脇の自宅に着き、遺族に勲章を伝達した。これは五月一六日の閣議で決定した正四位勲二等旭日重光章と四月二九日に決まっていた藍綬褒章だった。

当日、片柳真吉農林中金理事長が前日、隣県で信連関係の会議に出席していたため、県農協連葬に間に合い、農協中央機関代表として弔辞を行った。片柳と宮脇との交流が始まったのは片柳が食糧庁長官の時からである。私は二人の夜の懇談会に何回か同席することがあったが、お互いに和気あいあいで、ずけずけと何でも語りあえる仲だった。それだけに宮脇の逝去の報を受けた時、片柳は「私の心境は悔恨と悲痛とが交差し、大きなショックを受けた」という。面会は遠慮して欲しいというので、病気見舞いに行けなかったが、藍綬褒章を授与されたので、お祝いを兼ねて見舞い状を五月一日に投函している。翌日に逝去されたので目を通すこともなく、残念がっていた。

「宮脇さんの魅力は、あの開放的な風貌、言動、豊かにして変幻極まりない座談であり、胸襟を開いて酒を酌み交わす時、その特色は最高度に発揮される」(『農業協同組合』一九七八年六月号)と述懐していた。

❖東京での告別式に四、〇〇〇人が参列者

葬儀は東京でも全国農協中央会葬として五月二四日午後二時から東京・青山葬儀所で行われた。

全中総務部長だった桜井誠は「会長の訃報を聞いて、頭に浮かんだのは東京での宮脇さんの葬儀だった。

葬儀に参列したいと思っても香川までは行けない在京の人たちが多いはずだ。上司や関係機関と相談すると思いは同じで、全中会長を辞されて三年目のことであったが、全中葬が実現した」（一七回忌追悼集）という。

葬儀は山口巖全中常務の司会で始まり、葬儀委員長として藤田全中会長が「あなたが全中会長在任中にあげた業績は数限りなく、常にその陣頭に立ち、これを強力に推進した」との弔辞をのべた。

福田首相（安倍官房長官が代読）、中川農相、友人代表として大平正芳、農業団体代表として鍋島全国農業会議所会長がそれぞれ弔辞を述べた。

大平は「君の大きな体躯、茫洋とした風貌、壮大な構想力、たくましい政治力、こまやかな人情、周到な親切心のすべては、君と接する者にとってたまらない魅力でありました。私は多くのことを君から教えられ、いろいろなことで君の助力を仰いできました。君の六七年の生涯は短かった。しかし、君はそこに自らの天職を見出し、君の才幹をあますところなく発揮してつくした。信ずるものの中に総てを燃えつくし、休むことなく働き続けた。この世に於いて為すべきことを立派に果たされた」と長い交友をもとに切々と故人を偲んだ。

約四、〇〇〇人が参列し、この中には三木武夫元首相、成田知巳社会党委員長、土光敏夫経団連会長、坂本朝一ＮＨＫ会長らの顔もあり、宮脇の幅広い活動と交流が偲ばれた。

最終章

1 顕彰記念事業

宮脇の逝去のあと、彼の業績を後世に伝えようと、香川県農協中央会と全中では、さまざまな事業を企画した。

香川県農協中央会は七八年六月の理事会で、宮脇朝男顕彰記念事業の実施を決定した。事業の原資は百合子から寄付された三、〇〇〇万円をもとに、組織内で三年間に七、〇〇〇万円を拠出して一億円の基金を設立した。この果実で奨学、奨励の事業を行うというものである。この事業に宮脇と関係の深かった香川県、四国電力、NHK、その他県内の農業団体からの協力の申し出もあり、基金は造成最終年度の八一年度末に目標の一億円を超えて一億三、五〇〇万円になった。

❖宮脇賞、胸像などで業績を後世に

当初は、「宮脇氏の生前の活動の大きさを考え、事業対象を広く全国的に通用する研究助成や、宮脇の名を冠した賞を設定してはどうか、という意見があったが、どのように検討しても、どのように試算してみても香川一県の組織では手が余ることがわかった。結局、香川一県を対象にした宮脇賞が中心になった」（『虹と泥濘』）という。

しかし、県組織独自で宮脇賞の選考審査は難しく、毎年、全中が実施している表彰制度に準拠して行う方法になった。表彰事業は、宮脇特別賞と宮脇賞、さらに宮脇特別農業賞と宮脇農業賞の四つである。宮脇特別賞と宮脇賞は全中表彰制度の特別功労表彰と功労表彰の受賞者に、宮脇特別農業賞と宮脇農業賞は全中・NHK主催の日本農業賞の全国段階表彰者と県段階表彰者を対象とすることになった。

ただ第一回の宮脇特別賞は、農協組織にとらわれず、宮脇時代の香川県の農業、農協に大きい貢献をした香川大学教授の森和男、元副知事の井上房一、農協婦人部県協議会会長黒田ヤスの三人が対象になった。これらの宮脇賞の表彰は現在も継続されている。

全中でも宮脇朝男顕彰記念事業会が設置され、伝記刊行と胸像の制作が行われた。

伝記の制作は、農政ジャーナリストの会の有志に依頼した。これは同会の初代会長の団野信夫（朝日新聞）が宮脇と特に親しくしていたからである。

団野は「宮脇さんの伝記を農政ジャーナリストの有志でまとめてほしいと頼まれたとき、これは容易ならぬ仕事だと思った。私は宮脇さんという人が好きだった。長いジャーナリストの人生で、ありとあらゆる職業、階層の老若男女、おびただしい数の人間に会ってきたが、そのなかで最も魅力を感じた一人である。お互いに同時代人として通じ合うものもあった。その精神遍歴もほぼ理解できる。どこまでやれるかわからないが、この仕事には意義を感じた。私を含めて九人の有志が引き受けることになった。このメンバーは、いずれも宮脇さんとは接触の深かった者ばかりで、かつ宮脇さんに対して仕事の上の親しさを超えた人間的な親愛感を抱いていた人たちである」（『農業協同組合』一九八〇年九月号）と記している。

❖ジャーナリスト九人で伝記を執筆

団野が編集責任者となり、遠藤太郎（読売新聞）、山地進（日本経済新聞）、寺山義雄（共同通信）、松浦竜雄（毎日新聞）、岡本末三（農協新聞）、岸康彦（日本経済新聞）、富岡敬之（日本経済新聞）、須田勇治（日本農業新聞）がそれぞれ担当分野を決め、執筆した。

宮脇はマスコミ関係者を大事にしていた。農政ジャーナリストの会は、設立当初事務所がなかったが、六七年に農協ビルが有楽町から大手町に移転したのを契機に、農政調査委員会分室の名称で同ビル八階の六坪の窓のない部屋を借り、事務室として使用していた。しかし、同室はもともと配膳室として造られたため、八階に配置されている幾つかの会議室に九階のレストランから食事を運び込むためのリフトがあった。同リストを囲むコンクリート造りの堅固な囲いが部屋の真中に立ちはだかっていた。会員が増えたが、部屋が狭く、悩みの種だった。

六八年、会長就任早々の宮脇に広い部屋の提供を要請した。ところが農協ビルはすでに各団体が満杯で、系統外の農政ジャーナリストの会に回せるスペースの余裕などなくなっていた。実地見聞に来た宮脇は「陳情の主旨はわかるが…」と苦渋の面持ちだったので、あきらめかけていた。

しかし、「われわれはもとより、ビル管理当局にとっても、思いがけない号令が会長から下りてきた。『あのコンクリート造りのリフトの囲いを全部取りこわしてしまえ』ということだった。そして早速、職人たちの手で大工事が始まり、農政ジャーナリストの会の部屋は移動せずに何とか使い易いスペースに改められた。機に応じて俊敏な宮脇会長の頭の動きの早さを実感させられた」(『一七回忌追悼集』石川英夫)。

この結果、農政ジャーナリストの会の部屋面積は一〇・〇四三坪になり、大手町の農協ビルに移転するまで居住していた。

寺山義雄は「名士の伝記はとかく業績を賞賛し、キレイごとに終わる。それではジャーナリストを動員した意味が薄れる。そこで歴史的事実を重視し、〝人間宮脇〟の探求に重きをおいた。とはいえ、この主人公、エピソードが豊富で、幅が広く奥行きの深い大人物である。資料を集めながら、彼の魅力にとりつかれ、〝冷たく観る〟という態度に撤しきれなかった。私は、宮脇さんの生い立ちから終戦の昭和二〇年まで、つまり三五歳までの生気あふれる宮脇を担当した。四〇〇字詰め六〇枚の原稿を、編集総括の団野さんに提出した。だが、あっさりボツ。そこで奮起一番、讃岐の地元に飛んだ。刊行責任者の全中にかけあい二泊三日の取材費をいただき二度行った。三度目は自費にした。この時の原稿ほど慎重に扱ったことはない」(『明日の食品産業』一九九四年六月号）と記している。

私の担当分野は全中時代の一九六九年の退任騒動と病気で退任から死去までだった。このため、これまでの取材で知り得たこと以外に、日常、農協中央機関や政府関係者に会って情報収集した。

現地取材では、太田副会長をはじめ香川県農協連の関係者、宮脇百合子、弟の山篠只男、宮脇正男、西念寺の滝口信行、多度津の服部佐代子、岡山医大の木村郁朗教授、大阪の荻野種夫三興社社長らにインタビューした。宮脇に関係した多くの人の共通点は「私こそ宮脇と一番親しい」「私こそ宮脇の一番の子分」と思い込んでいることだった。多分、相手に「お前だけが頼りだ」という印象与えて、人の心を掌握する天性の政治的才能があったのではなかろうか。

『宮脇朝男伝』は七六名の「追憶文」を含め六六四ページで構成されている。全中から一九八〇年七月二三日に発行した。

胸像の制作は日展会会友の横山文夫が担当した。横山は香川県出身で、初代の香川県農協中央会長の岡佳吉の胸像を制作した人でもあった。当時六三歳で、宮脇とほぼ同年代のため、制作に並々ならぬ意欲をみせていた。

当時、担当していた桜井誠全中総務部長は「横山先生は宮脇さんと一度も面識がなかったことから、宮脇さんの風貌、人柄をどう表現するか大変ご苦労された。私は制作現場に何回か行き、意見を申し上げたが、嫌な顔を見せずに、何回も推こうを重ねて像を形づくっていった」という。

胸像は八〇年七月に完成した。高松市では七月一九日に除幕式が行われ、県農協会館玄関に岡佳吉と並べ設置された。引き続いて七月二三日に東京・大手町の農協ビル一階のロビーで除幕式が行われ、千石興太郎、荷見安と並んで設置された。

当初は二基制作する予定だったが、四基になった。三基目は宮脇が理事をしていた高篠農協（現協栄支店）

の庭に、もう一基は、宮脇邸に寄贈の予定だったが、百合子が辞退したため、香川県農協教育センター（現アグリティ香川研修センター）に設置された。高松市と東京での除幕式とも、米国から駆けつけた宮脇の孫にあたる大君（当時一五）、ゆみ子ちゃん（同九）、晃君（同五）の三人の手により胸像の幕が落とされた。

同胸像は現在、東京・大手町の農協ビルが二〇〇九年に解体され、新しいビルに移転したため、東京都町田市の全国農協教育センター内に移された。

2 晩年の百合子夫人

❖娘家族の住む米国で晩年を過ごす

私は、この本の執筆取材のため、二〇一三年五月に香川県に行き、県農協中央会の馬場一雄の案内で、宮脇とゆかりのあった人たちと会ったり、満濃町の旧宮脇邸や墓参りをしてきた。

宮脇邸について、大平正芳が「讃岐満濃町の高松から琴平に向かう国道沿いに宮脇君の家がある。小さな池のほとりにある、ありふれた平屋である。これがかつて天下にその雷名を謳われた宮脇の家だと思うと、その前を通るたびに新たな感慨を覚える」（『畏友宮脇朝男君を偲んで』）と書いているように、けして立派な建物ではない。

私は、これまで多くの県農協連会長宅を訪問したことがあるが、周辺の住宅に比べ、豪華な建物が多かった。しかし、宮脇邸は庭は広いが、建物は「ありふれた平屋」である。

玄関から呼び鈴を押すが、応答がない。庭に回ってみると植木はまばらで、虎の木像が放置され、大きな穴が掘られているなど管理されているように見えない。前庭と家屋はガラス窓で仕切られ、長い縁側が続いている。ガラス窓越しに居間をのぞくと、荷物もなく、がらんとしていた。だれも住んでいない、空き家であった。

この家は六二年に建てられたが、当時は周囲に家もなく、寂しいところだったという。駅に近く、電車で高松に四五分で行けて交通の便がよく、百合子と苦楽を共にしてきたところである。また、宮脇が農協界の階段を登っていく姿を見つめてきた建物でもあろう。宮脇は朝早く起きて、よく散歩に出かけていた。しかし、意外にも蛇が嫌いで、家の周辺に蛇がいると子どものように怖がったという。睡眠中に仕事の夢をみたのか「バカヤロー」との大声で目が覚めたことがあることなど、夫人が語ってくれたことが思い出す。宮脇が散歩に出かけていた裏山の頂上はバイバス三二号線が走り、土止めのコンクリートが山肌に×印に打ち付けられていた。

私はこの宮脇邸を三回、訪問している。

一回目は、七六年一二月末で、全中の吉田和雄常務に関する件だった。全中会長は宮脇の後、藤田三郎が就任したが、藤田会長と吉田常務との意見の対立が多くなっていた。山口常務の尽力で農林年金理事長の話が具体化したが、吉田は不満だった。私が一二月に農林予算獲得運動前線本部の全共連ビルに行くと、山口常務に誘われ、二人で神楽坂で飲食した。この時、山口常務から吉田常務が農林年金理事長になるのを反対しているため、藤田会長は困っている。このままでは、吉田常務は全中にもいられなくなるし、理事長もダメになってしまう。同常務を説得できるのは、宮脇しかいないということだった。私は二日後の日曜日に香川に飛び、宮脇邸で会った。宮脇は「そこまでこじれているのか。わかった。すぐ上京してオレが話す」ということになり、年末の忙しい中、宮脇は上京して説得した。

吉田和雄遺稿集『わが人生に悔いなし』によれば、「宮脇さんは上京し、私を呼んでいきなり『農林年金理事長になりなさい』と言い渡した。私は『全中にはなすべき仕事が残っており、折角ですが、承知できません』と答えると、オレは中央機関の会長連中にみな根回ししてしまった。四、五の言わずに観念せよ、藤田はキミが恐ろしくて、それをキミに言い出しかねている」と記している。

結局、吉田は一九七七年四月から農林年金理事長に就任することになった。宮脇は体力的に弱っているのに、かつての部下に対する宮脇の愛情溢れる迅速な行動に、感銘を受けたものである。

宮脇邸訪問の二回目は七九年夏、全中発行の宮脇朝男伝の執筆で、百合子にインタビューするためだった。三回目は、八五年の正月、尾池源次郎に人物記『宮脇朝男』の執筆を日本農業新聞に依頼していたが、「文子が米国から帰国しているから、写真の手配があるので、来て欲しい」との連絡があって伺った。いずれの時も、広い居間で、百合子に抹茶を入れてもらい、会話をしたことが思い出された。百合子は、宮脇会長の行動的タイプと反対に物静かで、学校の先生をしていたためか、一言一言ゆっくり、理路整然と丁寧に話されるのが印象的だった。

宮脇が百合子と結婚したのは三七年三月八日である。宮脇は兵役から帰り、農業のかたわら同村にある山篠鉄工所の専務をしていた。同鉄工所は宮脇家の親族が大阪で経営している子会社である。二人が知り合ったのは仏教の説教場である。

当時、宮脇は「農民運動をやるなかで、マルクス、エンゲルスの書いた本を読んだが、自分の考え方との間に矛盾も出てくる。祖父が熱心だった浄土真宗の信者だったので、この苦悩を寺に行って聞こうという気になっていた」(『家の光』一九六八年三月号)と、いろいろな寺を回って説教場に顔を出していた。

この説教場で合葉トヨとその娘の百合子に知り合った。百合子は宮脇より三歳上で、琴平小学校に勤務していた。母親のトヨが浄土真宗の帰依者で、百合子も子どもの頃から寺参りをしていた。

百合子の実家の合葉家は絵師の家系で、宮脇によると「家内の曽祖父は信州上田から来た合葉文山といい、九州の田能村竹田の弟子で南画を描いていた。その当時、珍しい蝶の収集をやり、蝶の絵を専門としていた。金比羅さんの御書院の群蝶の絵は家内の曽祖父の絵が手本だったといわれる。家内のおじの合葉文岳も勤皇絵師だった。父親の弟の合葉文齊は横山大観と同じ師匠についていたが、若くして亡くなった」(『宮脇朝男　思想・人生・運動』)という。

百合子は五人姉妹の三女として生まれ、父親の恒太郎は小学校の校長だった。

❖いまも墓参りに来る人がいる

夫婦関係について、望月優子の対談で宮脇は「私達夫婦は、若い頃、よく仏教のことで喧嘩をしました。家内は非常に深刻なさいほう西方極楽浄土をとらまえようとかかる。死んでから極楽に行けるようにと思うんですよ。しかし、私は西方浄土をきわめて直感的につかもうとする。私は南無阿弥陀仏という六文字に納められているのが、仏教の神髄だと考える。南無阿弥陀仏というのは、大自然であり、大宇宙であり、しょうじ生死をいっさい合わせた大生命なんです。人は生き変わり、死に変わりしますが、それは宇宙の外ではないんです。これが今のえど穢土即浄土ということです。いま生きていやな社会だと思っているが、目を転じると、それは光彩に満ちた浄土ではないかと私は、そうつかむ」。これに対して百合子は「私は当時、悲しみとか苦しみというものを念仏によって慰められようとしていたのです。ところが、それはごまかしだと主人から言われました。どきっとして、何か月も悶え苦しんだことがありました」というように、仏教が夫婦間の共通の話題のようだった。後に百合子は「主人とは喧嘩にならないのです。あちらは雄弁で、こちらはトツ弁ですから。弁解がましいことが大嫌いでした。しかし、主人が間違っている時は、ご機嫌のいい時にやんわり言いました。主人が、私に荒い言葉を投げかけるようなことはありませんでした」(『家の光』一九六八年三月号)と語っていた。

夫婦で海外に出かけたのも一回だけだった。

真板武夫（全農）は「私はハンガリーのブダペスト空港に宮脇さん一行を出迎えた。ＩＣＡ理事会に出席する道すがら立ち寄ったものです。一行は宮脇さんをはじめ、片柳さん、三橋さんでしたが、その中に中老の婦人がまじってタラップから降りてきました。宮脇さんは独特の調子で、『これは、わしの婆さんじゃ。娘がアメリカにいるものだから、そこに行く道連れに、わしについてきたのじゃ』とのこと。おそらく宮脇さんが夫婦で海外に出かけられることは、これが初めてで最後だったことでしょう。奥さんは視察の時、小さな手帳にいつも克明にメモをとっておられるのが印象でした」（『宮脇朝男追悼集』）と回顧している。

百合子は宮脇が亡くなった後、独りで羽間の自宅で住んでいたが、九三年に体調が悪化し、娘の文子は帰国して九月から一二月まで看病していた。

文子が、これから先どうしたいか聞くと、百合子は「家も財産も何もいらないから、米国に行って文子ちゃんと孫達と一緒に住みたい」というので、米国カリフォルニア州クレアモントに娘家族と住むことになった。

文子は「クレアモントに戻って以来、母と共に毎朝欠かさず、すぐそばにある散歩道を一キロメートル以上歩っている。母は『クレアモントは良いところね。パパも生きていたらオレもここに住むよと言うにちがいない』といい、父も今ここに一緒にいるという思いが、日増しに強くなっている」（『一七回忌追悼集』）と書いている。

百合子さんは米国で九九年一一月二日、九〇歳で亡くなった。

百合子の日本での葬儀は琴平町の琴平興泉寺で行われた。墓は満濃町の宮脇の生家に近い丘のふもとにある。宮脇と同じ墓石に戒名「安養院釈歓勝喜大姉」として眠っている。

なお、宮脇の墓石の戒名は「大乗院釈勝縁大居士」と刻まれ、墓の右側に、「終生農民ヲ愛シ農民ヲ導キ農民ノ為ニ闘ウ」と記された碑（尾池源次郎作）が建っている。

近くに住む宮脇の甥に当たる宮脇茂樹が墓を管理している。宮脇が亡くなった直後は全国から多くの人が墓参りに来たが、人数はだんだん少なくなった。しかし、今でも毎年来る人がいるという。

3 恩師の「たいまつ」を引き継ぐ中家全中会長

最近、「宮脇朝男」の名前を聞くことが少なくなった。中央の農協界だけでなく、地元の香川でも宮脇を知らない世代が増えているという。

しかし、現全中会長の中家徹は、二〇一七年六月の全中会長選挙の立候補補者所信声明で「大先輩で恩師でもある、かつての全中会長・宮脇朝男氏は『全中会長は最前線で翻っている軍旗である』という言葉を残した。恩師の言葉をかみしめて粉骨砕身全力を尽くしたい」と訴え、宮脇の遺志を継ぐことを明らかにした。

全中会長就任にともなう日本記者クラブでの講演の冒頭でも「宮脇会長の早朝講話で、協同組合運動の理念と彼の生きざまに感銘・感動した」と宮脇との関係をとりあげ、恩師の存在の大きさを改めて強調した。

中家は、すでに二〇一四年の農協協会主催の第三六回農協人文化賞の受賞挨拶で「昭和四四年九月二九日に、時の全中会長宮脇朝男氏の肝いりで設立した中央協同組合学園の開校式で、私の農協運動の第一歩を踏み出した。その学園生活で宮脇朝男氏の講話を聞く中で、その生きざまに感動し、協同組合運動のすばらしさを実感しました。さまざまな困難に直面した時、その壁を乗り越える力となったのが、中央協同組合学園でたたき込まれた協同組合精神であり、全国のＪＡグループで頑張る寝食を共にした仲間の姿でした」と語っていた。

中家は四九年、和歌山県田辺市に生まれ、中学、高校とバレーボールに熱中し、体育の教師になるのが夢で、体育大学の推薦入学も内定していた。しかし、農家の長男は跡を継ぐものだと育てられたため、教師の夢は断念。父親がまだ若かったので、農協で勉強してはどうかと言われ、中学校校長の勧めもあり、協同組合短期大学の入学を目指した。だが、協同組合短期大学が閉校し、新しく中央協同組合学園が新設されることになり、同学園に入学することになった。短大は募集を止め、学園の開校が翌年九月だったため、高校卒業後一年半の期間があったが、その間、地元農協で職員と同じように現場で様々な部署を経験した。「私の人生において非常にプラスになった時間だった」と振り返っている。

中家が宮脇と直接、会ったのは同学園である。「中央協同組合学園の創設」の項で取り上げているように、宮脇は七〇年九月一二日から学生に「私の履歴書」として。若い頃の体験、農協運動、当面の政治・経済・農政の動向などについて講話を行っている。

中家は学園卒業後一年半、全中の嘱託職員として学園の教務課に残り、協同組合の勉強や後輩の指導に当たった。このため、中家は宮脇講話をほとんど受けている。宮脇の農業観、協同組合の在り方、人生観などを直接指導を受けたまな弟子といえよう。

❖人生観をつくる道場を目指して

中家は宮脇の思い出を「宮脇さんの講話の印象は、わかりやすく、ユーモアがあり、おもしろかった。講話のある日は、早くから目がさめ、待ち遠しかった。本人の経験したことが中心なので、説得力があった。講話は、宮脇さんの生きざまそのものであり、生きている間は、農協運動に撤するという気持ちがひっしと伝わってきた」と語っている。

たとえば、高等小学校卒業後、自分の家の米を騙し、家出して大阪に行って、荷車を押してカネをもうけした話は、今でも忘れられないという。太鼓型の橋で荷物を引っ張るのに難儀している人の後押しをしたら、五銭もらった。車を後押しすれば、カネになることがわかり、仕事のない若者を集め、自分がボスになったことなど、いろいろの体験を巧妙な話術で話してくれたという。しかし、全体的には協同組合運動の原点について強調された。特に農協の運動者の目標は、組合員の地位向上であって、自分の地位向上ではない。豆腐作りに例えて、「カネや地位というものは、豆腐を作った時のおからのようなものだ。おからをつくろうとして、豆腐をつくる人はいない。豆腐を作れば、おからは自然についてくるものだ」と語っていたことなど、述懐していた。

中家が宮脇に直接、「学園を、学校教育法に基づく学校法人にすべきではないか」と要請したことがあった。これに対して宮脇は「学校法人になったら文部省の傘下になり、われわれの思う通りの教育ができない。学園は基本的に使命感に燃える人間をつくることだ。文部省令によるものだとか、大学令によるものだとかでやると、ろくでもないことになりかねない。私は松下村塾をつくるという気持ちだ。だから信念を持って一つの人間として、せっかく生まれてきたのだから、無駄に過ごさぬように、それぞれの命を力一杯の農協運動にたたきつけてもらう人間を育成したい。農協運動者を育成することが目的なので、変えるわけにいかない」との答えだった。

七〇年九月一二日の第一回目の講話でも宮脇は「この学園の学生は真面目に点をとってもらうことも必要だが、同時に人生観をひとつしっかりとつくっていく道場として考えていただきたい。人生観とはなんぞやというと、生きるとか、死ぬとかという自分の生命の問題、生き方だ。生き死の問題につながらない人生観は本当の人生観ではない。人生観とは、生死観であり、これを養っていかなければならない。今すぐに生死観を確立することは無理だが、そういったものの素地になる部分を養うようにして欲しい。人間は生きると死ぬしかない。だから始発駅と終着駅との問題をきちんと片付けたい。これが人生観たるゆえんである。みなさんは、単なる小手先の組合の職員でなく、運動家として育ってもらいたい。そのために大いに勉強してもらいたい」と語っていた。

中家の学園での卒業論文は、他の人に比べ群を抜いている。「組合員意識と組合員教育」のタイトルで二〇〇字原稿用紙で一八四頁、別冊として弘前市農協の菊池正英専務、灘神戸生協の涌井安太郎専務の講演記録をもとに、すぐれた組合員教育のあり方を一一八頁でまとめている。両方合わせると三〇〇頁を超す大作である。

「先輩のいない一期生にとって、すべてが自分達で創造していかなければならないという使命感があった。特に一期生にとって自分たちの働き具合で学園の評価がきまるというプレッシャーがあり、いろいろな面で必死にやった。人生観をある程度自分なりに確立できたと思っている」(『中央協同組合学園創立二〇周年記念号』)と記している。

宮脇イズムの浸透した学園での生活は、協同組合人形成に大きな役割を果したといえよう。

学園設立事務局長を務めた手島福一は「開校記念日九月二九日を思い出すとき、卒園者の仲間の中から全中会長として誰かが出て来る日を期待して止まない」と記しているが、まさに中家は、その期待に応えたことになる。

4 傑出した不世出のリーダー

宮脇朝男とはどういう人物だったのだろうか。この巨人の生きざまの記録や肉声を求め、数多くの資料と格闘してきた。経済・政治的な活動が多岐にわたり、また思想的に仏教、報徳思想などの造詣が深く、私の手の届かない部門もあるが、農協人・宮脇朝男としては、ほぼ浮き彫りにできたとのではなかろうかと思っている。

宮脇像について農協の初期時代から、〝部下〟として仕えてきた尾池源次郎は「彼のように無学歴、無門閥で、しかも破調の人生から出発しながら、知識や知識人に何のコンプレックスを持たず、したがって払うべき敬意は常に失わなかった人はまれであろう。もし彼に更に一〇年の天寿が与えられたならば日本の農業や農協も、また変わった展開をしたであろうし、この巨人の人間像はもう一つ大きく完成したであろう」と分析している。

人間味豊かで豪放に見えるが、細心すぎるほど八方に目を配り、決断すると堂々たる迫力で押しまくる指導者であった。それだけに、せめて七〇歳まで第一線で活躍していたら、農協・農業界にどのような影響を与え、どのような人生を歩んだのであろうか。また、「すべての役職を離れ農民の相談相手」になりたいとの夢が実現していたら、どのような晩年を過ごしていただろうか。

私は宮脇に、リーダー論について聞いたことがある。宮脇は「組織のトップに立つものは二つのタイプがある。一つは、先頭に立ち、刃を振りかざして突き進むタイプである。もう一つは、優秀な部下の神輿に乗って、判断を誤らないように指揮をとるタイプだ。どっちが良いとか悪いとかとも言えない。その時代背景によっても違う。前者は激動期のリーダー像で、どちらかといえば私は前者タイプだ」と語っていた。

たしかに宮脇会長時代は農産物の輸入自由化、自主流通米制度の創設、米価闘争、米の減反政策実施と大きな激動期であった。戦場で飛んでくる多くの矢をよけながら、先頭に立って突進していった生涯であったのではなかろうか。

また、宮脇は農協界だけでなく、日本の農業界全体のリーダーでもあった。

草柳大蔵は「宮脇は医学界の武見太郎、労働界の太田薫と並んで、日本における〝三大ボス〟の一人である。このボスに共通するのは変化に対する嗅覚が強く、したがって変わり身が早くて、現実処理にた長けていることだ。といって、無思想・無原則かというとそうでなく、ちゃんと勝負どころをつかんでいる。そのための情報収集も丹念である。将棋でいうと、角や飛車をあまり使わずに、桂馬三枚で王を詰めるという〝奇道型〟である」(『文芸春秋』一九七一年三月号)と記している。

勘が鋭く、優れた表現力を持っており、首相に会う時も、外国の要人との会談でも、常に堂々としていた。機知とユーモアに富んだ弁舌に接すると、たいていの人は魅了された。

❖大事にした「諫言の士」

宮脇に接して感じることは情報通であった。一つは官僚、経済界の人たちの会合からの生の情報もあったろう。全中事務局に「午後五時過ぎの日程は組まないで欲しい」と言って、秘書も連れず一人で出かけ頻繁に経済界、政府関係者、政治家らと懇親会をしていたのは有名な話である。

もう一つはマスコミ関係者を大事にしていたことだ。会長室には入れ替わりジャーナリストが出入りしていた。時間の許す限り、嫌な顔をしないで対応していた。また、会長自ら前触れもなく、ふらっと記者クラブに現れ、ソファーで記者達と雑談することもあった。人名を覚えるのが早く、記者会見などでも質問する記者の名前を呼びながら話すことも多く、好印象を与えていた。

宮脇の記者会見は「笑い声が溢れ、いつも〝満員札止め〟だった。誰もが寄席の高座でも聞く感覚で集まった。宮脇さんは人を飽きさせない当意即妙の話術で予定時間はあっという間に過ぎた。特にポイントを押さえて簡潔に、例え話なども巧みに挟み、主題のあとは縦横無尽で、身の上、身の下にわたる〝宮脇節〟は、寄せては返す波のようだった」（松坂正次郎『一七回忌追悼集』）と好評だった。

当時、私も宮脇にできるだけ会うようにしていた。農協界の動きだけでなく、農林省、政党の農政情報が取材できるから、貴重なニュースソース源でもあった。

会長は忙しく時間のない時は用件だけ話し、「さあ、これで…」とソファーをパンと叩いて立ち上がる姿勢が印象的だった。時間のある時は、雑談し、われわれの話もよく聞いた。

宮脇は私に「周りの人は会長を褒めたり、持ちあげたりするが、ほとんどお世辞と思っている。世間の本当の声が私の耳に入ってこない、裸の王様だ。須田君、私に対して世間が、どんな悪口を言っているか、都合の悪い情報を遠慮しないで教えてくれ」と言われたことがある。

このため、私はできるだけ、宮脇に対する批判的意見を言うように努めた。会長はどんな心外な嫌なことでも、弁解じみたこともいわず、「そうか、そうか、わかった」と頭に手をやり、笑いながら聞く姿が、今でも目に浮かぶ。多くの記者との交流は会長にとって独自の情報収集の場であったのだろう。

とかく、リーダーはイエスマンばかり集めていると気を緩め、聞く耳を持たなくなり、組織が衰退するといわれる。

唐の第二代皇帝、太宗は上司の悪口を言い続けた魏徴（ぎちょう）を重用して「貞観の治」と呼ばれる太平の世を実現したといわれる。宮脇の側近もバランスのとれた優等生というよりも、一匹オオカミ的で、ズバズバと忠告する「諫言（かんげん）の士」が多かった。多分、他の会長ならけして重用しないだろうという人たちである。

私が「会長はゲテモノといわれる人ばかり大事にしますね」と聞くと、宮脇は「あの人たちは本音で話すし、絶対裏切らない」と語っていた。日常の総合的、対外的なことは、ほとんど自分で仕切れるから、部分的なことで手足になる人を求めていたのではなかろうか。つまり、草柳が指摘するように宮脇は角や飛車は必要としていなかったことになる。

全中会長時代、〝官房長官的〟役割を果たした吉田和雄は「容貌が魁偉であることも手伝ってはいるが、なんといっても、野人的で私心のない純情な人間性であった。宮脇さんは農協が行政依存のもとで、ぬくぬくと自立精神を失っていることに危機感を持っていた。宮脇氏の遺志は、自主・自立精神の高揚ではなかろうか」と語っていた。

たとえ、どのような不確実性の時代がこようとも、自立精神を高め、自主路線で歩む限り、活路は開かれると考えていた。現在においても、この遺志を継ぐことが、協同組合運動を担う人たちの役割ではなかろうか。

おわりに

長年、農政ジャーナリストとして取材を通して多くの人に知り合う機会があったが、今でも強烈な印象として残っているのが宮脇朝男である。発想の柔軟さ、大胆な行動力、さわやかな弁舌、豊かな包容力などの人間性に魅了され、感銘を受けてきた。

四〇年前に全中発行の『宮脇朝男』の執筆陣の一人として参加したが、担当分野がほんの一部であったため、いつか私からみた宮脇朝男を書きたいと、思い続け、そのために資料収集もしてきた。『農業協同組合経営実務』に二〇一三年一〇月号から掲載する機会を与えられ、二〇一八年一二月まで五年三か月にわたる六三回の長期連載になった。本書はそれを基に加筆したものである。

本来、伝記は幼少から執筆しなければならないが、私が取材を通して身近に接したのは全中会長就任から亡くなるまでであったこと、彼が、農協運動者として最も輝きを放ち、全国的に注目されたのは、この時代であることから、全中会長就任からの半生に焦点をあてることにした。宮脇は話術が優れていたためか、文章として残っているものがほとんどない。特に大会挨拶や講演では、事務局が作った文章でなく、常に原稿を持たず、自分の考えで巧妙な例え話、多彩なユーモアなどを入れ、当意即妙で対応していた。それだけに彼が何を考え、何を訴えようとしていたか、知るうえで、参考になるものは、大会挨拶、講演、対談、記者会見などの宮脇発言である。

本書は、これらの肉声の発言内容を長文過ぎるかもしれないが、できるだけ多く引用して、宮脇の考えや人間像に迫ることにした。

このため、全中農政の『米価特報』などの資料集、中央協同組合学園での講話テープ、『日本農業新聞』、『家の光』、『農業協同組合』などを参考にした。宮脇にもっとも身近に仕えた尾池源次郎著の『泥濘と虹』、桑原信正との対談集『宮脇朝男　思想・人生・運動』、全中発行の『宮脇朝男』の後段に収録されている各氏の追悼文は本書で『宮脇朝男追悼集』として引用した。また、一七回忌の「宮脇朝男さん偲ぶ会」の際に発行した『一七回忌追悼集』などを貴重な文献として活用させてもらった。

なお、全中発行の『宮脇朝男』のうち、一九六九年の自民党対決を巡る全中辞任、一九七四年の前立腺手術から全中会長辞任、翌年、香川に帰り、亡くなるまでは、私が執筆したため、その部分は、それを参考にして、さらに加筆したものである。

また本のタイトルは『農業協同組合経営実務』の連載では「今に語りかける宮脇朝男」として、できるだけ現在の農業・農協関係者にも通用する内容にしようと考えた。しかし、ムリして現在と結びつけるのではなく、宮脇の農協、農政運動の行動を通し、その生きざまの中から、われわれに「語りかける」内容を汲み取ってもらうことにし、書籍化にあたっては「宮脇朝男の生きざま」とした。

本書の執筆にあたり、全中の協同組合図書資料センターの林日出夫さん、香川県農協中央会の馬場一雄さん、全中ＯＢの佐賀郁朗さん、二神史郎さん、中林哲男さん、全国農業会議所ＯＢの柳澤和夫さんに大変お世話になった。

宮脇朝男の年表

年齢	年号	宮脇朝男の履歴と農業・農協の動き	時代の動向
1歳	大正元年（1912年）	12月　香川県満濃町で6男1女の次男として生まれる	米価暴落
14歳	大正14年（1925年）	3月　小学校卒業	
16歳	昭和2年（1927年）	4月　日大二中に入学、中途退学	金融恐慌起こる
17歳	昭和3年（1928年）	大山郁夫の選挙応援	
20歳	昭和6年（1931年）	豊後高田市の西光寺に仏教修業	
21歳	昭和7年（1932年）	高額小作料反対などの農民運動に入り、終戦まで継続	
25歳	昭和11年（1936年）	同族会社山篠鉄工を手伝う	
26歳	昭和12年（1937年）	百合子と結婚	昭和12年 日中戦争、同16年太平洋戦争始まる
31歳	昭和17年（1942年）	8月　県会議員選挙に立候補し、落選	
34歳	昭和20年（1945年）	社会党結成に参加し、党中央執行委員 衆議院選挙に立候補するも落選	終戦 農地改革
35歳	昭和21年（1946年）	日本農民組合結成に参加	
36歳	昭和22年（1947年）	日本農民組合中央常任委員に	農協法公布

37歳	昭和23年（1948年）	8月	香川県販売農協連会長、全販連専務に就任。日農、社会党委員を辞し、政治労働運動から離脱	農業会解散
53歳	昭和39年（1964年）	5月	香川県農協中央会・連合会共通会長	池田首相死去、佐藤内閣発足
56歳	昭和42年（1967年）	3月	全国農協中央会副会長	ケネディラウンド妥結
		12月	全国農協中央会会長	
57歳	昭和43年（1968年）	1月	米審から生産者、消費者代表委員を除外して中立委員で構成	米ぬか油中毒事件
		12月	自主流通制度導入を決定	
58歳	昭和44年（1969年）	2月	自主流通米制度で全日農と団交	第2次資本粉自由化 新全国総合開発計画 GNP世界第2位
		7月3日	米価問題で全中会長辞任するも、同26日に再任	
		9月	中央協同組合学園開校	
		12月	農協の米生産調整の受け入れを決定	
59歳	昭和45年（1970年）	8月	日米農業者団体首脳会議に日本代表として渡米。	日米繊維交渉 大阪万博開催
		10月	第12回全国農協大会	
		12月	政府は米買い入れ制限を決定	
60歳	昭和46年（1971年）	2月	米審で生産者代表委員抗議の退場	ドル・ショック 円切り上げ
		7月	グレープフルーツ、豚肉など自由化決定	

年齢	年	事項	社会の動き
61歳	昭和47年（1972年）	3月　全購連・全販連の合併して全農発足	沖縄復帰 佐藤首相辞任、田中内閣発足 日中国交回復
62歳	昭和48年（1973年）	4月　断食道場に入る 6月　日米経済諮問協議会（ワシントン）に出席 10月　第13回全国農協大会の開催	第一次石油ショック 国際穀物価格高騰 円変動相場制移行
63歳	昭和49年（1974年）	6月　前立腺肥大手術 9月　日本農協訪中団団長として訪中 11月　心臓発作で東京逓信病院に入院	世界食糧会議開催、田中首相辞任、三木内閣発足
64歳	昭和50年（1975年）	3月　単協の全国連直接加入が決定 5月　全中会長辞任。顧問に就任	赤字国債の本格化
65歳	昭和51年（1976年）	6月　パリでのＩＣＡ大会に日本側団長として出席	三木首相辞任、福田内閣発足
66歳	昭和52年（1977年）	6月　岡山大学付属病院に入院 10月　退院 11月　香川県農協30周年記念大会で挨拶 12月　岡山大学付属病院に再入院	200カイリ漁業水域法公布
67歳	昭和53年（1978年）	5月2日　肺ガンのため死去	農林省は農林水産省に

《参考文献》

「虹と泥濘」（1998年、尾池源次郎著、大日本印刷社）
「農協運動リーダーの条件」（1990年、尾池源次郎著、全国協同出版）
「宮脇朝男思想・人生・運動」（1976年、桑原正信との対談集、楽遊書房）
「宮脇朝男追悼集」（1980年、全中制作「宮脇朝男」の追憶編）
「17回忌追悼集」（1994年、宮脇朝男17回忌に制作した追悼集）
「協同組合運動に燃焼した群像」（1989年、佐賀郁朗ら、富民協会）
「大平正芳回想録」（1983年、鹿島出版）
「大平正芳　戦後保守とは何か」（2008年、福永文夫著、中公新書）
「生きている農政史対談集」（1974年、寺山義雄著、家の光協会）
「農業・農村に未来はあるか」（1998年、檜垣徳太郎・寺山義雄対談、地球社）
「農協労働運動の試練　短大闘争が残した課題」（1977年、時潮社）
「全中30年史」（1986年、全中）
「わが人生に悔いなし」（1998年、吉田和雄遺稿集）
「農協運動先達に学ぶ3」（1982年、森晋著、日本農民新聞）
「中央協同組合学園創立20周年記念号」（1989年、全中）
「文藝春秋」（1971年3月号、草柳大蔵）
「経営研究月報」（1968年5月号、協同組合経営研究所）
「松村正治追悼集」（1976年）

「古今著聞集」（鎌倉時代中期の説話集、橘成季著）
「協同農業40年」（１９８０年、上野満著、家の光協会）
「米の農民管理をめざせ」（１９８２年、昭和後期農業問題論集10巻食糧管理制度論、農村文化協会）
「緑の旗の下に」（１９９０年、山口巌、協同組合通信社）
「日本農業の動き」（農政ジャーナリストの会機関誌、17号、18号、26号、32号、農林統計協会）
「明日の食品産業」（１９９４年６月号、食品産業センター）
「農業協同組合」（１９７０年1月号・10月号・12月号、71年9月号、72年8月号、75年1月号・６月号、76年３月号、78年６月号、80年９月号、全中）
「家の光」（１９６８年３月号、70年1月号・11月号、71年7月号、家の光協会）
「地上」（１９６９年10月号、75年２月号、78年7月号、家の光協会）
「日本経済新開」（交遊抄、１９７２年7月９日）
「日本農業新聞」（１９６９年９月30・10月２日、71年４月16日、72年7月17日・８月24日・９月12日、75年5月18日・11月20日付）
「四国新聞」（１９７１年12月23日、75年5月7日・5月18日）
「用水と営農」（１９７５年8月号、日本イリグーションクラブ）
「讃岐公論」（１９７８年7月号、讃岐公論社）
「さっき」（全中退職者機関誌、5号、22号）

著者略歴

須田 勇治(すだ ゆうじ)

1938年、群馬県生まれ。
農政ジャーナリスト。千葉大学園芸学部卒、全国新聞情報農協連(日本農業新聞)に入会。報道部記者、報道部長、総合企画局長、論説委員室長。元・農政ジャーナリストの会会長、千葉県立農業大学校非常勤講師、著書「農協」など。

政官財に挑んだ農協界のドン
宮脇朝男の生きざま

2020年5月1日　第1版第1刷発行

著者　須田　勇治

発行者　尾中　隆夫

発行所　全国共同出版株式会社
〒161-0011　東京都新宿区若葉1-10-32
電話 03(3359)4811　FAX 03(3358)6174

© 2020 Yuji Suda
定価はカバーに表示してあります。

印刷／(株)アレックス
Printed in japan